数据驱动的个性化推荐与运营决策联合优化研究

Research on Data-Driven Personalized Recommendation and
Operational Decision Making

黄　鑫◎著

科学技术文献出版社
SCIENTIFIC AND TECHNICAL DOCUMENTATION PRESS

·北京·

图书在版编目（CIP）数据

数据驱动的个性化推荐与运营决策联合优化研究 = Research on Data-Driven Personalized Recommendation and Operational Decision Making / 黄鑫著. —北京：科学技术文献出版社，2023.11

ISBN 978-7-5235-0993-7

I.①数… II.①黄… III.①电子商务—智能系统—研究 IV.① F713.36

中国国家版本馆 CIP 数据核字（2023）第 224822 号

数据驱动的个性化推荐与运营决策联合优化研究

策划编辑：郝迎聪 责任编辑：张 丹 邱晓春 责任校对：王瑞瑞 责任出版：张志平

出 版 者	科学技术文献出版社	
地 址	北京市复兴路15号 邮编 100038	
编 务 部	（010）58882938，58882087（传真）	
发 行 部	（010）58882868，58882870（传真）	
邮 购 部	（010）58882873	
官 方 网 址	www.stdp.com.cn	
发 行 者	科学技术文献出版社发行 全国各地新华书店经销	
印 刷 者	北京厚诚则铭印刷科技有限公司	
版 次	2023 年 11 月第 1 版 2023 年 11 月第 1 次印刷	
开 本	710×1000 1/16	
字 数	174千	
印 张	11.5 彩插10面	
书 号	ISBN 978-7-5235-0993-7	
定 价	48.00元	

前　言

　　本书结合机器学习和运营管理的理论、方法等基本知识，以新零售背景下的产品推荐和运营决策为研究对象，运用文本挖掘、神经网络、博弈理论、优化理论、消费者行为理论，构建了结合机器学习和运筹优化的数据驱动模型，基于群体及个人层面的行为变化，以解决新零售环境下考虑运营策略的线上产品推荐、线下产品组合优化、产品定价等问题。本书运用超图理论，整合不同渠道的消费者行为特征，构建了全渠道融合的消费者需求预测模型；针对线上渠道和线下渠道的相互影响机制，基于消费者效用理论，解决全渠道协调的在线零售商和实体零售商的产品展示推荐问题；基于博弈论，预测消费者因为退货行为而影响的购买意愿，考虑网络零售商和实体零售商相互协同的产品组合优化和产品定价联合优化问题；考虑消费者偏好的跨平台异质特征，运用文本挖掘，从微观用户角度研究不同平台在产品和服务上的替代性和互补性。旨在为新零售企业实施数字化智能推荐业务提供理论基础和实践指导。

　　个性化推荐是电子商务企业提升用户体验、缓解信息过载问题、满足消费者个性化需求的核心工具。现有推荐方法主要关注不同购物阶段消费者行为信息的识别与挖掘，忽略了对消费者购买全过程行为之间关联性的刻画。为了充分利用消费者在购物过程中留下的全过程行为数据，全面了解消费者的兴趣变化，从而更好地预测消费者未来的购买意愿，同时为零售企业运营决策提供支持，本书针对消费者购前行为（在线搜索）、购买行为（购买渠道转换行为和购买产品信息）和购后行为（发布产品评论和退货行为）之间的交互影响展开了相关研究，并在推荐系统和零售商运营决策过程中考虑消费者行为的影响。

　　第一部分针对现有推荐技术方法中存在的不足，即侧重从用户—商品矩阵或购买后的在线评论中学习用户偏好，忽略了用户在购买前通过搜索查询、了解产品信息过程中的交互特征，并有针对性地开发了一套主题增强的超图神经网络框架，通过将消费者在线查询中嵌入的潜在主题与点击、购买和在线评论行为联系起来，从而预测用户的购买意愿，旨在挖掘用户在线查询交互图中存在的连接信息。同时，为了通过融合主题信息降低文本噪声词的影响，该部分将主题分布与卷积嵌入相结合，用以更好地表示每个用户和项目融合后的表征向量可以弥补传统卷积神经网络中主题信息的不足。通过对现实世界数据集的广泛实验与评估，所提出的超图神经网络框架提高了推荐物品的新颖性和准确性。从管理角度来看，向消费者推荐多样化、新颖的商品，可以提高用户的满意度，降低消费者的搜索成本，有利于电子商务企业的可持续发展。

第二部分研究了全渠道环境下零售商在考虑消费者存在退货行为时的产品定价和组合决策。该部分考虑了竞争性市场的结构因素，包括两家零售商通过线上和线下渠道销售4种产品。零售商充当产品组合策略和定价策略的决策者。消费者对每种产品的横向适应度是异质的，在面对欺骗性产品时，其退货概率是共同的。消费者决定是通过实体店还是网店购买，还是从零售商处购买，不仅取决于竞争零售商的产品组合策略，还取决于消费者在产品退货时面临的退货成本。研究结果表明，在线产品退货成本在设计零售商的最优定价策略和产品组合策略中发挥着重要作用。具体而言，通过网络渠道销售的产品最优价格会随着退货成本的升高而先升后降；通过线下销售的产品的最优价格总是随着在线产品退货成本的升高而升高。同时，无论卖家选择什么样的投放策略，双方的最优利润都随着在线产品的退货成本升高而先递减、后递增。本书还通过考虑卖家的退货成本和消费者的错配成本描绘二维市场的结构，从而研究跨渠道购物平台下的最优销售策略。

本书承蒙国家自然科学基金项目"消费者行为数据驱动的新零售企业线上线下融合的推荐机制研究"（项目号：72101031）资助，在此深表感谢。同时，由衷地感谢科学技术文献出版社在本书编辑和出版过程中所做的各项工作。由于作者水平有限，本书还存在诸多的不足之处，恳请广大读者批评指正。

目 录

1 数智时代：数据驱动的智慧决策

1.1 数字化的核心是数据驱动的个性化

数据驱动的营销已成为一种强大的工具。借助大量可用数据，营销人员可以做出明智的决策并创建高度个性化的营销活动。企业的数字化转型就是要摆脱过去依赖假设或直觉的决策方式，拥抱基于数据的智能决策工具。企业营销人员和运营人员越来越多地将数据视为有关受众最可靠的信息来源。从以下统计数据中不难看出，数据驱动个性化的重要性非常明显：有 87% 的营销人员承认，数据仍然是公司最未被充分利用的资产；在认识到其潜力后，有 40% 的品牌打算增加对数据驱动的营销预算。最令人印象深刻的是，采用数据驱动策略的企业，其投资回报率较不采用数据驱动策略的企业高出 5～8 倍。

这种影响催生了"数据驱动的个性化"的概念。Salesforce 研究显示，有 66% 的消费者期望公司能够理解其独特的需求和目标，有 52% 的消费者期望所有优惠都能根据其喜好量身定制。消费者期望的转变凸显了通用的"一刀切"方法的不足。因此，公司必须利用数据和行为科学的力量，准确识别消费者的需求及需求的时间点，从而提供与消费者兴趣高度相关联的、有针对性的营销体验。

数据驱动的个性化是企业实现数字化转型的战略方法之一，并依赖于利用相关数据向个人消费者提供个性化体验。其涉及利用数据洞察创建量身定制的内容、优惠和推荐，旨在以更具个性化的方式吸引客户并提高其整体满意度。数据驱动的个性化过程始于收集各类数据，包括但不限于：

人口统计数据（年龄、性别、地点等）。收集人口统计数据，使营销人员可以根据年龄、性别、地点、收入水平等关键特征对受众进行细分。这些信息提供了对不同客户群体的偏好和需求的重要见解。例如，美容品牌可以使用人口统计数据并针对特定年龄组，根据其独特关注点定制护肤产品。

浏览行为数据（查询关键词、访问的网站、在特定页面上花费的时间）。

跟踪浏览行为提供了有关客户兴趣和偏好等有价值的信息。通过分析客户访问的网站及在特定页面上花费的时间，营销人员可以了解哪些内容或产品对个人用户最有吸引力。例如，电子商务网站可以根据客户最近的浏览历史数据推荐相关产品。

购买历史数据（购买的产品或服务）。了解客户过去的购买行为对于个性化营销至关重要。通过分析客户购买的产品或服务，营销人员可以确定其偏好、购买模式及潜在的追加销售或交叉销售的机会。例如，在线书店可以根据客户之前的购买情况推荐相关书籍，从而提升客户的复购率。

社交媒体互动数据（点赞、评论、分享）。社交媒体已成为营销人员收集消费者数据的宝库。通过点赞、评论和分享等互动，可以深入了解客户对特定内容的参与度，以及客户对特定主题或品牌的喜爱程度。营销人员可以利用这些数据创建与受众产生共鸣的内容，设计社交媒体活动，以此推动更高水平的参与度和品牌宣传。

通过结合不同类型的数据，营销人员可以创建高度个性化和有针对性的营销活动。例如，首先，在线服装零售商可以使用人口统计数据并将其受众分为不同的年龄组，分析其浏览行为，从而确定每个组的首选服装款式。其次，可以通过购买历史数据确定每个年龄段最受欢迎的产品。最后，通过检查社交媒体互动，可以了解哪些营销信息和内容最能引起受众的共鸣，从而制定更适合的营销活动以提高客户参与度。数据驱动的个性化使营销人员能够在正确的时间向目标受众传递正确的信息，最终带来更好的结果和客户满意度的提升。

数据驱动的个性化催生了各种服务方案和解决方案，旨在帮助企业有效实施该战略方法。产品包括软件、硬件和设备，旨在简化个性化营销活动的数据收集、分析和利用过程。

可变数据打印（VDP）。VDP 技术有助于在单个邮件上个性化打印文本、图像和图形等内容，主要通过将数据库或客户数据集成到打印过程中实现。VDP 能够为每位接收者创建独特的消息、优惠和图像。

数据分析和细分工具。使用数据分析工具，根据人口统计数据、购买历史、行为模式和偏好细分客户群。这些见解可以针对特定受众群体完善直邮内容，从而增强相关性和参与度。

客户关系管理（CRM）软件。强大的 CRM 系统可以熟练地管理客户数据和交互。通过与直邮营销活动无缝集成，确保能够根据个人与品牌的互动和历史参与度，向其精准传递消息。

设计软件。利用设计软件制作具有视觉吸引力的个性化邮件材料，可以使用收件人的姓名、图像和个性化内容单独定制模板。

数字印刷设备。高质量数字印刷机对于可变数据印刷至关重要，有助于实惠且经济高效地生产定制内容。即使印刷量较小，也是个性化直邮计划的理想选择。

个性化平台。专用平台为个性化直邮活动提供全面的解决方案。这些平台通常与 CRM 系统无缝集成，提供数据集成、细分、内容定制和自动化营销活动执行工具。

QR 码和增强现实（AR）。将 QR 码或 AR 技术集成到邮件中，使收件人能够通过智能手机扫描访问个性化数字内容。例如，视频、互动体验或独家优惠等。

PURL（个性化 URL）。将个性化 URL 纳入邮件内容中，将收件人引导至个性化登录页面。这些页面可以根据收件人资料动态显示定制的优惠、内容和号召性用语。

A/B 测试软件。采用 A/B 测试软件迭代评估个性化邮件内容的不同迭代，确定推动收件人响应的最有效元素。该过程完善了消息传递和设计，优化了活动结果。

多渠道集成。将直邮与电子邮件、社交媒体和短信等其他通信渠道无缝结合，打造统一、集成的客户体验。这种集成最大限度地发挥了个性化消息传递的影响力。

自动化和履行系统。通过自动化打印、寻址和履行流程来简化大规模个性化直邮活动，提高了效率，减少了体力劳动，加速了营销活动的执行。

安全数据处理。鉴于涉及敏感客户数据，优先考虑数据安全和隐私势在必行。实施加密、安全数据存储并遵守相关数据保护法规，以维护个性化直邮计划的机密性。

数据驱动的个性化服务的格局是多种多样且不断发展的，包括一系列软件、硬件和设备解决方案。企业可以借助这些工具，利用客户数据实现自动化、个性化工作，并提供与个人消费者产生共鸣的定制体验，最终提高参与度、转化率和客户满意度。

营销中数据驱动的个性化具有几个显著的好处，可以极大地强化公司的营销工作和整体成功率。一是增强客户体验。个性化的营销信息和内容迎合了个人喜好和需求，带来更积极、更具相关性的客户体验。当顾客感受到被理解和重视时，更有可能与品牌互动并重复购买。二是提高客户参与度。个性化营销通过提供相关内容和优惠提高客户参与度。此举会带来更高的点击率、更长的网站访问时间及与营销材料的互动增加。三是更高的转化率。当根据个人喜好定制营销信息时，客户更有可能转化并购买。个性化推荐和优惠可以显著提高转化率并推动收入增长。四是提高客户忠诚度。个性化营销可以培养客户与品牌之间的忠诚度和联系感。客户更有可能对始终满足自身需求并了解其偏好的品牌保持忠诚。五是更好地保留客户。通过数据了解客户行为和偏好，营销人员可以识别潜在的客户流失风险，并采取主动措施以保留客户。个性化的保留策略可以显著减少客户流失。六是更顺畅的客户旅程。借助个性化营销，营销人员能够跨越不同接触点创建无缝的客户旅程。无论是通过电子邮件、网站、社交媒体还是其他渠道，客户都能体验到与品牌一致且量身定制的互动。七是增强品牌认知。当一个品牌始终如一地提供个性化体验时，其会被认为更加以客户为中心和具有前瞻性。这种积极的认知可以提高品牌声誉，并通过口碑推荐吸引新客户。八是持续改进的数据洞察。通过个性化工作收集的数据，提供了有关客户行为和偏好的宝贵见解。营销人员可以利用数据不断完善销售策略，从而更好地了解目标受众。

个性化营销虽然非常有效，却也面临着一些挑战。其中，最主要的是隐私问题和数据泄露的潜在风险，要求企业以道德和负责任的方式处理客户数据。实施个性化营销策略可能是资源密集型的，需要大量时间、资源和先进技术的投资。对于致力于付出努力的企业来说，个性化营销的回报可能非常巨大，并能产生巨大的效益。数据驱动的个性化正在彻底改变企业的运营模式，使公司能够在个性化层面与消费者建立联系，并相应地调整工作内容。通过这种方法可以培养持久的关系，提高参与度，并最终增加收入。在当今快节奏的数字环境中，采用数据驱动的个性化是在不断发展的市场中保持竞争力和蓬勃发展的必要条件。

推荐系统是企业实施个性化营销的重要工具，可以根据用户的个人资料或历史行为了解用户的兴趣和爱好，预测其对给定项目的评分或偏好。推荐改变了企业与用户沟通的方式，强化了双方的互动性。麦肯锡和 Tech Emergence 的研究统计数据证实了这一点：这种推荐系统为亚马逊带来了 35% 的收入增长，为百思买带来了 23.7% 的收入增长。Netflix 上高达 75% 的视频消费来自推荐系统，YouTube 上 60% 的观看次数来自其推荐功能。因此，如何构建有效的推荐系统具有深远的意义。随着深度学习的应用、知识图谱、强化学习、用户画像和可解释的推荐等信息技术的发展与成熟，不同技术领域都在数据驱动的个性化推荐中有了创新性应用。

近年来，深度学习技术在语音识别、计算机视觉、自然语言处理等领域取得了巨大成功。业界和学术界将深度学习技术应用到推荐系统中取得了长足的突破。强大的表征学习能力是深度神经网络应用到个性化推荐中的优势之一。因此，深度学习在推荐系统中的直接应用是从复杂的数据源中学习有意义的潜在因素。传统的矩阵分解模型可以很容易地解释为简单的神经网络。事实上，通过结合额外的非线性单元，可以进一步提高矩阵分解的性能。神经协同过滤机制提出了一种增强的矩阵分解模型，该模型解决了无法通过两个向量之间的点积区分不同维度的重要性的问题。该模型需要额外的多层感知模块执行额外的非线性操作。深度协同过滤的其他例子包括自动编码器、卷积神经网络、记忆网络和注意力机制等深度学习模型，通过与传统的协同过滤模型相结合，取得了显著的改进。在工业应用中，通常会利用和融合高度多样化和异构的数据实现更好的预测性能。传统的手动交叉特征方法不可扩展、成本高昂，且无法扩展到新案例中。研究人员正在使用神经网络自动训练高阶交叉特征，增强特征之间的深度交互。对于工业级推荐系统，不仅要考虑模型的准确性，还要考虑模型的运行效率和可维护性。推荐系统需要实时返回结果、易于部署、支持定期增量更新。由于复杂神经网络的计算复杂度巨大，因此，使其在超大规模平台上更加高效和可维护势在必行。在现实世界中，用户和物品的数据通常是复杂且多样的。例如，物品以文本、图像和分类属性等数据形式出现。用户的行为数据也可能来自许多不同的应用，如社交网络、搜索引擎和在线新闻应用程序等。用户的行为数据也可以是多种多样的。例如，在电子商务网站中，其行为可能包括搜索、浏览、点击、收藏和购买。此外，对于不同的维度，用户或物品的分布差异很大。例如，有些物品仅具有文本属性，而另外一些物品则具有图像属性。同时，考虑不同类型的行为，数据量可能会有很大差异。例如，用户点击量往往大于用户购买量。显然，单一的同质模型无法有效处理如此多样化的数据，且有效集成复杂数据在技术上也很困难。用户的偏好大致可分为长期偏好和短期偏好。长期偏好是指用户最终会表现出来的自然兴趣。短期偏好是指用户当前或眼前的兴趣，且很容易很快消失。目前，一些流行的方法是将递归神经网络与深度协同过滤技术相结合，作为整合短期和长期兴趣的方法。学习如何有效地将用户的情境状态与其长期和短期兴趣相结合也是一个热门研究课题。

在大多数推荐场景中，用户和物品可能包含丰富的知识信息。捕获此类知识的网络结构称之为知识图谱。知识图谱极大地扩展了每位用户和物品的信息量，并加强了彼此的联系，为推荐引擎提供了丰富的参考价值，从而增加了推荐结果的多样性和可解释性。与社交网络相比，知识图谱是一个异构网络，需要更复杂的推荐算法。近年来，网络表征学习已成为解决该问题的最热门的研究领域之一。网络表征的引入将促进推荐系统的学习能力，有助于更好地提升推荐的准确性和用户体验。将知识图谱引入推荐系统有两种不同的方法。

一是基于特征的方法。该方法的关键技术是知识图谱嵌入。一般来说，知识图谱是由三元组组成的异构网络。利用知识图谱嵌入，可以生成紧凑的实数向量用来表示实体和关系，而实体和关系本来就是高维和异构的，这种表示可以自然地与推荐系统结合并交互。在总体框架下，推荐系统的学习和知识图谱嵌入成为两个相关的任务。根据学习顺序的不同，有两种组合策略。第一种，顺序学习策略，即首先学习知识图谱的特征，然后应用于推荐系统。第二种，交替学习策略，其中，训练知识图谱嵌入和推荐系统成为两个相关的任务。通常会为此设计多任务学习框架，其中，知识图谱嵌入的学习对推荐系统的学习有显著贡献。

二是基于结构的方法。该方法直接利用了知识图谱的结构特征。具体来说，对于每个特定实体，研究可以使用宽度优先搜索算法，从知识图谱中的多跳关联实体中获取推荐结果。根据关联实体使用方式的不同，相应的技术可以分为两类：一类是通过向外传播，另一类是通过向内聚合。向外传播模拟用户兴趣在知识图谱中传播的过程，将用户的历史兴趣聚合为种子，然后将其与知识图谱一起迭代传播。向内聚合实体的邻域特征，同时学习知识图谱。通过内聚力计算，实体合并其邻域的结构信息，其权重由连接性和特定用户确定。因此，可以同时捕获知识图谱的语义信息和用户的个人兴趣。

推荐系统与知识图谱的结合正在成为学术界最热门的话题之一。然而，现有的方法在各方面均存在局限性，仍有很大的改进空间。首先，现有的方法大多基于统计学习模型，从网络中提取统计信息并作出相应的推断。一个困难但更有前途的方向是将图推理与推荐系统相结合。其次，如何设计能够以较为经济的运行成本产生具有竞争力的性能的算法。现有方法不太关注计算平台，也未太多考虑与系统和硬件的协调，因此，开辟了第三个潜在改进领域，即如何共同设计和优化上层算法和底层架构。最后，现有的方法始终是静态的。实际上，知识图谱会随着时间的推移而演变，因此，思考如何应对时间演变并利用时间演变提供更好的推荐也很重要。

在深度学习和知识图谱等最新技术的支持下，推荐系统的性能得以不断提高。然而，现有的推荐系统大多数都是以单向方式制定的，即在充分收集历史数据的情况下，训练特定类型的监督学习模型（如线性回归或分解机），用来捕获用户对不同种类的物品的潜在偏好。一旦在线部署成功，训练有素的模型就可以识别出对用户最有吸引力的商品，从而准确生成个性化推荐。这里假设用户的行为特征已经从历史数据中得到了充分反映；随着时间的推移，其始终保持稳定。因此，静态模型足以满足实际使用需求。然而，用户数据在实践中可能是有限的，并且用户的特征可能在推荐系统之间的密集交互过程中不断演变。幸运的是，这个过程中产生的用户反馈不仅可以补充历史数据的不足，还有助于揭示现阶段的用户特征。强化学习为推荐系统利用用户反馈奠定了技术基础。根据用户的不同行为特征，基于强化学习的推荐系统在静态和动态场景下都有不同的应用。

在静态场景下,用户行为被认为是不变的。对于此类情况,一些最值得注意的工作是上下文多臂老虎机问题,旨在解决推荐系统中的冷启动问题。对于许多现实世界的应用程序来说,用户行为遵循长尾分布,即大多数用户收集的行为数据很少,只有一小部分用户提供大量记录。因此,由于数据的稀疏性,传统的推荐算法很难产生令人满意的性能。解决冷启动问题的一个简单思路是"主动探索",即推荐系统不是被动地积累用户数据,而是通过不断地尝试主动检测用户的行为模式,从而收集数据以保证推荐的有效性。然而,这种简单的方法不可避免地会带来巨大的探索成本和用户时间成本,使得其在实践中不具有可行性。受到多臂老虎机问题的启发,本研究主要根据用户反馈进行策略性探索推荐,使其在成本效益方面更具竞争力。多臂老虎机问题得到了深入研究,所提出的算法都遵循共同考虑效用和累积试验的共同原则。效用越高表明勘探成本越低,而累计试验越少表明不确定性越高。因此,可以设计特定的聚合机制,对具有高推荐效用和不确定性的物品进行优先级排序。

然而,对于许多现实场景,用户的行为模式不断演变。因此,需要对这种演化进行精确的估计,并在此基础上优化推荐策略。一个理想的推荐系统应满足以下2个要求。其一,推荐应基于用户不断变化的反馈数据,并且需要在整个交互过程中优化特定类型的长期目标。在强化学习的框架下,推荐系统被视为一个代理,旨在通过与用户的策略交互优化预定义的长期目标。用户特征被视为状态,具体推荐项成为代理的动作。其二,交互产生的行为数据被组织为经验,记录了某个动作所产生的奖励和状态转换。基于不断积累的经验,强化学习算法产生策略,并指导针对每个特定状态的最优动作选择。

研究界致力推动开发基于强化学习的推荐技术进步。一方面,帮助强化学习算法适应有限的数据集。如今,主流深度强化学习算法试图避免对环境进行建模,并尝试直接从用户体验中学习策略(无模型)。这种策略需要大量的经验数据,数据通常规模有限且回报较少。如何充分利用有限的用户交互将是算法进一步改进的主要方向之一。另一方面,策略通常是针对每个单独的推荐场景独立学习的,且来自不同场景的策略通常是不同的。因此,每个政策学习过程都需要大量的数据收集费用。同时,由于缺乏通用性,现有算法很难适应新出现的情况。鉴于上述挑战，有必要提出一种高度通用的策略，以打破不同推荐场景之间的障碍，并提高其在不断变化的环境中的鲁棒性。

构建个性化推荐系统的重要任务之一是分析用户的兴趣特征，通常称为用户画像分析。用户画像是指提取用户年龄、性别、职业、收入、兴趣等不同属性的标签。完整、准确的属性标签可以有效揭示用户的内在特征，从而极大地促进精准的个性化推荐。目前，主流的用户画像方法主要基于机器学习，特别是监督学习。这些方法从用户数据中提取特征，作为用户的表示。用户数据及注释用于训练用户个人资料的预测函数，从中可以推断出许多个人资料标签中未知的用户个人资料。尽管当前的用户分析方法已经取得了良好的效果，并广泛应用于现实世界的推荐系统，仍有许多挑战有待解决。

首先，现有方法大多数都是基于手动提取离散特征。这些功能无法捕获有关用户的上下文信息，限制了这些方法的表达能力。其次，现有的用户分析方法通常基于简单的线性回归或分类模型，既不能自动从用户数据中学习高级抽象特征，又不能对特征之间的交互进行建模。再次，现有的用户分析方法通常基于一个来源的同质数据，不足以有效地表示用户。事实上，许多用户数据来自不同的来源，有助于构建更高质量的用户分析。最后，现有的用户画像方法较少考虑时间因素，难以反映用户属性的动态变化，并从多源异构数据进行深度、通用和动态的用户分析。针对上述挑战，研究人员正在研究以下用户分析方向。

（1）构建具有更强表征能力的用户表征模型。随着深度学习的发展，神经网络可以自动从用户的原始数据中提取深层且信息丰富的特征。基于深度神经网络，可以充分利用用户数据来构造表示，从而有效提高用户画像的准确性。

（2）对多源异构数据进行用户画像。用户产生的数据通常形式丰富多样，表现出不同的结构（如来自社交媒体的非结构化文本数据和来自电子商务网站的结构化购买记录），并以不同的方式（如文本和图像）表示，这是一种对用户分析的挑战。设计深度信息融合模型，利用不同来源、结构、模式的用户数据进行用户画像是未来的一个重要发展方向。协作学习和多通道深度神经网络可以成为相关问题的潜在解决方案。

（3）跨平台共享用户数据，保护用户隐私。不同的平台记录不同类型的用户数据。例如，搜索引擎有用户的搜索日志、搜索引擎跟踪的网页浏览记录；电商平台有用户的商品浏览和购物行为。来自不同平台的用户数据对于用户画像具有重要价值，可以提供补充信息并帮助构建更丰富、更全面的用户表征。如何充分利用不同平台的用户信息，而不显式转移或共享用户隐私数据，是一个需要解决的重要问题。

（4）构建统一的用户表示模型进行用户分析。现有的用户分析方法通常为每位用户属性训练单独的模型。然而，在实践中，用户属性的数量可能是巨大的。现有的用户画像方法往往涉及大量的模型训练和存储，不同用户属性之间的潜在联系还有待充分探索。能否找到一种方法从异构数据中构建统一的用户表示，使模型能够从不同维度全面捕获用户的信息？基于多任务学习的学习算法和用户嵌入技术为此类问题提供了有前景的解决方案。

一个结果易于解释且使用示例的推荐系统将更有可能吸引用户的注意力。有研究发现，这样的系统不仅会提高系统的透明度，还会增加用户对系统的信任度和接受度，从而方便用户选择推荐产品，提高用户满意度。因此，设计一个可解释的推荐系统将是本研究的最终目标。作为推荐系统领域中一个比较新鲜的问题，可解释推荐的许多方面都值得探索。知识图谱作为一种具有高可读性的外部知识载体，为提高算法的解释性带来了绝佳的机会。现有的推荐解释通常仅限于三种形式之一，即以项目为中介、以用户为中介或以特征为中介。微软亚洲研究院希望通过知识图谱在三种形式之间建立联系，并根据具体情况灵活选择最适合用户的解释。在人工智能变得越来越重要的时代，知识图谱中的符号知识与深度学习的结合是一个较有前途的研究方向。目前，大多数可解释的推荐系统都是针对特定的推荐模型而设计的，可扩展性有限。对于新兴的推荐模型，如使用深度神经网络的复杂和混合模型，可解释能力通常存在不足。一旦有了一个与模型无关的可解释推荐框架，就可以避免为不同的推荐系统设计解释方案，从而提高其可扩展性。

基于生成模型的对话可解释性。当前，对推荐的解释往往不灵活且单调（如解释被预设为由用户介导）。尽管当前的系统可以生成有用的解释，但其在通信方式方面仍然过于僵化。如果推荐系统能够通过生成模型创建一些自然的、情感化的词语，在与用户聊天时就可以灵活地解释推荐。未来，一个高效、可扩展的推荐系统势在必行。此外，微软亚洲研究院期望在异构数据的融合及用户长期和短期利益的感知方面取得进展。知识图谱的开发、泛化学习机制的设计，以及交互数据的充分利用，将是未来几年最重要的研究方向。同时，还需密切关注可解释性，需要集成知识图谱、与强化学习的协作、模型无关算法的设计，以及与生成模型相结合。个性化推荐系统将继续向各个方向发展，包括有效性、多样性、计算效率和可解释性。

1.2 数据驱动是新零售成功的关键

回顾过去 5 年，消费已经成为拉动我国经济增长的核心动力。近年来，政府工作报告中不断指出消费对经济发展的基础性作用，强调推进消费升级，发展消费新业态、新模式。在"十四五"规划中，坚持扩大内需，形成强大的国内市场依然是促进国民经济增长的战略支点。"十四五"规划要求全面促进消费，增强消费对经济发展的基础性作用，顺应消费者升级，提升传统消费；健全现代流通体系，发展无接触交易服务，降低企业流通成本，促进线上线下消费融合发展。新零售作为近年来快速崛起的消费新模式，凭借移动互联网的优势，通过打通线上和线下渠道，实现多元化购物场景的无缝联动，使得消费者可以不受时间和空间限制地、在各种渠道间全方位地进行产品搜索、比较、购买、评价和传播。在 2020 年，新零售商业模式更是展现出惊人的活力。很多实体零售企业由于未能在战略上布局线上渠道，受疫情冲击直接破产。一些提前布局新零售的企业（如银泰百货、永辉超市、兴盛优选、物美超市、每日优鲜、盒马鲜生等）不仅成功度过了疫情危机，还表现出了良好的发展势头。数据显示，永辉超市 2020 年上半年实现营业收入 505.16 亿元，同比增长 22.68%。2020 年春节期间，每日优鲜交易额较上一年同期增长 350%。相信在政策的积极引导下，未来 5 年，新零售在赋能实体经济、推动消费提档升级中的作用将会更加显著。

预测消费者需求是电子商务企业制定营销和运营策略的关键任务。业界与学术界对推断消费者在复杂曲折的购买历程中表现出来的兴趣偏好展现出了浓厚的兴趣，并试图在正确的时刻提供正确的推荐以提高转化率。对消费者购买过程中的决策和行为的研究可以追溯到认识—兴趣—欲望—行动（AIDA）模型[1-2]，其中，潜在消费者首先认识到产品，然后对某一类产品产生兴趣，并通过研究缩小选择范围，最后做出购买决策。在在线购物环境中，消费者在购买过程中会留下接触点，其渠道偏好可能会根据自身的需求而有所不同[3]。企业通常会收集更加精细的接触点数据，并努力通过分析消费者的在线访问和购买行为发现消费者的需求和购买意图[4]。通过在各种营销渠道捕获消费者的各种接触点，电子商务企业显著提高了其对消费者购物流程的把握。

当前，零售行业已经将目光从传统的大众市场转向了新兴的小众市场，新零售实体门店的触角已经遍布商场、小区、写字楼、办公室、家居、户外、出行等不同场景。企业需要深度理解消费者在不同场景下的购买动机，在正确的时间、正确的地点把不同的商品组合呈现给消费者，最大限度地提升商品的场景化价值。在新零售模式下，推荐出现的位置、场景非常复杂，不同消费情境下的推荐侧重点也不尽相同。随着消费场景覆盖的范围越来越广，推荐的实体也不再仅仅局限于商品，而是扩展到了活动、类目、营销手段等方面。如何捕获不同消费场景之间的复杂相关性，并在复杂环境下的客户连续购买过程中提供高质量的多场景推荐服务是新零售企业面临的又一大难题。

新冠疫情再次让人们关注零售店在零售行业中的作用。商店是全渠道零售的重要组成部分。尽管电子商务发展势头迅猛，当实体销售受到限制时，由于社交距离和商店关闭的影响，零售商仍然会遭受沉重打击。在全球范围内，越来越多的消费者青睐方便快捷的网上购物，零售商是否同时提供线上和线下融合的购物体验，已经成为影响当今消费者做出购买决策的一个重要因素。《2023年未来购物者报告》显示，截至2022年，有60%的全球消费者表示更喜欢同时提供线上和线下服务的品牌或商店。这一趋势在2023年也得到了延续。因此，对于品牌商和决策者来说，如何有效地进行全渠道战略转型是企业生存的关键。全渠道零售是指通过不同的渠道，如线上商店、线下商店、社交媒体等，将品牌和产品展示给消费者，以便消费者能够更方便地进行购物和获取所需的信息。该策略不仅可以提高消费者的购物体验，还能扩大品牌的影响力和市场份额。广泛的路边提货、灵活的商店环境、在线购买、店内提货（BOPIS）协议等新的零售范式，极大地加速了店内采购和创新的浪潮。随着品牌越来越深入地寻找最大化客户体验并适应快速变化的世界的新方法，全渠道业务布局已经成为零售企业转型升级的必然选择。

回看零售业发展的历史，早在21世纪初，在互联网繁荣时期，全球零售商就开始囤积砖块，品牌在无意中一层又一层地筑起了高耸的墙，并逐渐将业务的数字面和实体面分开。这种分裂通常会导致双方的销售、营销和履行部门完全不同，进而导致实体店和电子商务战略的脱节。零售商向在线品牌投入了大量资金，但几年后就很少考虑在小窗口之外进行潜在的店内创新。商店员工曾经是该品牌最相关的信息来源，互联网则将上下文置于购买旁边。在线登录页面和客户服务工具成为理想的销售助理，零售商开始加大对可定制数字营销工具的投资。当2000年代末经济泡沫破裂时，零售商意识到这一障碍可能会限制未来的业务增长，许多人决定弥合数字与实体的鸿沟，并在未来的销售和营销中追求全渠道零售方式。为了使自己的品牌与行业巨头区分开来，零售商的领导者意识到必须创造独特且无缝衔接的品牌体验，这是单体企业无法比拟的，而大部分个人风格都是从商店开始的。然而，创造这样的环境绝非易事。对于零售商来说，采取全渠道零售策略，摆脱过去的孤岛是一个崇高的目标，实现这一目标的路线图往往并不清晰，也无法明确知晓。品牌将数字体验与实体体验结合起来的最佳方式是什么。如果零售商缺乏敏捷的技术能力，这些对话很快就会变得更加复杂。在理想情况下，品牌零售商可以使其店内展示更具适应性，并为在线购物者提供更加个性化的体验。这种连接有效地拉近了双方的距离，调整了阻碍品牌实现有效且高效的全渠道协同的流程。

根据Oracle消费者研究，有71%的客户在决定是否继续在零售商处购物时更看重服务速度和结账便捷性。这种偏好为在实体店实施移动结账和自助服务工具提供了令人信服的理由，从而创造了类似的简化在线购物体验。进一步来讲，零售商可以为店员提供客户数据和产品销售趋势，使其能够向回头客提供同样有吸引力的个性化建议。对于许多零售商来说，将这些数字策略引入实体店已经有很长一段时间。但不幸的是，新冠疫情给零售商带来了更多挑战，许多商店被迫关闭，全球消费者需求迅速变化。打破内部孤岛有助于品牌改善其商业模式，仅靠这一点并不能解决所有问题。为此，零售商需要将在过去20年的实体零售和数字零售颠覆中学到的一切结合起来。

过去几年的经验表明，零售商的商业模式不能太敏捷。这场新冠疫情大流行已成为零售商决定如何应对行业未来的转折点。尽管存在一定的困难，但制定今后的战略还为时不晚。当零售商为未来做准备时，迈向成功的第一步仍是心态调整。零售商必须完全以客户为中心，将客户置于业务决策的核心并最大化客户旅程。改写零售规则意味着用创造性的解决方案应对当前的挑战。现在，每个销售点必须是一个实现点。举一个例子，一些零售商如何在大流行期间将实体店转变为事实上的履行中心，零售商会经常雇用可能已经在社区中建立关系的商店员工，通过 BOPIS 或"最后一公里"送货履行本地在线订单。这些新的全渠道零售策略帮助美团、永辉超市等零售商管理电子商务需求的激增，并优先考虑客户体验，以此实现长期成功。未来，也许每家商店都会回归到人们熟悉的角色，即为每个品牌提供独特的形象和个人体验。通过对相关技术进行升级，零售商可以为员工提供有关客户偏好和履行选项的基于数据的见解，也可以利用数字后端工具优化商店的库存管理，以及个性化的销售推荐和营销优惠推荐。因此，迫切需要传统零售商进行转型升级。

2016 年，"新零售"一词由阿里巴巴创始人马云首次提出。新零售模式阐述了线下、线上和物流业务如何融合，通过创建一个一体化的零售业，将以前独立的空间无缝地融合在一起。马云将其描述为将通过创新从根本上改变的 5 个领域之一（其他领域是金融、制造、技术和能源），并断言新零售应成为电子商务和支付业务的关键战略重点。同时，马云还注意到中国正在发生的快速转型升级，数以百万计的小商店正在转变为电子商务的订购点和送货站。他表示，智能手机的普及，以及实体和电子商务向全渠道体验的发展，将推动一场在零售销售模式中的颠覆性革命。

新零售模式利用数字化和大数据的力量，打通了当前电子商务与实体零售之间的断点，并在实体商业领域的消费者、生产商、批发商和零售商之间创造新的动力。主要体现在三个维度，分别为供应链和分销物流，为生产商和零售商提供增值服务，为消费者提供线上线下一体化的无缝购物体验。融合线上和线下渠道及交叉分析来自零售商和消费者的数据，最直接的好处是优化物流。通过利用包括销售、社交媒体、签到和其他类型数字足迹的大量数据，新零售公司不仅可以分析各个渠道接触点上的销售数据预测需求，还可以对未来的需求变化做出准确的预测。这种增强的视角可以基于许多不同的因素，例如，在线查看或喜欢某个产品的人数、该产品在电子商务或聚合网站获得的评分，以及该产品在社交媒体上分享的程度。这些预测可能超出市场水平，并可能捕捉特定地点或客户群的变化。结合各个零售地点库存的实时信息进行分析，可用于增强分销，从而确保抢先运输货物，以便在正确的时间、正确的地点提供货物。这种类型的即时物流模式可以降低持有和仓储库存的成本，并在零售商想要补充库存时缩短交货时间。通过将其进一步整合到灵活的供应链中，优势可以扩展到商品的实际生产过程中，使生产商能够根据实时销售数据和预测的未来需求，从而提高或降低产量。为了确保分析尽可能准确，并随着时间的推移不断改进，新零售参与者通常会部署人工智能模型，利用机器学习不断发展、识别新模式并提高预测能力。随着这些模型可以自我训练的数据量的快速积累，其将随着时间的推移变得更加强大和高效。

对于商家来说，新零售解锁了帮助商家削减成本和推动销售的工具和见解。商家通常会构建一体化集成系统，集成了收银功能、数字支付、库存监控、补货、销售分析和客户关系管理。然而，对于商家来说，真正的价值在于幕后的分析，可以用来优化库存、销售、促销等。正如"对于商家来说，真正的价值超越支付"和"商家支付：为商家增加价值"中所讨论的，这些增值服务对于为商家打造令人信服的数字支付案例至关重要。

通过将剩余库存与预测销售相匹配（不仅基于零售商自身的销售历史，还基于其他商店和在线商店的销售、历史模式、社交媒体上当前的发展势头及其他因素），当特定商品出现库存短缺的风险时，系统会向零售商发出面临库存短缺的风险警报，并实现无缝补货过程。同样的分析还可以用于预测各个零售商应该库存哪些新商品及何时库存，从而促使其添加目前没有的流行产品。然后，库存管理系统可以廉价且快速地交付，因为借助分销链中相同的预测分析，库存管理系统已经预先装载到附近的仓库中。

同样，新零售参与者可以帮助商家设计、交付和评估促销活动。通过评估其在促销期间的销售额与类似商店和其他渠道（包括在线）的销售额变化趋势，可以提供有关促销影响的可靠证据。围绕跨销售渠道的评估而建立的丰富数据库，可以为线上和线下零售商提供建设性建议，帮助零售商了解何时及如何部署促销活动以获得最大效果，以及如何根据其特定的业务线、地区等定制促销活动。

新零售方法的优势来自商家和消费者双方捕获的个人数据，意味着可以超越给定地理区域的分析，根据来自当前客户和居住在附近的潜在新客户的数据为商家提供个性化分析。例如，数据可以包括客户在其他商店购买的商品、在线购买的商品及在社交媒体上分享的商品。新零售企业可以为商家提供超本地化分析，捕获前所未有的细粒度水平。需要注意的是，这种方法会引发有关共享哪些数据及如何共享的严重隐私问题。提供商还可以利用丰富的信息（特别是对未来销售的可靠预测），向希望为所需库存融资的零售商提供供应商信贷产品。

在新零售中，顾客被视为产品的共同创造者而不仅仅是消费者，产品的实际购买被视为从概念到消费、再到推荐的连续客户体验中的一个环节。商品生产商和零售商认为销售不仅仅是单一的店内互动，希望通过各种渠道以集成的方式与客户互动。这一愿景的核心要素是利用数据让企业以更快及定制的方式了解和响应客户，从而推动持续的品牌参与，包括产品开发。通过对消费者偏好的全新洞察，生产商既可以为客户创造新的相关产品，又可以直接让客户参与产品设计。可以采取多种形式，从简单地允许客户定制产品（如允许客户从一长串的色调中选择商品的颜色，以及额外的口袋或不同的面料等选项，或者选择左脚和右脚不同尺寸的鞋子），通过在线比赛或粉丝社区众包整个设计。

新零售商利用数据做出更好、更快的决策，并整合从产品认知、营销、购买、评论和推荐的整个客户体验，以便客户获得定制的无缝体验。新零售商利用数据整合渠道以转变零售模式，并创造引人注目的客户体验，主要包括基于需求的产品开发和制造、缩短上市时间、采购可追溯性、有针对性的营销等。对于消费者来说，新零售是一种融入日常生活的整体体验，而不是短暂的零售购买。线下体验与线上生活无缝融合，让购物、评论和索取产品成为消费者日常生活的一部分，而不是短暂的插曲。

随着新零售在全球的发展，数字支付为新零售环境下各种复杂场景的支付提供了创新的解决方案。首先，新零售可以成为数字支付普及的强大驱动力。通过在市场各个方面创造明确的价值，新零售在支付服务提供商、生产商、零售商和客户之间建立了一种共生关系，每个人都可以从中受益。由于这种价值取决于数字支付，因此，新零售可以为摆脱现金的转变创造巨大动力。正如"商业支付中的现金为王"中所讨论的，其在许多市场中是一项非常现实且极具挑战性的障碍。只有供应商积极开发各种用例并能够让市场参与者相信价值将会真正实现，这种转变才会发生。对于许多以现金为导向的发展中经济体来说，这是一项不容忽视的挑战。同时，由于许多市场缺乏数字素养、互联网连接、物流提供商等，使得这一挑战变得更加复杂。

其次，新零售为支付提供商提供了一些潜在的、非常有趣的机会，通过节省成本（如通过简化、及时的分销）和收入流（如来自商家营运资金产品的利息收入和费用）实现业务货币化分析、促销和其他增值服务，此举有助于支持商户支付的业务案例并确定利润策略，同时减少支付提供商对交易费用的依赖，这对企业来说是一个严重的问题。

最后，新零售显著增强了商品生产商、零售商和支付提供商部署有效忠诚度模型和促销活动的能力，这可能是推动支付方式向数字支付转变所必需的。同时，还特别适用于终端消费者，其中，增值服务的机会并不明显。实际上，新零售的一些关键特征（如产品的共同创造）可能只有在更遥远的未来才能实现。

新零售仍处于早期阶段，目前，主要由几家全球科技巨头领导，并在中国和美国进行试验。

在中国，正如《中国：数字支付革命》中所讨论的，阿里巴巴、腾讯和京东在相对较短的时间内完全主导了电子商务、社交媒体和移动支付，并在此过程中改变了中国的新零售格局。目前，中国的移动互联网用户数量是美国的3倍多，移动支付流量是美国的60倍。2017年，全球数字支付的一半是在中国进行的，如今，这一比例可能更大。中国的电子商务市场是全球最大的，年销售额超过1万亿美元，并且还在不断增长。尽管如此，线下零售仍占中国零售总额的80%。因此，阿里巴巴和腾讯积极致力于将实体零售带入数字商务领域，仅在2018年就花费了约200亿美元，主要用来建立、收购或投资零售公司和技术，以此实现数字化。

除了投资各类零售商，阿里巴巴还推出了零售通，这是一个针对商家的数字库存管理平台。该公司表示，零售通目前覆盖了中国近五分之一的小型独立零售店，且通常是业主经营的街边商店。零售通是阿里巴巴新零售战略的核心，为一系列不同的业务方面提供了物理接触点。零售通实现了无缝库存管理，允许店主通过数字支付和一日达直接从阿里巴巴补货。该系统还提供许多其他增值服务，例如，对销售趋势和库存建议的数据驱动洞察、为库存融资的供应商信贷，以及广告时间等其他产品。

对于顾客而言，零售通通过融合实体和电子商务创造便利，例如，利用实体零售商作为电子商务购买和退货的"最后一公里"送货和落客点，或者为在实体零售店中发现缺货的顾客提供帮助，只需稍后通过电子商务渠道交付即可。零售通免费向商户提供，这是因为阿里巴巴的主要价值在于获得 80% 的线下零售份额，以及进行购买的客户。该系统实际上是阿里巴巴进入其被排除在外的一大片商业领域的滩头阵地。生成大量数据，可为任意数量的其他产品和服务提供支持。

阿里巴巴在新零售领域的另一个标志性举措是盒马鲜生超市，该超市高度数字化且基本上无现金，还充当在线订单的分发节点。客户在购物时通过应用程序获取有关各种产品的信息，如客户评分、推荐食谱和相关成分，从而增强了消费者在电子商务领域所期望的信息类型的店内体验。顾客通过手机支付后可以直接提货，也可以选择在距离商店 3 公里范围内 30 分钟或更短的时间内送货到家。店内配送中心为店内客户提供服务的方式与通过应用程序远程订购的客户相同。阿里巴巴表示，一旦新店建成并在人们熟悉之后，该店有 60% 的销售额会转移至线上。2024 年盒马将加速扩张，继续在全国各地新开 70 家门店，届时门店总数将突破 400 家。

阿里巴巴在新零售领域迈出了最大胆的一步，腾讯也开始融合线下和线上零售。尽管腾讯本身并不是电子商务企业，但其持有阿里巴巴主要电子商务竞争对手京东的大量股权，并于 2018 年收购了中国第三大电子商务企业唯品会。据估计，中国 95% 的电子商务企业都在微信上部署了小程序。腾讯还对零售商进行了大量投资，包括中国最大的连锁超市之一和法国大型超市品牌家乐福。虽然腾讯是作为支付服务提供商进入该领域，却并不直接开展任何电子商务。相反，腾讯提供了一个去中心化的平台，合作伙伴可以使用该平台独立销售产品。例如，腾讯云为零售商提供社交广告和小程序等数字工具，用以连接人和企业。

与此同时，中国第二大电子商务平台京东也通过多种方式涉足零售业。2015 年推出了京东到家，这是一项通过应用程序为当地超市和其他商店提供的两小时送货服务。京东到家与阿里巴巴的盒马配送竞争。为此，京东筹集了来自美国零售巨头沃尔玛 3.2 亿美元融资，还尝试了无人值守和无现金零售解决方案。京东本身在中国经营着数十家无人无现金商店，并在印度尼西亚开设了一家商店。京东还在广泛试验无人机送货技术。

美国的新零售主要由电子商务巨头亚马逊推动，该公司占 2019 年美国所有在线支出的近一半，约占美国整体零售市场的 5%。亚马逊最广为人知的实体零售尝试之一是 2017 年以 140 亿美元收购高档杂货连锁店 Whole Foods。此后，亚马逊开始以不同的方式将实体店与在线零售整合起来。与阿里巴巴一样，亚马逊利用商店作为"最后一公里"的配送节点。例如，通过设置亚马逊储物柜，方便客户领取或退回电子商务包裹，并为使用亚马逊远程购物的用户提供全食杂货送货上门服务——生鲜和亚马逊 Prime。亚马逊还在跨平台忠诚度进行部署，例如，让 Prime 用户（据报道包括超过三分之二的美国家庭）享受全食超市 10% 的折扣和特别优惠，以及两小时内免费送货上门。在开发了支付业务后，这家科技巨头还在加油站、餐馆和商家等传统零售商处部署 Amazon Pay，这些零售商并不与亚马逊的在线服务直接竞争。将 Amazon Pay 扩展至包括线下接触点，将进一步推动其成为客户生活中不可或缺的存在，并从发生在传统领域之外的交易中获取更多消费者数据。与阿里巴巴一样，亚马逊进军实体零售的主要动机之一是访问这些数据。

此外，亚马逊还开设了无现金、全自动零售店 Amazon Go。亚马逊用户能够从这些商店拿走其所需要的东西，然后直接"走出商店"，这主要归功于先进的技术，可以监控商店中的用户，跟踪其所取的商品，并在用户离开时向其亚马逊账户收取费用。目前，亚马逊已经开设 Amazon Go 商店。

有趣的是，亚马逊还开设了一系列亚马逊书店，"将线下购物与亚马逊社区的优势融为一体"。第一家商店于 2015 年在西雅图开业。目前，该连锁店已扩展到美国各地，顾客可以进店浏览亚马逊电商市场上评价较高的书籍和其他产品，以及亚马逊自有的全系列设备。与盒马鲜生商店非常相似，顾客可以使用亚马逊应用程序扫描商店中的商品并获取其他信息，包括评论、优惠和折扣。如果结账队伍很长，只需点击一下，顾客就可以通过电子商务渠道订购商品送货上门并离开商店。2018 年，亚马逊还在纽约市推出了三家亚马逊四星公司。这些公司库存产品包括好评商品、热门商品和畅销商品。库存每周轮换一次。该商店以评论和数字价格标签为特色，并排展示"经常一起购买的产品"（一项流行的在线功能），并以此为基础扩展了亚马逊在线成功的基础。在网上推广名人代言和其他活动，并为网上销售创建内容，融合线上和线下模式，提供经济高效、引人注目的购物体验。

从目前来看，新零售的前沿显然在中国和美国。在这两个地方的目标客户都是相对富裕且精通数字技术的客户。然而，移动和数字趋势正在为新兴市场和经济体的发展奠定基础，尽管这种发展可能会以一种更加自下而上、非正式的方式发展。

趋势之一是移动支付，特别是移动货币的兴起，已将 8.9 亿个数字支付账户交到了那些以前没有银行账户且完全在现金经济中进行交易的人们手中。趋势之二是发展中国家社交媒体使用的爆炸式增长，Facebook、WhatsApp 和 Instagram 现在几乎在每个国家都家喻户晓。趋势之三是 Jumia（"非洲亚马逊"）等电子商务平台的崛起。该平台在 2018 年 4 月的首次公开募股中估值为 13 亿美元。社交媒体参与者早已意识到，人们利用这些渠道进行各种形式的业务交易，包括非正式或半正式的零售商务，特别是在传统电子商务不存在或无法满足数百万小微企业需求的市场中。在该领域运营的企业 WhatsApp 对此做出了回应，推出了 WhatsApp for Business，该产品针对的是使用社交媒体作为接触客户的主要方式的微型企业家。此外，WhatsApp 还迎合了航空公司等大型企业的需求。

除了通过一个简单的"主页"提供有关业务的详细信息（如营业时间和联系信息）之外，该应用程序还促进了对企业的客户关系管理，企业可以更轻松地从对每个查询的单独响应转变为更复杂的响应，即通过快速回复轻松发送的标准消息进行半自动参与；商店关门或店主外出时自动响应；对客户和对话进行标记，以便更有效地进行管理，如按客户类型、产品或订单状态。其如此强大的原因在于拥有庞大的安装基础，已有 15 亿人使用 WhatsApp。任何人都可以下载 WhatsApp for Business 应用程序并设置账户，任何使用 WhatsApp 的人都会熟悉 WhatsApp for Business 界面，且可能已经拥有所需的硬件设备——智能手机。WhatsApp 支持的解决方案避免了困扰发展中市场商户支付企业"先有鸡还是先有蛋"的问题。

与 WhatsApp Pay（2018 年 2 月在印度推出的移动支付企业）结合使用时，该解决方案变得更加强大。WhatsApp Pay 利用先进的印度国家基础设施进行实时支付、身份识别和身份验证，以及政府推动的银行账户的推广普及，使得该国 2.1 亿活跃 WhatsApp 用户可以直接在应用程序聊天界面进行付款和转账，使其成为任何涉及金钱的对话的无缝组成部分。Facebook 也不是电子商务公司，在 2016 年重新推出了 Facebook Marketplace。这是一个类似于 eBay 和阿里巴巴原来的淘宝点对点数字商务平台。Facebook 此前曾提供过类似的功能，后来被关闭了。为了应对 Facebook 群组的增长，对该功能进行了改进并重新推出。Marketplace 为卖家提供了数字营销渠道，为买家提供了搜索和信息平台，并为双方提供了连接、提出和接收报价的交换机制。据 Facebook 称，目前，Marketplace 在 70 多个国家 / 地区每月有超过 8 亿人在使用。Messenger Payments 于 2015 年在美国推出支持点对点支付和转账。Facebook 随后也获得了欧盟电子货币许可证，从而能够在该市场部署支付系统。与此同时，Facebook 于 2017 年在菲律宾与当地支付提供商 Globe 和 PayMaya 合作，通过 Messenger 界面实现与这些公司持有的账户之间的转账，类似于 WhatsApp Pay 支持从印度银行账户转账的方式。2019 年 6 月，Facebook 揭晓了其开发的基于区块链的虚拟货币项目 Libra。如果 Libra 成为现实，其有可能使 Facebook、WhatsApp 和 Instagram 的全球 27 亿用户间能够进行支付，包括跨境支付。

显然，鉴于社交媒体在发展中市场的大量使用，Facebook 及附属品牌的这些举措，正在使该公司在商业运作方式上发生重大转变，即将线上和线下领域合并成一个日益无缝的交易空间。虽然其可能看起来与中国和美国的努力、精心策划和资金充足的努力有所不同，但这也是新零售的一部分。

新零售的进步已经开始发生。有研究表明，东非的非正规商人已将线上和线下工具结合起来，利用移动货币为客户提供服务。通过将 WhatsApp 上的客户互动、Instagram 上的广告、Uber 的送货服务，以及移动货币支付拼凑在一起，创造出一种碎片化的新零售模式。每一次交互都会生成数据，这些数据却并未汇集在一起以指导无缝交互，从而产生具有明显本地风味的新零售体验。

为了成功地采用全渠道零售模式，企业必须进行基于技术融合、以客户为中心和内部流程重组的转型。未来的研究可能会纳入关于客户如何看待组织全渠道努力的定量因素，以了解运营层面的转变和困难。有兴趣拓展在线市场的实体零售商不应优先考虑快速交货，而应掌握在线购买的基础以扩大客户群。相比之下，新零售企业应重点采用具有动态定价和退货政策的 BOPS，以吸引更多客户。研究如何设计最佳零售分销网络以最大限度提高品种的可用性，如何将消费者的反馈纳入全渠道体验的设计中，如何将在线品种与线下商店联系起来进行数字品种扩展，调查顾客如何看待没有销售库存而只是具有数字订单可能性的陈列室的商店。探索店内互动技术（如 AR 和 AI）如何影响顾客对零库存线下商店的看法等营销主题。在企业运营管理决策方面，研究替代履行模式、库存数字化或车辆路线优化，以创建全渠道体验。

1.3 数据驱动为运营决策带来新的革命

随着 5G、物联网等技术和工业 4.0 等概念的推动，未来世界迈向一个可靠、安全和强大的连接全互联时代势在必行。电信网络日益成为数字社会的支柱，并对运营提出了新的要求。电信网络可以被视为一个活的有机体，遵循事物变得更加复杂的自然趋势。热力学第二定律指出，封闭系统的无序性或随机性（熵）程度永远不会减少。从长远来看，没有什么能逃脱宇宙的基本法则，网络也不能幸免。与电信生态系统中的许多其他"有机体"一样，电信网络需要不断解决因设备数量不断增加、多种新技术和更加多样化的服务需求而日益加剧的运营复杂性。随着企业和消费者领域的可能性不断增加，解锁了很多新的商业化机会。对数据的新看法是基础，但通信服务提供商不确定如何进行跨越数据和自动化的转变，以及如何跨越组织、能力、流程和治理等多个维度。

随着企业在现代世界不断发展的格局中前进，对数据分析的需求也在不断增长。在当今竞争激烈的市场中，分析和解释数据的能力对于做出可推动业务成功的明智决策至关重要。数据分析是检查大量数据以提取见解和趋势的过程，涉及使用统计和计算方法解释数据并识别模式、相关性和关系。数据分析的最终目标是将原始数据转化为可操作的见解，为业务决策提供信息依据并推动增长。数据分析在现代商业中发挥着至关重要的作用。其一，数据分析能够提供更好的决策。数据分析为企业提供做出明智决策所需的信息。通过分析数据，企业可以识别模式和趋势，帮助做出预测，以及预测客户需求并发现新机会。其二，数据分析可以提高效率。数据分析可以通过识别效率低下和浪费的领域，从而帮助企业优化运营。通过分析生产、库存和供应链管理的数据，企业可以找到简化运营和降低成本的机会。其三，数据分析可以提高客户满意度。数据分析可以帮助企业更好地了解客户。通过分析客户行为和偏好数据，企业可以制定更有针对性的营销活动，改善客户服务，并创造能够更好地满足客户需求的产品和服务。其四，数据分析有助于企业获取竞争优势。在当今竞争激烈的市场中，通过数据分析能够有效分析和解释企业所具有的明显优势。通过利用数据分析，企业可以识别新兴趋势、预测未来需求并做出更明智的决策，从而领先于竞争对手。

公司在运营和营销管理方面做出重要决策时，如在决定产能、库存水平、运输和生产计划、优惠券推荐、捆绑定价时，面临着相当大的不确定性。当然，不确定性的一个重要来源是客户需求。产品最终通过不同的渠道进行销售和分销，往往很难预测渠道在个别日期、几周或几个月内对某个产品的需求，使得设置正确的库存变得更加困难。其他不确定性来源（如生产和补货提前期）使运营和物流决策进一步复杂化。大多数运营经理可能会认为最近的不确定性有所增加，因为有更多的产品（SKU）、生命周期由于许多原因，跨渠道的需求更加分散。然而，幸运的是，公司可以前所未有地访问越来越多的数据，从而帮助企业在这些不确定性和具有挑战性的条件下做出更好的决策。当今世界，数据来源极其丰富，采集数据的手段也更加多样。例如，媒体、点击流、网络搜索、天气数据、日历数据（节假日等）、从竞争对手网站抓取的网络数据等，都可以用来更好地预测客户需求、安排库存和进行产能决策。随着物联网的普及，传感器数据、详细的运输记录和天气数据也被保存下来，用于更好地预测补货提前期并改进订购决策。这些只是获取更多、更好的数据用以改善运营和物流管理的一些示例。将数据转化为在成本和客户满意度方面更好的决策依据是其核心所在，业界和学术界称之为"数据驱动的运营管理"（Data-Driven Operations Management，DDOM）。数据驱动的运营管理主要关心的是弄清楚如何最好地利用包含历史需求和许多其他解释变量的给定数据集，以优化企业的库存和产能水平、补货决策和各种其他运营和物流管理决策。其实，数据驱动的运营管理一直存在，因为管理者一直在根据一些数据做出决策。令人兴奋的是，随着算力和存储能力的提升，企业如今可以获得更多、更好的数据，并拥有更多复杂的方法和计算能力，用来处理庞杂的数据。数据驱动的运营管理越来越多地采用来自机器学习领域的内容，并将其与优化技术相结合。

公司的主要战略决策是向客户提供产品组合。从营销的角度来看，选品组合（提供的产品的质量和范围）应对消费者具有吸引力。然而，选品组合对公司的运营有重大影响。例如，在增加销量和保留率等营销目标的推动下，在线渠道的出现大大增加了商品种类的规模。然而，商品种类的增加不仅增加了库存成本，还对以可行的成本快速、灵活地交付所提供的商品的能力带来了一定压力。此外，对于消费者来说，种类繁多的商品可能难以驾驭并导致信息过载，可能还会导致糟糕的选择，以及更高的退货率。公司应采取何种库存及可用性安排是一个相互关联的决定。基本决策包括库存所有权—从供应商地点的供应商拥有到公司内部的公司拥有—后者的库存所有权，以及在哪个地区和哪种渠道。这些决策会影响客户服务水平（如交付周期）及运营复杂性和成本。因此，选品组合和库存可用性决策是运用机器学习和运筹优化相结合方法解决的主要问题领域。

在传统策略中，为了创造有吸引力的品类，公司会从供应商处采购产品，并持有一定的库存，然后将其出售给客户，称之为经销商模式。先进的信息技术和在线零售的日益普及催生了一种新的商业模式，即多边平台。在该模式中，公司提供一个市场，供应商通过该市场直接向最终客户展示、销售和交付产品，即提供供应商库存履行或直运。这也意味着品类选择的部分责任被移交给供应商，且每当供应商提供新产品时，品种就会不断发生变化。这两种模式的不同之处在于其提供营销和运营功能的优势不同。特别是多边平台模式可以提供更多品类，但会减少对公司运营某些方面的控制。为了协调营销和运营利益，许多公司会选择同时作为经销商和多边平台运营，而不是明确选择其中的一种。此外，在两种模式下，零售商可以更好地控制与其合作的制造商的产品供应。例如，荷兰消费电子产品经销商 Coolblue 和天猫（由阿里巴巴运营的多边平台）提供的独家产品，是零售商基于分享对消费者偏好的见解而向制造商发起新产品开发的结果。

从营销的角度来看，线上零售可以提供更多的产品品类，会大幅增加消费者剩余和所谓的长尾效应（描述了利基产品销量增加的现象）。增加品类规模可以通过提供更多的产品类别（广度）或每个类别更多的产品（深度）实现。由于客户偏好一站式购物或产品互补性（如意大利面和意大利面酱），更多的品种范围增加了交叉销售的潜力，更深的深度会增加追加销售的潜力，如通过同一品类提供更多的优质产品。

然而，从运营角度来看，更多的品类会增加库存成本（纯经销商模式）或削弱控制力（多边平台模式）。此外，还会导致更加复杂的运营场景，如需要更多的协同调货，需要与更多的供应商进行协调。品种较多还存在其他潜在的运营缺点，如丰富的产品选择可能会导致信息过载，降低消费者选择的质量、对选择的信心及相应的满意度，会导致消费者产生更多的退货行为。

提高品类导航性（消费者可以轻松地在品类中移动，从而找到其正在寻找的信息或产品）和采用品类定制（根据个人和情境因素调整品类属性）是在需要时用来调整营销和运营职能的方法。在可导航性方面，企业越来越多地转向技术（互联网端、移动端）帮助提供大量在线商品，并确保与实体店类似的便利性和配送速度。使用精心设计的过滤器和其他在线设计元素，以及采用语音技术，使公司能够提供大量在线品类，而不需要个人消费者对其进行全面评估。因此，消费者可能会发现，与在线渠道相比，由于实体渠道缺乏店内决策辅助工具，因此，从大量实体商品中进行选择较从规模大得多的在线商品中选择更为困难。

整合营销和运营目标的另一个有前景的发展方向是通过个性化或情境化进行品类定制。个性化涉及"针对个人定制产品和服务产品的构成与呈现"。由移动电子商务推动的情境化涉及"根据用户的时间和空间环境量身定制的产品或服务"，只有既要考虑营销目标（"增加需求"）又要考虑履行效率时，这些策略才会真正产生影响。例如，零售商可能不想向远离配送地点的消费者推荐体积大或者重量重的产品，或者希望对库存水平较高的产品进行促销。

另一个主要的品类选择决策是针对不同渠道选择提供特定的产品范围。不同渠道在为客户提供便捷访问一系列产品的同时，其保持高水平运营效率的能力各不相同。例如，利基（长尾）产品被认为特别适合通过在线渠道销售。从营销角度来看，其主要受益于在线渠道的信息搜索能力。从运营角度来看，由于这些商品的需求不规律，因此，其主要受益于供应链上游的集中库存，而不是靠近消费者的实体零售店，从而产生库存共享效益。在该示例中，营销和运营考虑因素是一致的。一般来说，产品具有多个属性，这些属性对这两种功能具有相关的、有时甚至是冲突的影响。例如，如果利基产品很容易腐烂（意味着"最后一公里"的物流成本更高），并且具有重要的非数字属性（如需要通过触摸或感觉进行评估），那么，在线销售该商品的决定就不再简单。为了缓解紧张情形，零售商需要整合商品品种和渠道决策，以协调其营销和运营目标。换句话说，在决定产品渠道匹配度时，需要结合以上两个目标。

更好协调的机会包括选择不同的渠道以支持消费者旅程的不同阶段（如用于体验非数字产品属性的展厅、用于搜索产品和下订单的互联网）或选择特定渠道的品类，以免影响交付效率（如避免在线提供易腐烂的产品）。例如，考虑潜在的跨渠道效应，更好地整合实体店和线上商店，可以增加实体店销售人员交叉销售和追加销售某些店内未提供但可在线购买的 SKU 的机会。平衡营销和运营目标的另一个机会是刺激特定渠道的新产品开发。例如，宝洁公司创新推出一款 Tide Eco-Box 新型环保包装，该包装与目前的 150 盎司的汰渍按压式包装相比，塑料减少 60%，水减少 30%，并且不需要额外的包装材料。由于盒装的设计减少了运输空间的占用，使得运输更高效。这是一款专为解决电子商务的"最后一公里"而设计的产品。

品类选择上的另一个难点在于向更广泛的市场、地区进行在线销售的需求不断增长。作为全渠道战略的一部分，许多零售商正在将在线销售目标区域从人口稠密的城市地区扩大到人口稀少的农村地区，有时则是为了弥补后者实体店的关闭。鉴于"最后一公里"配送的经济效益在人口稀少的地区有很大不同，零售商通常会在城市地区在线提供的种类繁多的商品策略，对于农村地区可能在经济上具有不可持续性。因此，在农村地区，零售商可能不希望贯彻亚马逊的"一站式购齐"理念，而是扮演策展人的角色，倾向于提供更小但更相关的品种（如在当地商店买不到的产品）。

在全渠道模式中，库存可用性决策包括不同渠道的库存所有权和物理位置。库存所有权涉及经销商和多边平台模式之间的选择。每种模式都有营销和运营的优缺点。在经销商模式中，在线零售商拥有自己的库存，因此，产品可用性直接受自身库存政策的影响。该模式有利于实现快速交付并最大限度地减少因缺货而造成的销售损失，从而提高客户忠诚度。然而，该模式要求零售商承担运营和库存成本。在多边平台模式中，尽管零售商与供应商就可用性达成协议，但可用性决策仍由供应商决定。该模式有利于实现允许在线零售商提供多种产品的营销目标，并提供了以不同价格对应不同供应商提供的各种服务及产品的机会，亚马逊等公司就采用了这种方法。由此产生的不同价格和交付周期，可能会影响消费者的重复购买意向。然而，从运营角度来看，多边平台模式意味着依赖供应商（特别是定牌生产合作）来确保对供应链的控制。

采用经销商或多边平台模式（甚至混合）的决定很复杂，是因为每个选项都与营销和运营目标之间的矛盾关系相关，选择其中一个选项则会放弃另一个所具有的营销/运营优势（如运营职能不能同时受益于经销商模式提供的供应链控制和与多边平台模式相关的库存成本降低）。因此，提供指导以优化每个产品类别和客户群体的业务模型组合，有助于更好地协调两项职能。

就库存地点而言，多种销售和分销渠道会对营销和运营产生重大影响，并显著增加复杂性。相关决策包括是否拥有多个库存点、从哪些库存点向客户交付商品、哪些客户在什么情况下从哪个库存点接收货物，以及如何处理跨物理地点的库存短缺问题。通常，与这些决策相关的营销目标和运营目标之间存在矛盾关系。举一个例子，基于商店的零售商在将在线渠道集成到其业务模型中时该如何重新调整物理分销流程。使用专门用于在线渠道的分销设施，通过集中库存履行在线订单较使用商店中的分布式库存或应用多边平台模式更为有效。然而，集中库存在促进客户保留方面效果较差。此外，引入跨渠道功能（如送货到店）可能会增加零售商的整体销售面积。实体店零售商通常会根据服务客户的最低成本以评估库存位置选择，往往不考虑营销目标。

总之，在决定库存放置地点时，平衡营销考虑因素（通过提高产品可用性和交付速度而从更分散的库存中受益）与有利于更多库存池的运营因素的平衡非常重要。最终，归根结底要了解库存位置如何影响盈利能力（短期观点）和客户保留率（长期观点）。此外，库存的内部重新分配（跨渠道或渠道内）可用于解决库存不平衡问题，其运营成本可以通过在正确的时间和地点提供产品而产生的额外销售进行补偿。

通过以上讨论可以看出，关于品类选择，需要对经销商模式、多边平台模式或两者混合模式的选择进行更多研究。控制什么和留给供应商什么决策（如关于定价、捆绑、产品营销以及条款和条件）之间的矛盾关系是联合营销运营研究的一个有趣但尚未探索的领域。相关学者已经研究了公司对经销商或多边平台模式的选择与产品的销售之间的联系，包括营销活动、价格及创新产品与功能性产品。然而，这些研究忽略了对公司控制和管理供应商及其产品种类经验丰富的需求。此外，鉴于这两种模型的使用日益普及，未来的研究应确定通过每种模型采购和销售哪些产品，并考虑营销和运营目标。

品类选择未来研究的另一个领域是确定相关产品和目标市场属性，这些属性对品类渠道决策具有重大影响。例如，关于产品特性对履行过程中消费者行为的影响，学界尚无定论。由此产生的结果可用于识别和分类策略，零售商可以根据营销和运营目标采用相应策略以优化分类渠道决策。下一步，未来的研究应重点关注品类导航的维度（如推荐系统、信息量、信息类型）、如何实现营销目标（购买速度、销售、忠诚度）和运营目标（减少退货）。此外，未来的研究可以调查品类选择的个性化和情境化（如在线向不同客户提供不同品类）和导航性（如以不同方式向不同客户展示相同品类）的潜力，从而进一步调整营销和运营目标。关于库存可用性，未来的研究可以更多地了解与履行绩效（如可用性、订单交付时间）相关的消费者偏好如何影响多边平台模式和经销商模型的组合，以及消费者如何影响这些类型模型的库存相关决策和产品特性。

2 数据驱动的个性化与运营决策研究动态

为满足电子商务需求的最优履行决策得到了越来越多的文献关注。Acimovic 等[5]研究了对履行中心的最优补货分配，以降低运输成本并减轻代价高昂的溢出效应。Lei 等[6]考虑联合定价和履行策略以最大化预期利润。DeValve 等[7]研究了通过结合基于随机程序的分配策略和限制可满足的溢出需求的执行策略，为大型在线零售商网络增加执行灵活性的好处。Bayram 等[8]通过给出每个位置的运输成本作为独立随机变量，在给出初始库存水平时，考虑了全渠道零售网络的最佳动态履行决策。同时，还有一些研究讨论了通过单独的在线履行中心将在线需求集成到实体店的问题，这也是电子商务布局全渠道起步阶段的主要实现方式。Seifert 等[9]考虑了一个由在线仓库处理在线订单的库存管理系统，在缺货的情况下，商店可以填写订单。Chen 等[10]考虑了由两个商店和一个零售商组成的三级定位系统，具有层次结构的履行系统——零售商可以对两个商店顺序地以最低的成本完成在线订单。具有实体商店和在线履行中心网络的全渠道零售商面对两个需求（在线和店内），必须做出相互关联的决策，即每个位置应保留哪些产品组合及如何对产品进行定价。因此，值得进一步研究全渠道环境下的产品组合和产品定价的协同决策，以提高新零售企业动态调整运作策略水平。

以往对消费者购买历程的实证研究分析了点击流数据或客户关系管理数据中的印象或点击频率，进而推断消费者的购买倾向。例如，印象或点击的频率、网站访问的顺序，以及两次点击之间的持续时间[11-12]。除了接触点数据，借助文本数据还可以帮助揭示消费者的购买意图[13]。关于消费者在线口碑文本分析[14-18]和搜索查询[19-20]的文献越来越多。消费者行为（如点击产品、将产品添加到购物车及购买产品后的评论行为）在推断消费者对产品推荐的兴趣偏好方面发挥着重要作用。大量研究采用实证分析方法证明了搜索查询、在线评论、退货等消费者行为对消费者购买决策和企业销售具有重要的参考价值。鉴于消费者购物过程中的各种接触点对消费者的购买决定产生重大影响，为了支持消费者的购买决定，如何挖掘消费者购物全过程中的行为数据，对企业决策来说是一个有价值的研究主题，但鲜有研究将消费者在购物的全过程中暴露的行为信息融入运营与营销决策中，因此，本书重点研究了基于消费者购物全过程行为数据的智能推荐系统设计、产品定价及产品组合决策问题。本节将梳理以这三个研究问题为核心的数据驱动的智慧决策的前沿研究。

2.1 传统推荐算法

推荐系统是一种应用广泛的信息过滤工具，可以为客户提供产品信息和建议，帮助用户决定应该购买哪些产品。Bobadilla 等[21]将推荐方法分为三类：协同过滤、基于内容的过滤和混合推荐系统。

协同过滤是推荐系统中使用最早，也是最成功的技术之一。协同过滤算法的基本思想是利用与目标用户品味相似的用户群体偏好，从而预测目标用户对特定产品的偏好。一般来说，有两种类型的协同过滤技术。第一种是基于用户的协同过滤[22-23]，第二种是基于物品的协同过滤[24-25]。基于用户的协同过滤主要考虑用户之间的相似性，根据相似用户喜欢的项目的评分预测目标用户对特定项目的评分。基于物品过滤的基本思想是根据所有用户的历史偏好数据计算物品之间的相似度，然后将与用户喜欢的物品相似的物品推荐给目标用户。目前，大量学者专注于利用机器学习模型提高协同过滤技术的性能。矩阵分解[26]、神经网络[27]和图模型[28]通常与协同过滤结合使用。协同过滤技术面临的最大挑战是新用户到来时的冷启动问题。由于推荐系统没有任何新用户的数据，因而无法很好地为新用户推荐商品。此外，协同过滤还无法理解不同的场景，无法捕捉用户在特定时刻的特定消费目的。

基于内容的过滤主要通过评估用户未看过的物品和用户过去喜欢的物品之间的相似性来工作。为了生成有意义的推荐结果，基于内容的过滤使用不同的模型以查找物品之间的相似性。其通常使用向量空间模型（如词频逆文档频率）或概率模型（朴素贝叶斯分类器、决策树和神经网络）以模拟不同物品之间的关系[29-31]。基于内容的过滤技术则不需要参考其他用户画像，因为其他用户画像并不会影响最终推荐。同时，基于内容的过滤技术在用户画像发生变化的情况下，仍然可以在极短的时间内调整推荐结果。该技术的主要缺点是需要系统对物品的特性有深入的了解。由于基于内容的过滤仅取决于用户过去对某些物品的偏好，因此，用户只能获得与其个人资料中的物品相似的推荐，很难获得多样化的选择。

混合推荐系统结合了多种推荐算法以避免单一技术的问题。Burke[32]将混合推荐系统分为三种基本设计思想：单体、并行和流水线。单体范式将多种推荐算法集成到同一个算法系统中，集成的推荐算法提供统一的推荐服务。并行范式利用多个独立的推荐算法，每个算法产生自己的推荐结果，并在混合阶段融合这些推荐结果，从而生成最终的推荐结果。在流水线范式中，将一种算法生成的推荐结果作为另一种推荐算法的输入，然后生成推荐结果，再输入到下一个推荐算法中，以此类推。

随着移动商务的快速发展，越来越多的推荐服务发生在动态变化的上下文中，如用户位置、访问时间、当前流量等周边环境。传统的个性化推荐技术已经不足以应对上下文因素带来的新影响[33-34]。因此，当前的趋势是整合应用传统推荐系统中的上下文信息，从而形成基于上下文的推荐系统，进而准确、高效地提供既符合用户当前情况，又能满足用户偏好的信息资源[35]。

总之，最近的推荐技术基于其他类似用户购买过的产品或自身购买过的产品来预测消费者的购买意图。与稀疏的消费者购买数据不同，消费者在做出购买决定之前会进行广泛的在线搜索查询。基于此，本书试图从用户的购买全过程入手，更全面、准确地把握用户的兴趣偏好，以缓解上述问题。

2.2 基于图学习的推荐技术

用户行为数据是最基础、最重要的用户生成数据之一，在很大程度上是随着在线服务的快速发展而积累的，特别是电子商务服务中的用户购物行为。由于丰富的行为数据具有内在的顺序性，现代推荐系统倾向于将其组织为用户级别的序列数据并进行序列化推荐。与传统的评分预测相比，序列化推荐自然地考虑了对用户兴趣的动态建模，也更符合实际情况。序列化推荐中使用的行为序列通常由交互的项目来表示。用户与商品的交互类型很丰富，如点击或购买喜欢的产品。考虑到序列化推荐中使用的技术，过去 10 年见证了其从序列模式挖掘到基于马尔可夫链的分解模型，再到近年的深度神经网络的发展历程。

在深度序列化推荐方法领域，已经取得了很多技术进步以提高推荐性能。主要源于循环神经网络开发了不同的注意力机制。近年来，图学习技术正在成为机器学习的核心领域。图学习被广泛用于通过预测潜在联系理解社交网络的结构、欺诈检测，了解消费者行为或进行实时推荐。图神经网络（GNN）技术在推荐系统中得到了广泛应用，因为推荐系统中的大部分信息本质上都具有图结构，而 GNN 在学习图结构方面具有出色的性能[36-37]。He 等[38] 提出了一个简化 GCN 的模型 LightGCN，该模型使用与用户交互的项目记录以增强用户表示，并使用交互的用户记录以增强项目表示。多层 GNN 可以模拟信息传递过程并有效地建立高阶连接。Li 等[39] 设计了一种新颖的特征交互图神经网络（Fi-GNN），以灵活和明确的方式对复杂的特征交互进行建模，并为点击率预测提供了很好的模型解释。Chang 等[40] 提出了一种新的基于图的地理潜在表示（GGLR），基于空间和时间特征对兴趣点之间的地理影响和用户序列行为的转移模式进行建模，可以捕捉来自复杂用户—兴趣点网络的高度非线性地理影响。

上面提到的 GNN 方法采用数据之间的成对连接。然而，现实世界应用中的数据结构很难用成对连接表示，甚至更为复杂。Feng 等[41] 提出了一种超图神经网络（HGNN）框架，该框架可以通过使用其无度超边对高阶数据相关性（超出成对连接）进行编码，用以处理复杂的数据相关性。Chen 等[42] 提出了一种神经符号超图用以提取用户、项目和特征之间的非线性关系。He 等[43] 提出了一种超图点击率预测框架（HyperCTR），该框架基于用户和项目之间的多模态信息交互以学习项目表示。然而，现有研究侧重于学习用户在购买期间和购买后与产品的交互特征（如购买和在线评论），忽略了用户在购买前通过搜索查询了解产品信息的过程中的交互特征（如产品信息搜索）。实际上，用户与产品的关联是一个连贯的过程，不应该被隔离在不同的节点中。只有梳理用户搜索—理解—购买—使用产品的全过程，从各个阶段寻找机会点，才能帮助推荐系统更好地发现用户的潜在需求。在本书中，开发了一个超图框架，用来处理消费者在整个购物过程中的交互行为（即搜索—理解—购买—使用）。

2.3 全渠道环境下的产品组合和定价策略研究

Brynjolfsson 等[44]实证研究了通过传统卖家减少产品组合和通过在线渠道扩大产品组合的影响。研究结果表明，该策略可以增加消费者剩余。Dukes 等[45]从关于产品组合决策的竞争激励的角度进行了论证。结果表明，传统卖家的战略组合减少可以减少消费者剩余。Bhatnagar 等[46]建立了一个模型，用来研究具有线上和线下商店的混合零售商的产品组合策略。在该模型设置中，产品可以从线下商店撤出并专门放置于在线商店中，以节省库存成本。Taleizadeh 等[47]调查了制造商、零售商和第三方在两种类型的闭环供应链下的价格、质量水平和努力决策的最佳值，即具有双回收渠道（SD 模型）单渠道正向供应链和具有双回收渠道（DD 模型）的双渠道正向供应链。Taleizadeh 等[48]解决了两种具有不同渠道结构的竞争性逆向供应链中的协调和定价决策，并提供了两种协调的合同，考虑到消费者可以通过直接或传统渠道退回电子垃圾，而竞争对手只能通过传统渠道收集过时的产品。Taleizadeh 等[49]通过解决两级供应链中两种可替代产品的定价问题，调查了包括两家制造商和一家零售商在内的公司之间的市场力量结构和领导力的影响。Taleizadeh 等[50]在制造商使用线上和线下渠道销售产品并为通过在线渠道销售的产品提供保修政策时，使用风险价值方法解决定价和保修政策优化问题。Kalantari 等[51]通过考虑由制造商和零售商组成的供应链环境，使用动态博弈研究二手市场的最优定价策略问题。结果表明，丰富的品牌形象总是有利于制造商和零售商，提高物理效用可以增加对租赁产品的需求，促使零售商积极参与市场。值得注意的是，在线购物偏好对于细分市场和零售商决策至关重要。然而，之前的所有研究都集中在推动卖家跨渠道产品组合策略的供给侧因素，未考虑卖家的产品设计特征策略。本研究通过考虑消费者全渠道信息搜索行为的需求方因素，为卖家的产品组合策略增加了另一个动力。同时，本书将卖家作为产品特性的决策者，可以动态地描绘全渠道卖家的植入策略转变。

2.4 全渠道环境下的消费者退货行为研究

基于渠道整合视角的一个关键决策领域是产品退货。无论是对于在线零售商还是实体零售商而言，关键的战略决策都涉及设计退货流程和退货政策，即规定客户是否、何时及选择何种退货渠道的政策。企业可以选择更宽松或更严格的方法。退货政策和流程的决策需要权衡，以实现公司利润最大化。基于营销视角，强调增加顾客购买率和降低退货率。相比之下，运营角度强调与退货相关的有效性和效率。

客户退货是一项重大挑战，并给零售商带来了高昂的成本。这是由于存在大量退款和高昂的处理成本[52-56]。Nguyen 等[57]在对在线时尚零售商的研究中发现退货率在 13%～45%。Abdullah 等[58]估计美国零售商收到的所有消费者退货价值为 2605 亿美元，2007—2015 年增加了约 50%。全球时尚零售市场估计为 3 万亿美元，平均退货率为 25%，其财务和社会后果是巨大的。产品的高退货率还可能会产生废弃物并需要大量额外资源用于运输，从而对公司和整个社会的可持续性发展产生负面影响。例如，亚马逊曾在德国销毁了大量退货商品，受到了媒体的广泛关注。

在线零售商和实体商店在产品退货管理方面都投入巨资进行管理。这些努力可分为两方面，一方面作为营销管理的一部分，减少客户退货可能性的措施；另一方面作为运营管理的一部分，提高处理实际退货的效率（退货处理）。对于如何在跨渠道零售的模式下设计宽松的退货政策以促进购买，同时保持退货和相关运营成本的平衡，学术研究目前尚无定论，这也是营销和运营视角之间的主要矛盾[59]。

退货概率受退货政策及产品和客户特征的影响[60]。退货政策是在线零售商售后服务的重要组成部分，规定了退货流程及条件。大约有 63% 的消费者在网上购买之前会关注零售商的退货政策[61]。一方面，从营销角度来看，宽松的退货政策可以减轻消费者的感知风险[62]，从而对购买行为产生积极影响。宽松的退货政策使客户更倾向于订购，因为如果产品不合适，可以简单退货而不会造成财产损失。提供免费退货将提高客户满意度和客户退货后的支出。

　　另一方面，从运营角度来看，退货宽松处理会对逆向物流成本产生严重的不利影响，且由于退货率增加而使退货处理变得复杂[63]。宽松的退货策略还可能导致欺诈性退货并激励客户在使用后立即退货[64]。Foscht 等[65] 提出了名为"零售借贷"的回应。严格的退货政策降低了退货率和成本，也可能降低重复购买意愿并对需求产生负面影响[66]。

　　产品和客户特征也会影响退货。例如，特价商品的退货频率低于正价商品[67]。事先的产品评估也在退货中发挥着作用。例如，消费者面对产品评价非常好的在线评论可能会增加产品退货产生的概率，因为其会提高有购买倾向的客户的期望[68]。可以通过确保客户期望与其实际体验相匹配的措施来降低退货概率，即可以通过零售商提供越来越多的有关每种产品的有用信息进行补救，以便于客户可以在购买前更好地评估产品[69]。有趣的是，为客户提供放大产品图片的功能可以降低消费者退货，而使用允许客户从不同角度查看产品的 3D 展示则会增加退货概率[70]。然而，提供更多信息也会增加不确定性，从而增加消费者退货的概率[71]。未来，一方面，增强现实和虚拟现实等技术可以为消费者提供更像实体商店的身临其境体验，并减少客户对产品适配的不确定性的机会。另一方面，关于影响退货的人口特征，目前的研究并未给出明确的影响结果或混合其他因素的证据[60]。

　　一般来说，数据分析可能有助于识别决定退货的因素。企业可以利用人工智能技术对过去的购买信息进行数据分析，并结合客户信息以识别高退货风险的客户或购买。此举有助于阻止此类购买并减轻营销和运营之间的矛盾关系。调和这些矛盾关系的一个机会是推荐实体商店作为高退货风险购买的购买渠道。在实体商店，退货的机会可能会减少，因为客户可以通过人工咨询得到更好的产品适配，进而提高客户满意度并降低退货处理成本。在对美国一家在线眼镜零售商开设陈列室的案例研究中，Bell 等[72] 表明，开设实体商店后，当地市场的退货率下降，特别是复杂商品。然而，刺激在线消费者访问商店购买特定商品时，需要有关商店级库存的准确信息，而这可能很难实现。

　　随着新零售范式在全球范围内兴起，全渠道环境增加了退货流程的复杂性，因为客户可以在订单、履行和退货阶段从多个渠道中进行选择。例如，顾客可以在线订购产品，在商店提取产品，并在退货时让产品在家中提取。此外，增加渠道还增加了零售商的法律义务。例如，欧盟的顾客可以合法地在14天内无理由退掉大部分网上购买的商品，对于线下购买则没有这样的法律规定。退货流程的重要运营考虑因素包括退货地点、把关（公司在何时及如何严格控制退货的合法性）及流程速度[70]，这些因素可能会影响销售额，以及成本和退货的可能性。

拥有便捷、响应迅速且高效的逆向物流流程尤为重要。这是因为退货速度影响退货产品的市场价值，特别是季节性产品。此外，较长的退货流程会导致更多的资本占用[70]，对于高价值产品尤其重要。提高退货速度符合营销角度，因为客户还可以受益于更快的退货处理速度带来的退款。Dailey 等[73]表明，成功地将产品退回给在线零售商会设定对未来退货的预期，拒绝退货则会导致不良的消费者行为（如消极态度形成、欺诈行为）。因此，退货处理必须一致且易于客户理解。

就地点而言，零售商在退货管理方面有多种选择。引导客户选择特定选项不仅是运营角度的优化问题，也是营销角度的优化问题。例如，对于多渠道零售商来说，促进店内退货可能是有利的，可以确保退回的产品更快地入库。营销和运营的观点在这个问题上是一致的，因为这也是为在商店退货并购买替代产品的客户产生额外销售（如交叉销售或追加销售）的机会。Mahar 等[74]还发现，大多数消费者实际上更愿意在店内退货，而不是将其邮寄给零售商。此外，响应式逆向物流流程与客户保持相关，对订单频率产生积极影响并增加客户价值[60]。

所有退回的产品都必须经过筛选（把关）才能对其进行验证。筛选对于阻止零售借贷及从营销角度防止转售劣质产品至关重要，且必须在彻底检查和成本效益之间取得平衡。经过筛选后，零售商可以"按原样"转售产品、翻新或维修产品、将产品出售给第三方、重新贴标签和重新包装产品或将其全部处理掉[75]。除了这些不同的选择之外，还有不同的残值，也是决定退货政策的关键性决定因素。一般来说，只能收回退回产品原始价值的 10%～20%[76]。然而，转售退货产品并将其作为同一商品的低价选项进行推广，是一个向特定客户群提供具有吸引力的低价产品组合的机会，同时从退货中收回价值。

关于消费者退货行为的研究的另一个角度是从供应链管理进行的。例如，

Majumder 等[77] 开发了一个两期竞争市场模型，用来研究再制造成本对竞争性退货产品的影响。Ferguson 等[78] 建立模型以支持制造商在竞争激烈的再制造产品市场中的复苏战略。Savaskan 等[79] 表明，可以设计简单的协调机制，用来获得与中央协调系统相同水平的零售商努力和供应链利润。Savaskan 等[80] 关注制造商收集消费后产品的反向渠道选择与确定竞争市场中价格的正向渠道策略的相互作用。此外，Cachon[81] 在库存决策和退货合同方面审查了供应链与合同的协调。其他研究人员主要关注耐用品市场的回购定价策略[57-59]。同时，产品质量信息的缺失也带来了产品退货，其主要导致损坏或低质量产品的保修退货[60-62]。本书将研究重点放在消费者缺乏关于其在产品设计特征和产品质量性能的偏好的信息所带来的产品退货方面。

在营销领域，研究人员还研究了消费者在多渠道购物环境中的退货行为。Ofek 等[63] 研究了具有双渠道的竞争市场，并调查了实体店的定价策略和援助水平怎样随着在线渠道的建立而发生变化。Gao 等[82] 考虑只有通过网络渠道购买产品的顾客才会退货，并假设两个渠道的价格相同，进而研究了全渠道零售商的库存问题，比较了不同信息策略下的零售商利润和库存的变化，却未考虑通过线下渠道购买产品的客户退货的可能性。Javadi 等[83] 研究了由制造商和零售商组成的双渠道供应链的最优定价决策，并制定了灵活的退货政策，包括全额退款、通过直接（制造商）渠道退货、间接（零售商）渠道退货。结果表明，价格激励机制下的间接渠道政策全额退款不仅可以使双渠道供应链的利润最大化，还可以满足政府的目标功能。Samorani 等[84] 认为，产品的退货通常是消费者为查找商品而进行的一系列交易之一，并将退货作为产品搜索过程的一部分进行分析，即退货时，消费者可能会购买另一种产品，然后可能会再次退回，并更换其他产品；客户进行一系列购买和退货，直至最终保留该产品或进行最终退货。研究发现，虽然较高的平均价格增加了退货的可能性，但同时也增加了客户保留产品的可能性，表明零售商有机会通过允许退货增加利润。Nageswaran 等[85] 对线上和线下渠道进行了研究，分析了两种退货策略在零售商采用全额退货时对零售商利润的影响。该策略可以刺激顾客带来额外的利益，部分退货回报则不能带来额外的好处。

Salviettig 等[76] 研究了两家竞争零售商的定价策略，以及考虑退货影响时增加在线渠道的影响。Li 等[86]研究了在线经销商的退货政策、产品质量和定价策略对客户购买和退货决策的影响，指出零售商应提供低质量、低价的宽松退货政策或高质量、高价的严格退货政策。Hu 等[87]研究了有限库存下客户退货率高时卖家的动态定价问题，并假设部分状况良好的退货商品可以作为新商品转售，其余的在销售季节结束时处理。Ma 等[88]指出，除了传统的退货渠道，P2P 二级平台逐渐成为另一种处理不当产品的方式，即在第一阶段建立零售商销售新产品，建立 P2P 平台经营二手产品。第二阶段商品市场的两阶段模型及收益对利润影响的分析。Alaei 等[89]探讨了退货策略对制造商在三种不同零售渠道的利润的影响。Dabaghian 等[90]通过考虑社会责任因素，研究了退货政策对三级供应链（制造商、分销商和零售商）环境中利润量和批发零售价格的影响。本书的研究主要集中在竞争卖家的定价策略和均衡利润，以及产品需求和消费者退货行为之间的交互关系。此外，本书假设消费者对产品设计功能的偏好是异质的。与之前关于退货政策的研究相比，这一假设导致了不同的影响。例如，Xie 等[91]研究了消费者逃避预购服务合同的好处。研究结果表明，取消退款政策可以减少需求并提高产能利用率。Guo[92]在前人研究的基础上建立了一个模型，主要研究竞争如何通过预售和现货销售影响均衡利润和退款政策。结果表明，只有在产能受到足够限制的情况下，竞争卖家才会对提前销售采取部分退款政策。本书的模型设定退货成本为外生值，主要关注零售商之间的竞争，假设消费者初始估值存在异质性。同时，通过对竞争卖家定价策略的影响来考虑产品组合策略。

大多数关于产品退货的研究都集中在退货的预防和驱动因素方面，或退货的处理方面。然而，如上所述，退货预防和退货处理是相互关联的。未来的研究应重点研究虚拟／增强现实或人工智能等技术如何帮助弥合退货预防和退货处理之间的鸿沟。

全渠道零售商可以提供多种退货渠道。从营销的角度来看，此举很有吸引力，可以提供交叉销售或向上销售的机会。此外，公司还可以利用客户跨渠道搜索信息的方式，例如，通过开展陈列室和网络室或在商店时检查在线评论并跨渠道提供更多更好的信息，以降低退货概率。在线零售商开设的实体店，例如，在线时尚零售商 Zalando 和荷兰在线零售商 Coolblue 的合作，可能会在这一阶段发挥重要作用。迄今为止,关于商店在与产品退货相关的跨渠道挑战与机遇中的作用的研究较少或根本没有,这也是未来研究的热点之一[93]。

另一个吸引人的研究热点涉及对退货处理的优化,包括退货的收集和退货的分配。对于前者,从客户地址收集退货时,必须了解如何将这些退货高效地整合到现有运输网络(如用于产品交付的网络)中。关于退货的分配,未来的研究可以调查转售先前退货产品的机会和风险,以及退货产品的销售渠道。一方面,这是一个向特定客户群提供较低价格选择的机会,并从退货中获得比向第三方或通过专门的销售渠道出售退货更多的价值。一些零售商将退货商品直接放在新商品旁边,作为"第二次机会"商品,以较低的价格提供,试图提高退货的价值。另一方面,这也可能导致顾客以较低的价格购买退货的商品,即使他们最初有兴趣购买未退货的全价商品。

此外,退货流程的最佳设计可能会根据客户和产品特性而有所不同。这是未来研究的又一个尚未探索的领域,与为各种客户提供广泛品种服务的全渠道零售商高度相关。例如,去中心化的产品退货把关特别适合时尚行业,因为人们可以通过最少的培训快速发现缺陷。然而,该模型可能并不适用于更难以检查的电子产品。同时,加快退货流程对于高价值购买可能比低价值购买更为重要。

2.5 全渠道环境下的配送优化研究

能够综合营销和运营研究视角的第二个决策领域是全渠道背景下零售产品的配送决策。仓库位置、库存、容量管理、运输和"最后一公里"交付等决策是履行过程中重要的管理考虑因素。这些问题需要以综合的方式做出决定[94]。通过不同渠道向客户分销和交付产品必须保证交付及时、快速、灵活和可靠,以提高客户满意度和忠诚度。配送的基本标准,对于部分品类来说,应包括当日或及时交付、调整交付协议的可能性,以及在交付过程中提供即时和持续更新的物流信息跟踪等。此外,零售商的目标是扩大销售和配送范围,这不利于降低配送成本。为了清楚地展示营销—运营界面,全渠道环境下的配送决策讨论了两个主要关键决策变量,一是订单处理,包括订单接受和通过交付链处理订单;二是"最后一公里"交付的设计。

　　全渠道环境明显改变了订单处理阶段。营销目标是确保为每个接触点分配正确的资源，从而最大限度地提高购买概率。客户期望订单系统能够跨设备、地点和时间提供类似的便利水平。全渠道环境下订单和创新的订单系统（自动重新订购、语音辅助订购）导致大量订单、组成非常多样化的订单，以及通常是小订单的处理，所有这些都通过多个渠道进行，使得订单处理阶段变得非常复杂，并且使得存储补货变得非常困难。直到最近，大多数关于全渠道环境中订单处理的研究都集中在成本效率和能力灵活性的运营目标方面，以应对需求的变化。例如，研究选择哪种补货政策及从渠道专用履行中心、商店履行选项（通过利用本地商店库存来履行在线渠道）应用什么样的履行策略，或集成履行（结合仓库和库存活动以实现在线和商店渠道的履行）。

　　有趣的是，最近的研究应用了更加综合的营销运营方法。例如，通过将客户引导至基于实时数据的有利于物流效率的渠道，可以影响客户的履行愿望和行为，主要通过在库存管理中提供不同的选项及提供各种交付和退货选项实现。与协调营销和运营目标类似的想法是向客户提供订阅。基于订阅的分销服务通过收取固定的会员费向客户提供特定服务，如第二天免费送货到家或免退货运费。亚马逊 Prime 和沃尔玛使用该模式的营销目标是扩大客户群、锁定客户并通过送货费创造更稳定的收入来源。最近，两家公司开始开发更为平衡的方法，通过对客户的订购行为设置限制以降低运营成本，例如，施加最低订单价值和每月最大订单数量。此外，企业通过设定更高（更具成本效益）的订阅费，将订阅计划更有针对性地瞄准高价值客户，且仍然对客户具有吸引力。

　　影响全渠道订单处理性能的第二个主要问题是确定合适的订单耦合点。客户更喜欢批量接收完整订单，但在应用多平台模式或混合模型的情况下，可能由多个供应商负责交付订单。在上游，需要对整个订单流程进行协调，意味着需要很高的协调成本，且供应商必须收集订单的所有商品；在下游，当客户最终在不同的时间段和地点，收到订单的多个商品时，如当电子零售商采用混合业务模式时，所面临的挑战是确定在什么条件（费用、交付选项）下供应商和客户应在履行过程中进行合作，以减少溢出效应并满足交付协议[95]。此外，从运营成本的角度考虑影响有利履行策略的多种意外事件时，管理这种复杂性是一项巨大的挑战。

订单处理中的紧张节奏刺激了综合性和价值导向的服务供应网络的发展，其中，商品和服务供应商与物流服务提供商密集地分工合作，需要快速、及时和准确的信息共享，并增加了对先进的管理、合同控制及跟踪系统的需求。数字信息共享和利用的一个例子是使用销售预测来提高履行运营的效率。此外，人们对区块链等分布式账本技术（DLT）的使用寄予厚望。该技术通过提供一种基础技术以促进组织和个人之间的互动，其中，每个合同、流程、支付和任务都有一个数字记录和签名，可以识别、验证、存储和共享[96]。DLT可用于跟踪供应链中的产品，从而降低协调成本，并为客户检查其购买的产品时提供便捷方式。然而，协调大量更多样化的合作伙伴以提供更新颖的解决方案的DLT高级应用仍处于起步阶段。

"最后一公里"交付已成为市场差异化和交付创新的关键力量。"最后一公里"配送具有挑战性，可以消减15%～18%的销售收入[97]，并且必须确保以客户愿意支付的价格提供可靠的配送服务，导致了跨多个渠道的"最后一公里"交付设计存在多样性和复杂性。一方面，可以满足客户对"最后一公里"交付（最好与渠道类型无关）的广泛要求；另一方面，经济高效且可持续的交付之间可能会出现矛盾关系。从营销角度来看，"最后一公里"交付在维持客户满意度方面发挥着关键作用。零售商提供消费者所需的多种选择，如（无人值守）点击提货和送货上门选项。

从运营角度来看，运送货物的成本、效率和可持续城市物流的发展给"最后一公里"的设计带来了运营挑战。Ranieri等[98]系统性地对相关文献进行了综述，讨论了降低城市地区配送成本的创新解决方案。这些项目分为五类，即创新车辆、邻近车站或点，协作和合作的城市物流，运输管理和路线的优化及公共政策和基础设施的创新，展示了智能物流的概念，以及如何寻找新途径以权衡效率、可持续性和客户交付要求。

人们越来越关注在全渠道背景下整合有关"最后一公里"交付的营销和运营观点。Gallino等[99]、Gao等[100]研究了点击提货（Click & Collect）配送对商店运营的影响。研究发现，当消费者能够战略性地做出渠道选择时，Click & Collect配送选项可以帮助零售商减少库存并扩大营销份额。Bell等[72]、Gao等[82]表明，将展厅商店与在线履行相结合可以增加需求并提高运营效率。尽管鉴于交付模式的异构、复杂和日益模糊的情况，这些都是有益的进步，但普遍存在线上线下比较的二分法过于简单化的问题。

Lim 等[101]区分了"最后一公里"交付的 3 种基本形式，一是以推式为中心的系统，由参与源和目的地之间路线的许多子流程和参与者构建。例如，使用自己的车辆车队、外包给物流服务提供商或众包。二是以拉动为中心的系统，要求客户参与整个履行流程。三是结合推式和拉式元素的混合系统。例如，开发集中交付点，方便消费者提取产品，以降低不在家的风险。对于"最后一公里"的交付做出正确的设计选择，应考虑所有利益相关者之间的合作，以形成关于在此交付过程中"谁在何时做什么"的综合观点。特别是客户在"最后一公里"交付中的作用值得关注，因为客户的参与可以提高履行流程的效率。客户可以接管第三方物流提供商的角色，从而体验更多的自我控制。同时，客户也可能因为自己的努力和时间而体验到较少的便利性，并且可能成为效率低下的主要根源[102]。

由于"最后一公里"交付涉及多个利益相关者，因此，整个交付链中信息的使用和共享至关重要。例如，共享库存信息，以便为提供在线购买和店内提货选项的零售商增加销售额[103]，以及告知供应商并让其了解预期交货时间对销售量的影响程度。平台合作伙伴共享追踪和绩效信息也很有趣，可以作为刺激合作伙伴"最后一公里"交付绩效并排除绩效不佳的输入，有利于客户价值主张（能够告诉客户产品来自哪里）和产品流可见性，从而提高运营效率。

2.6 跨平台用户行为分析研究

随着智能手机和移动应用的发展，人们在移动设备上花费的时间越来越多。2020 年，市场研究公司 Global Web Index（GWI）发布了 *The Smartphone Marketplace*，有 96% 的互联网用户拥有智能手机，较 2015 年上升了 15 个百分点。人们平均每天在移动设备上花费 3 小时 15 分钟。2016 年 11 月，移动互联网使用率首次超过 PC 端。移动设备使用的激增已经改变了本研究的生活（如移动支付已经替代了本研究的钱包），并极大地改变了众多企业的商业模式。一项研究表明，现如今，英国的大部分在线购物销售都是通过智能手机和平板电脑进行的，而不是传统的电脑或笔记本电脑。

移动设备的普及及移动使用产生的海量数据为业界和学术界提供了前所未有的、研究移动用户行为模式的机会，此前，由于缺乏足够的数据而难以探索这些行为模式。更好地了解用户行为和潜在的使用模式可以让移动服务提供商制定有效的营销策略，以吸引更多用户并维持现有用户，最终增加其利润。啤酒和尿布的故事就是一个例子，其在分析超市消费者行为数据时提出了创新的营销策略。对于个人用户来说，更好地了解自己的时间行为模式，可以帮助个人用户更好地规划自己的家庭预算，并更好地利用提供商的营销策略。

随着网上购物平台的出现和数量不断增加，用户在线购物的占比越来越大。由于平台之间极低的转换成本，消费者可能会在不同的在线平台上寻找理想的产品，并考虑复杂的因素。例如，优惠的价格、良好的服务或销售、优质的退货和售后服务。然而，由于数据缺乏的限制，以往的工作主要集中在单一电子商务平台的用户行为分析方面。目前，尚不清楚人们是否会跨不同的购物平台，甚至用户为什么及如何从一个平台跳转到下一个平台。

此外，用户的文化、社会和道德等状况及所属的功能区域也会影响其行为[104]。研究人员更加关注用户分析[105]，并将其应用于许多领域。例如，个性化和推荐系统[106]。用户的个人资料（如应用程序使用行为）、用户的功能需求和社会经济地位是否及如何影响其购物决策也将提供有用的见解。

如今，借助与智能手机相关的电子商务大数据，可以将单个用户跨多个平台的购物行为关联起来，并与大规模的移动使用日志相关联。本研究可以访问用户访问过的所有平台，同时也给本研究访问和处理数据带来了挑战。如1000万个手机用户在一周内活跃的网购活动压缩后的移动互联网数据使用记录很容易超过40 TB。各类电商平台的兴起导致企业之间的竞争加剧，并不断探索新的销售模式。近年来，移动电子商务社交商务被定义为涉及社交网络的电子商务的子集，并且已经产生了巨大的商业价值，消费者和企业在任何时间、任何地点在线购买产品或服务变得越来越普遍，并已成为最热门的话题之一[107]。在社交商务中，平台通过经济奖励鼓励用户通过社交网络分享、传播、广播该平台上销售的各种产品的信息。例如，亚马逊和Twitter①在2014年

---

① 2023年7月更名为X。

推出了跨平台无缝购物服务"Amazon Cart"，允许 Twitter 用户在浏览 Twitter 的同时在推文中购买亚马逊商品。另一个例子是中国最大的电子商务平台阿里巴巴。许多阿里巴巴供应商可以通过新浪微博推广商品，这标志着电子商务运营已经从一个独立的平台运营发展成为融合社交信息的跨平台运营。Wigand 等[108]指出，社交媒体和网络技术的快速发展可能有潜力将电子商务从以产品为导向的环境转变为以社交和客户为中心的环境。Tajvidi 等[109]研究发现，在社交商务中，消费者之间的互动及消费者与卖家的互动增强了消费者共同创造品牌价值的意愿。Adam 等[110]提供的证据表明，社交媒体的使用显著影响了电子政务的发展和电子商务在全球的传播。

电子商务公司的推荐系统已经得到了很好的研究。然而，大多数现有的推荐系统仅使用消费者在单个电子商务平台上的行为数据来进行推荐，例如，消费者购买的历史日志或购买商品的评分。随着电子商务与不同社交平台的融合，应设计新的推荐系统，并充分利用不同平台的用户信息和产品信息。一些研究已经开始利用社交网络信息以提高电商平台推荐的准确性。Fijalkowski 等[111]提出了一种电子商务网络推荐系统，用于跟踪客户并分析其在 Facebook 上的活动。但是，用户个人资料仅基于用户活动及其朋友活动中的关键字。Ma 等[112]通过添加社交上下文信息，即社交标签和异构数据挖掘获得的潜在信息，并改进了推荐系统。Zhao 等[113]提取产品和社交网络用户活动的人口统计信息，以提高电子商务网站的推荐性能。同时还提出了一种跨平台推荐系统，通过使用循环神经网络从电子商务网站收集的数据中学习用户和产品的特征，然后应用改进的梯度提升树方法将用户的社交网络特征转化为用户特征嵌入。利用这些功能，实现了跨站点产品推荐并解决了冷启动的问题。随着人工智能技术的兴起，Zhao 等[114]提出了用于跨系统推荐的主动迁移学习的统一框架，该框架使用主动学习原理构建跨系统的实体对应关系。Xiang 等[115]将模糊关联规则和复杂偏好集成到推荐模型中，以提高传统协同过滤推荐算法的效率。然而，这些跨平台推荐方法仅仅依赖于稀疏的社交网络数据和电子商务数据，未能完全整合来自社交网络的文本信息、标签信息和行为信息。事实上，社交网络包含丰富的、详细的、真实世界的用户数据，例如，推文（微博）、标签及与其他用户的关系，这也促使本研究提取用户信息并捕获用户的兴趣概况进行跨平台推荐。

2.7 研究述评

经过梳理消费者行为、推荐系统和营销运作管理方面相关文献，本研究发现现有研究存在以下不足。

（1）从研究对象来看，虽然现有互联网推荐系统研究已相当广泛，但鲜有研究探讨构建基于全过程消费者行为的推荐机制。现有研究多侧重于学习用户在购买期间和购买后与产品的交互特征（如购买和在线评论），忽略了用户在购买前通过搜索查询了解产品信息的过程中的交互特征（如产品信息搜索）。实际上，用户与产品的关联是一个连贯的过程，不应被隔离到不同的节点中。只有梳理用户搜索—理解—购买—使用产品的全过程，从各个阶段寻找机会点，才能帮助推荐系统更好地发现用户的潜在需求。在本研究中开发了一个超图框架，用来处理消费者在整个购物过程中的交互行为（搜索—理解—购买—使用）。

（2）从研究的决策目标来看，现有研究主要围绕单一的决策变量展开，如单一渠道的推荐机制、单一的营销决策（产品促销、优惠券推送等）或单一的运作决策（定价、库存等），忽视了全渠道环境下企业推荐机制和营销决策及运作决策之间的交互影响。在当今的新零售环境中竞争，公司必须在消费者的不同购买阶段跨渠道协调产品推荐及运营活动，要求企业需要从营销（促销和优惠券推送等）和运营（库存管理和产品定价等）多重角度解决企业的全渠道推荐决策。然而，无论是在实践中还是在学术研究中，这种联合决策研究主要以实证或案例分析为主，缺乏对推荐机制和营销运营决策的联合优化问题的定量研究。

（3）从研究方法来看，现有研究以实证研究为主，多采用基于调查的方法，无法捕获消费者所经历的实际生活行为，且对感知测量相关的主观性带来了巨大的测量误差风险，从而导致错误的结论。与本课题研究关系紧密的全渠道消费者决策相关的文献采用了传统的线性统计技术，如结构方程模型和多元回归分析。这种方法过于简化，很难捕获消费者跨渠道决策过程的复杂性。因此，通过检查消费者决策之间的非线性关系，可为企业运作提供有益的见解。此外，现有文献主要关注独立渠道接触点上的消费者静态行为，未能捕获全渠道购物者在群体及个人层面上的行为变化。因此，探索消费者行为如何随时间持续或改变，以及某些环境因素如何发挥作用，才能帮助新零售企业准确把握消费者需求动态，及时调整企业推荐机制和营销运营决策。

综上所述，数据驱动的智能决策吸引了很多研究者的注意，但数据驱动的个性化推荐与运营决策联合优化方面探索仍需进一步完善，以产生可靠、有效和及时性的结果。未来研究必须扩展涉及数据分析的方法，特别是针对数据驱动研究，从整体角度及在不同的消费者场景和社交环境中把握消费者的决策。

2.8 本书工作简介

2.8.1 融合主题模型的超图神经网络推荐框架的建立

个性化推荐系统是电子零售商采用的有用工具，可以帮助消费者找到符合其偏好的商品。现有的方法侧重于从购买后的用户—商品矩阵或在线评论中了解用户偏好，忽略了用户在购买前通过搜索查询了解产品信息过程中的交互特征。为此，本研究开发了一个主题增强超图神经网络框架，通过将消费者在线查询中嵌入的潜在主题与其点击、购买和在线评论行为连接起来，进而预测用户的购买意图，旨在挖掘在交互图域中的现有连接信息。同时，为了通过融合主题信息减少文本噪声词的影响，本研究将主题分布与卷积嵌入相结合，以便更好地表示每个用户和项目，以此弥补传统卷积神经网络中主题信息缺乏的问题。对现实世界数据集的广泛实证评估表明，所提出的框架提高了推荐项目的新颖性和准确性。从管理的角度来看，向消费者推荐多样化、新颖的商品可以提高用户的满意度，有利于电子商务企业的可持续发展。

2.8.2 考虑在线退货成本时的全渠道销售的产品定价与组合决策

本研究考虑了一个竞争性市场结构，两家零售商通过线上和线下两种渠道销售四种产品。零售商充当产品组合策略和定价策略的决策者。消费者对每种产品的横向适应度是异质的，在面对欺骗性产品时，消费者的退货概率是相同的。消费者的购买决策是通过实体店还是网店购买或从零售商处购买，既取决于竞争零售商的产品分类策略，又取决于消费者在产品退货时面临的退货成本。结果表明，在线产品退货成本在零售商的最优定价策略设计和产品组合策略设计中发挥着重要作用。具体而言，通过网络渠道销售的产品的最优价格随网络渠道销售产品的退货成本先上升后下降；通过线下销售的产品的最优价格总是在增加在线产品退货成本。同时，无论卖家选择什么样的投放策略，双方的最优利润都是先随着在线产品的退货成本递减，后再递增。本研究的分析还通过考虑卖家的退货成本和消费者的错配成本来描绘二维市场结构，以研究跨渠道购物平台下的最优销售策略。

2.8.3 抖音和微博中用户情感的跨平台比较：社交媒体文本挖掘的机器学习方法

社交媒体作为用户情感表达的主要平台之一，不同平台可能呈现出截然不同的用户情感体验。本研究旨在深入探讨抖音和微博两大社交媒体平台用户情感的跨平台比较，通过机器学习方法进行社交媒体文本挖掘，从而揭示用户情感在不同平台上的差异，并分析潜在影响因素。本研究爬取了大量抖音和微博用户在平台上发布的文本数据，包括文字评论、帖子和转发内容，确保数据具有广泛的覆盖性，覆盖不同主题、地域和用户群体，以保证研究的代表性。应用主题模型，使用情感分析算法对收集到的文本数据进行处理。通过识别文本中的情感词汇、情感极性和情感强度等指标，建立情感模型，使用KNN算法实现对用户情感的自动分类和分析。通过比较抖音和微博用户情感的跨平台差异，深入挖掘可能的原因，包括平台特性、用户群体和文化背景等因素。通过统计分析和可视化手段，呈现研究结果，以深化对用户情感在不同社交媒体环境中的理解。研究结果有望为电子商务平台、社交媒体平台运营商、营销从业者和研究者提供洞察力，帮助更好地理解用户在不同社交媒体环境中的情感体验，从而制定更有针对性的战略和政策。通过深入了解用户情感的跨平台差异，本研究可以更好地把握社交媒体的动态，为用户提供更为个性化的体验，推动社交媒体研究和应用的进一步发展。

2.8.4 考虑消费者公平关切和战略行为的内容产品动态定价策略

数字时代的发展，使得数据和信息更加透明，增强了买方（战略等待）和卖方（价格波动）决策的战略视角。本研究调查了内容产品提供商考虑消费者公平关切的最优动态定价策略，以阐明消费者公平关切对提供商动态定价策略的影响。本研究假设垄断内容提供商对内容产品实施动态定价策略。通过构建两个阶段动态定价博弈模型，调查研究了内容提供者根据其对消费者公平关切的考虑或忽视而做出的最优决策。在扩展部分，还考虑了短视消费者对最佳决策的影响。研究结果表明，消费者对公平性的关注程度显著影响提供商的最优动态定价决策。当提供商提供深度较低的内容产品时，提供商倾向于避免将消费者公平问题纳入动态定价策略中。相反，如果提供商提供深度内容产品，消费者公平性的担忧将使提供商受益。此外，该研究分析揭示了提供商从包含短视消费者中获得的持续利益。很少有研究深入探讨消费者公平关切和战略行为对动态定价策略的联合影响。研究结果表明，在特定条件下，对消费者公平的关注可以提高内容产品价值链的效率。本研究不仅通过在理论上纳入消费者公平问题，以丰富动态定价的现有文献，同时还提供了实践见解。该研究的结果可以指导内容产品开发人员制定最佳的动态定价策略。

3 融合主题模型的超图神经网络推荐框架

3.1 问题描述

随着移动互联网和信息技术取得了巨大的技术进步，消费者可以随时随地通过移动设备浏览产品并进行购买。移动电子商务的快速发展，加剧了电子商务企业之间的竞争。电子商务企业通过实施产品差异化战略，为消费者提供更多产品和折扣，以及利用智能信息过滤系统帮助在线用户快速找到符合其喜好的产品以保持竞争优势。在线零售商需要根据客户的不同需求为其提供有针对性的商品和服务，以避免同质竞争。推荐系统是一种经典类型的信息过滤系统，试图向用户推荐符合不同爱好和个人经验的产品。然而，传统的推荐方法仅使用评分来反映用户对项目的整体偏好，难以描述用户对产品特征的多个维度的相对偏好。电商平台希望帮助消费者快速找到满足消费者异构需求的合适产品，并将其经营理念和产品信息有针对性地传递给潜在消费者。电子商务企业致力于开发更强大的个性化推荐系统，以提升在线消费者的购物体验。

虽然传统的个性化推荐方法（如协同过滤和基于内容的推荐算法）被广泛使用，其也存在一定的不足。因此，学术界和业界提出了混合推荐系统，以期通过结合不同的推荐算法来解决这些缺点。近年来，使用最广泛的混合推荐系统是基于协同过滤算法和基于内容的算法，同时还开发了其他类型的组合。协同过滤的主要目的是利用与目标用户口味相似的用户群的偏好预测目标用户可能喜欢什么。数据稀疏问题和冷启动问题被认为是协同过滤技术面临的两个关键问题。数据稀疏问题严重制约了协同过滤的性能。对于大型商业网站，由于产品和用户数量众多，用户对产品的评分一般不超过产品总数的 1%。冷启动问题通常发生在新用户到来时，由于没有新用户进入系统时的用户行为数据，很难做出有效的推荐。基于内容的过滤，其基本思想是推荐与用户过去喜欢的物品相似的其他物品。基于内容的过滤技术依赖于用户画像。因此，即使数据库不包含用户兴趣，也不会影响推荐结果的准确性。但是，基于内容的过滤技术取决于物品的元数据，也就是说，系统需要丰富的物品内容描述和完整的用户画像。因此，用户只能获得与其个人资料中的物品相似的推荐，而很难获得多样化的选择。构建混合推荐系统的方法之一是独立应用协同过滤、基于内容和其他算法进行推荐。结合两个或多个系统的推荐结果，利用预测分数的线性组合进行推荐。一些混合推荐系统是基于内容的协同过滤算法，也就是说，用户的相似度是通过基于内容的个人资料来计算的，而不是一起评分的产品信息，该方法可以克服协同过滤系统中的稀疏问题。另一种混合推荐机制是利用多个独立的推荐算法，每个算法产生自己的推荐结果，并在混合阶段融合推荐结果，从而生成最终的推荐结果。从以上分析可以看出，上述推荐技术是根据其他相似用户购买过的商品或自己购买过的商品的评分来预测消费者的购买意愿。这些方法表征的用户偏好通常基于1～5分的用户评分来呈现，可以捕捉用户对产品的整体评价。然而，评分数据过于简单，无法捕捉消费者对产品属性的多维细粒度评价。与稀疏的消费者购买数据不同，消费者在做出购买决定之前会进行广泛的在线搜索查询。以笔记本电脑为例，消费者提出诸如"最适合编程的笔记本电脑"之类的查询，这些查询直接反映了消费者对产品功能的内容偏好。因此，了解用户在线查询会话中与产品功能相关的导航关键字非常重要。对于电子商务平台而言，从在线搜索会话中提取消费者内容偏好至关重要。

尽管从在线查询会话中推断用户偏好很重要，但很少有研究关注这一领域。Roscoe 等[116]表明，在线搜索查询侧重于表面的产品功能，而不是关键知识。信息搜索行为是评估消费者购买模式和偏好差异的一个重要因素。Kim 等[117]验证了新产品传播与互联网搜索量存在显著关系。互联网搜索量是预测新产品需求的重要指标。Liu 等[118]建议营销人员应将精力集中在关键字和查询方面，这些关键字和查询反映了与试图推广的内容完全一致的内容偏好。Codignola 等[119]发现，这些浏览数据可以与 Cookie 一起保存，并可用于向客户展示潜在的合适商品。尽管已经进行了大量研究以实证验证在线查询可以明确表达消费者的内容偏好或可用于预测产品需求，但缺乏能够以可解释的方式从在线查询中估计内容偏好的定量研究。因此，对于可持续的电子零售商来说，基于从在线查询会话中学习动态客户偏好以开发智能推荐在管理上很重要。

在研究中，开发了一个主题增强的超图神经网络（Topic-HGNN）框架，使用超图结构捕获用户、查询主题、物品和物品特征之间的复杂多元关系。此外，本研究将主题模型结合到超图神经网络中，以更精细地描绘用户偏好和物品特征。为此，还特别提出了一种聚合的潜在狄利克雷分配模型，从查询和网页中共同提取用户的内容偏好主题，并应用潜在狄利克雷分配模型从在线评论中提取产品特征主题，有助于增强特征交互的可解释性。具体来说，所提出的 Topic-HGNN 框架包括：其一，采用超图对用户、查询主题、物品和物品特征之间的多元关系进行建模，并应用双嵌入机制处理复杂的高阶相关性。其二，应用超边破坏生成用户查询超图和物品特征超图，并利用超边卷积层获得用户嵌入和物品嵌入。其三，开发聚合潜在狄利克雷分配模型，从查询和网页中共同提取用户的内容偏好主题，并应用潜在狄利克雷分配模型从在线评论中提取物品特征主题。其四，结合主题分布和卷积嵌入以表示每个用户和物品。其五，使用多层感知器计算查询实体和物品实体之间的软匹配分数。

3.2 融合主题模型的超图神经网络推荐框架的建立

为了向用户做出有效的推荐，推荐系统需要解决两个问题。一是预测消费者对产品的评分，即向目标消费者推荐预测分数较高的产品。二是对推荐结果的解释，即以适当的方式向消费者解释推荐系统的工作机制，以及向消费者推荐产品的具体原因。由于推荐过程对于大多数消费者来说仍然是一个比较神秘的过程，因此，需要对推荐结果进行合理解释，以提高消费者对推荐系统的信任度，这也极大地影响了消费者对推荐结果的认知、接受与否。现有的推荐算法一般直接依赖用户对产品的整体评分，得到的推荐结果受评分矩阵的稀疏性和冷启动问题的影响较大。研究认为，这种情况主要是由于用户对产品评分的信息粒度较粗造成的。也就是说，任何一个产品都不可能完全满足用户的所有需求，用户也不可能对一个产品的所有属性有相同的偏好程度。直接依靠用户的综合评分产生的推荐结果并不能反映用户对产品各种属性的偏好，也很难解释用户对产品偏好的真正原因。

由于消费者更有可能在做出购买决定之前向搜索引擎提交在线搜索词组以收集信息，即输入关键字以明确表达消费者对产品属性的偏好。例如，客户提出诸如"最适合编程的笔记本电脑"之类的查询，直接反映了其对产品配置的内容偏好。解释消费者的搜索词组，可以更好地了解其购买意图和对产品属性的偏好，对于开发有效的个性化推荐系统至关重要。

在本研究中，笔者介绍了一种基于融合主题模型和超图神经网络的可持续推荐系统架构，可以处理消费者在购物全过程（搜索—理解—购买—使用）中的交互行为。图3-1显示了主题增强超图神经网络（Topic-HGNN）框架，用于面向搜索场景的推荐。首先，采用超图对用户、查询主题、物品和物品特征之间的多元关系进行建模，旨在挖掘交互图域中存在的连接信息。其次，利用超边损坏[42]生成用户查询超图和项目特征超图，并利用超边卷积层[41]获得用户嵌入和物品嵌入。再次，为了通过融合主题信息降低文本噪声词的影响，专门设计了聚合潜在狄利克雷分配（ALDA）模型，从查询和网页中共同提取用户的内容偏好主题，并应用潜在狄利克雷分配模型从在线评论中提取产品特征主题。整合主题分布和卷积嵌入用来表示每个用户和物品，以此弥补传统卷积神经网络中主题信息的不足。最后，使用多层感知器计算查询实体和物品实体之间的软匹配分数（见书末彩插）。

3.2.1 面向搜索场景的超图生成

现有研究侧重于学习用户在购买过程中和购买后与产品的交互特征（如购买和在线评论），忽略了用户在购买前通过搜索查询了解产品信息过程中的交互特征（如产品信息搜索）。实际上，用户与产品的关联是一个连贯的过程，不应被隔离到不同的节点中。只有梳理用户搜索—理解—购买—使用产品的全过程，从各个阶段寻找机会点，才能帮助推荐系统更好地发现用户的潜在需求。因此，本项工作考虑了交互实体（用户、查询主题、商品和商品特征）之间的四元关系，并采用超图对消费者在整个购物过程中的交互行为进行建模。

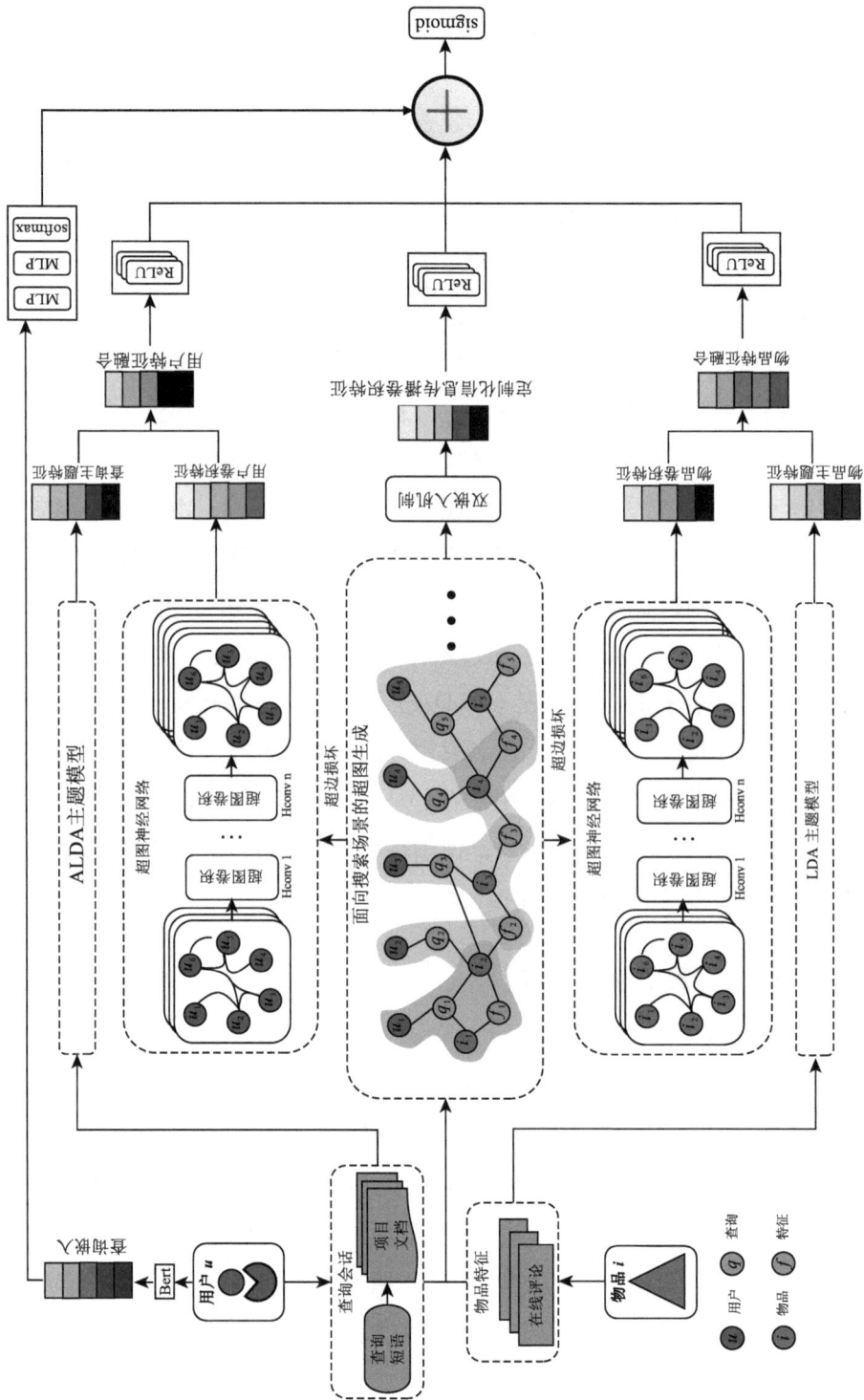

图 3-1 面向搜索场景推荐的主题增强超图神经网络框架

令 $V=\{V_u, V_q, V_i, V_f\}$ 表示顶点集，其中，V_u 表示用户顶点，V_q 表示用户发送的查询顶点，V_i 表示物品顶点，V_f 表示从产品在线评论。E 表示从 V 构建的超边 e_j 的集合。每条超边 "V_u–V_q–V_i–V_f" 是用户的完整购买路径，意味着用户 u 通过查询 q 找到了符合其对特征 f 的偏好的产品 i，并进行购买。因此，$G=(V, E)$ 表示超图，而超图 G 可以表示为 $|V|*|E|$ 关联矩阵 $\boldsymbol{H}$，其条目定义为：

$$h(v, e) = \begin{cases} 1, v \in e \\ 0, v \notin e \end{cases}°$$

对于一个顶点 $v \in V$，其度定义为 $d(v) = \sum_{e \in E} w(e)h(v, e)$，其中，$w(e)$ 表示超边 e 的权重。对于一条超边 $e \in E$，其度定义为 $\delta(e) = \sum_{v \in V} h(v, e)$。顶点和超边的度矩阵分别由对角矩阵 $\boldsymbol{D}_v$ 和 $\boldsymbol{D}_e$ 表示。

3.2.2 用户和物品的主题特征学习

在本节中，将详细介绍聚合潜在狄利克雷分配（Aggregated Latent Dirichlet Allocation，ALDA）模型。ALDA 是一个词袋模型，描述了用户偏好及在线查询会话之间的语义关系。ALDA 不是对查询会话中的主题强度和网页中的主题强度进行分层建模[80]，而是将查询会话中的主题强度和网页中的主题强度联合建模到同一文档层中。通过聚合相应的网页辅助学习用户的内容偏好，避免了在线查询数据的数据稀疏性。消费者的网络购物行为通常是一个学习的过程。首先，用户可能会输入不准确的关键字以表达其需求。其次，用户通过浏览搜索结果，调整输入的关键词，加深对产品的了解。消费者将重复这个学习过程，直至找到合适的产品。也就是说，查询关键字的主题和搜索结果的主题在语义上是相互关联的。Huang 等[120]假设网页中的主题强度受查询关键字的影响，忽略了网页反过来会影响查询关键字中的主题强度。因此，笔者在 ALDA 中对查询和网页之间的交互关系进行建模。本研究提出的 ALDA 的图形表示如图 3–2 所示。表 3–1 列出了 ALDA 中的主要符号。

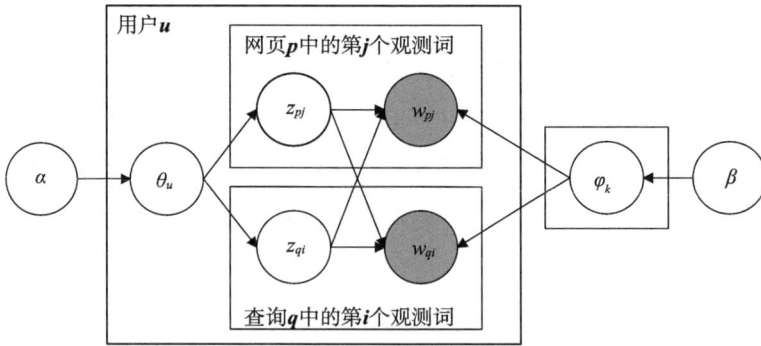

图 3-2　ALDA 模型的图形表示

表 3-1　主要符号

符号	含义
$u \in \{1, 2, \cdots, U\}$	用户集合
$q \in \{1, 2, \cdots, Q\}$	用户查询集合
$P \in \{1, 2, \cdots, P\}$	网页集合
θ_u	用户兴趣偏好的主题分布
α	θ_u 的 Dirichlet 先验分布
φ_k	主题 k 的主题词分布
β	φ_k 的 Dirichlet 先验分布
z_{qi}	查询 q 中第 i 个词的主题分配
z_{pj}	网页 p 中第 j 个词的主题分配
w_{qi}	查询 q 中第 i 个观测词
w_{pj}	网页 p 中第 j 个观测词

首先，笔者介绍 ALDA 模型的符号。假设某电商平台有 U 个用户集合：$u \in \{1, 2, \cdots, U\}$。用户 u 针对特定搜索域输入了不同的查询：$q \in \{1, 2, \cdots, Q\}$。在特定查询 q 下有 P 个网页：$p \in \{1, 2, \cdots, P\}$。用户 u 感兴趣的主题有 K 个：$k \in \{1, 2, \cdots, K\}$。词汇表中有 V 个主题词。w_{qi} 表示查询 q 中的第 i 个单词。w_{pj} 表示网页 p 中的第 j 个单词。

- θ_u 表示用户 u 偏好中的主题概率分布。
- φ_k 表示第 k 个主题的单词概率分布。

- α 是 θ_u 的对称狄利克雷先验超参数。
- β 是 φ_k^q 和 φ_k^p 的对称狄利克雷先验超参数。
- z_{qi} 表示查询 q 中第 i 个词的主题。
- z_{pj} 表示网页 p 中第 j 个词的主题。
- w_{qi} 表示查询 q 中的第 i 个单词。
- w_{pj} 表示网页 p 中的第 j 个单词。

形式上，基于 ALDA 模型的查询会话和网页的生成过程描述如下。

主题：本研究继续使用 Savaskan 等[80] 提出的假设，即假设搜索查询文档和网页文档遵循相同的主题分布。文档中的主题强度由文档中显示的单词反映，每个文档具有不同的主题强度。与 LDA 类似，每个主题 $k \in \{1, 2, \cdots, K\}$ 表示为主题词分布向量 φ_k。向量 φ_k 在词汇表中的 V 个主题词上遵循 Dirichlet 分布：

$$\varphi_k \sim Dirichlet(\beta)$$

查询：为了对查询 q 中观察到的第 i 个词 w_{qi} 建模，ALDA 对查询 q 的主题分布和查询 q 中第 i 个词的主题分配顺序进行采样。用户查询在线查询的生成过程如下：

I. 对于每个查询 $q(q \in \{1, 2, \cdots, Q\})$：

i. 从超参数为 α 的 $Dirichlet$ 分布中采样生成查询 q 的主题分布 θ_u：

$$\varphi_u \sim Dirichlet(\alpha)$$

II. 对于每一个主题 $k(k \in \{1, 2, \cdots, K\})$：

ii. 从超参数为 β 的 $Dirichlet$ 分布中采样生成主题 k 的主题词分布 φ_k：

$$\varphi_k \sim Dirichlet(\beta)$$

III. 对于查询 q 中的每一个单词 w_{qi}：

i. 从查询 q 的主题的多项式分布 θ_u 中采样生成查询 q 中的第 i 个单词的主题分配 z_{qi}：

$$z_{qi} \sim Multinomial(\theta_u)$$

ii. 从主题 z_{qi} 对应词语的多项式分布 φ_k 中采样生成查询 q 中观测到的第 i 个单词 w_{qi}：

$$w_{qi} \sim Multinomial(\varphi_k)$$

网页：为了对网页 p 中观察到的第 j 个词 w_{pj} 建模，ALDA 对网页 p 的主题分布和网页 p 中第 j 个词的主题分配顺序进行采样。在线查询相关网页的生成过程如下：

Ⅰ. 对于每个网页 p ($p \in \{1, 2, \cdots, P\}$)：

ⅰ. 从超参数为 α 的 *Dirichlet* 分布中采样生成网页 p 的主题分布 θ_u：

$$\theta_u \sim Dirichlet(\alpha)$$

Ⅱ. 对于每一个主题 k ($k \in \{1, 2, \cdots, K\}$)：

ⅱ. 从超参数为 β 的 *Dirichlet* 分布中采样生成主题 k 的主题词分布 φ_k：

$$\varphi_k \sim Dirichlet(\beta)$$

Ⅲ. 对于网页 p 中的每一个单词 w_{pj}：

ⅰ. 从网页 p 的主题的多项式分布 θ_u 中采样生成网页 p 中的第 j 个单词的主题分配 z_{pj}：

$$z_{pj} \sim Multinomial(\theta_u)$$

ⅱ. 从主题 z_{pj} 对应词语的多项式分布 φ_k 中采样生成网页 p 中观测到的第 j 个单词 w_{pj}：

$$w_{pj} \sim Multinomial(\varphi_k)$$

精确估计参数 θ_u、φ_k 是一项棘手的任务。与 LDA 类似，本书使用 Gibbs 采样近似推断参数。首先，需要对 $P(z_{qi} \mid w_{qi}, w_{pj})$ 和 $P(z_{pj} \mid w_{qi}, w_{pj})$ 进行采样，得到查询文档中的主题分配 z_{qi} 和网页文档中的主题分配 z_{pj}。因此，导出了以下条件概率分布：

$$P(z_{qi}=k, z_{pj}=k \mid z_{-qi}, z_{-pj}, w_{qi}, w_{pj})$$
$$P(z_{qi}=k, z_{pj}=k \mid z_{-qi}, z_{-pj}, w_{qi}, w_{pj}) \propto$$
$$P(z_{qi}=k, z_{pj}=k, w_{qi}=t_1, w_{pj}=t_2 \mid z_{-qi}, z_{-pj}, w_{-qi}, w_{-pj})$$
$$= \int P(z_{qi}=k, z_{pj}=k, w_{qi}=t_1, w_{pj}=t_2, \theta_u, \theta_u, \varphi_k \mid z_{-qi}, z_{-pj}, w_{-qi}, w_{-pj}(\mathrm{d}\theta_u \mathrm{d}\theta_u \mathrm{d}\varphi_k)$$
$$= \int P(z_{qi}=k, \theta_u \mid z_{-qi}, z_{-pj}, w_{-qi}, w_{-pj}) \cdot P(z_{qi}=k, \theta_u \mid z_{-qi}, z_{-pj}, w_{-qi}, w_{-pj}) \cdot$$
$$P(w_{qi}=t_1, \varphi_{k,w_{qi}} \mid z_{-qi}, z_{-pj}, w_{-qi}, w_{-pj}) \cdot$$
$$P(w_{pj}=t_2, \varphi_{k,w_{pj}} \mid z_{-qi}, z_{-pj}, w_{-qi}, w_{-pj}) \mathrm{d}\theta_u \mathrm{d}\theta_u \mathrm{d}\varphi_{k,w_{qi}} \mathrm{d}\varphi_{k,w_{pj}}$$
$$= \int P(z_{qi}=k \mid \theta_u) P(\theta_u \mid z_{-qi}, z_{-pj}, w_{-qi}, w_{-pj}) \cdot P(z_{pj}=k \mid \theta_u) P(\theta_u \mid z_{-qi}, z_{-pj}, w_{-qi}, w_{-pj}) \cdot$$
$$P(w_{qi}=t_1 \mid \varphi_{k,w_{qi}}) P(\varphi_{k,w_{qi}} \mid z_{-qi}, z_{-pj}, w_{-qi}, w_{-pj}) \cdot$$

$$P\left(w_{pj}=t_2\,|\,\varphi_{k,w_{pj}}\right)P\left(\varphi_{k,w_{pj}}\,|\,z_{-qi},z_{-pj},w_{-qi},w_{-pj}\right)\mathrm{d}\theta_u\mathrm{d}\theta_u\mathrm{d}\varphi_{k,w_{qi}}\mathrm{d}\varphi_{k,w_{pj}}$$

$$=\int P(z_{qi}=k\,|\,\theta_u)Dir(\theta_u\,|\,n_{q,-qi}+\alpha)\cdot P(z_{pj}=k\,|\,\theta_u)Dir(\theta_u\,|\,n_{p,-pj}+\alpha)\cdot$$

$$P(w_{qi}=t_1\,|\,\varphi_{k,w_{qi}})Dir(\varphi_{k,w_{qi}}\,|\,n_{k,-qi}^p+\beta)\cdot$$

$$P(w_{pj}=t_2\,|\,\varphi_{k,w_{pj}})Dir(\varphi_{k,w_{pj}}\,|\,n_{k,-pj}^p+\beta)\mathrm{d}\theta_u\mathrm{d}\theta_u\mathrm{d}\varphi_{k,w_{qi}}\mathrm{d}\varphi_{k,w_{pj}}$$

$$=\int \theta_u^{(k)}Dir(\theta_u\,|\,n_{q,-qi}^{(k)}+\alpha)\cdot\theta_u^{(k)}Dir(\theta_u\,|\,n_{p,-pi}^{(k)}+\alpha)\cdot\varphi_k^{(t_1)}Dir(\varphi_{k,w_{qi}}\,|\,n_{k,-qi}^{q(t_1)}+\beta)\cdot$$

$$\varphi_k^{(t_2)}Dir(\varphi_{k,w_{pj}}\,|\,n_{k,-pj}^{(t_2)}+\beta)\mathrm{d}\theta_u\mathrm{d}\theta_u\mathrm{d}\varphi_{k,w_{qi}}\mathrm{d}\varphi_{k,w_{pj}}$$

$$=E(\theta_u^{(k)})^2\cdot E(\varphi_k^{(t_1)})\cdot E(\varphi_k^{(t_2)})$$

$$=\frac{n_{p,-qi}^{(k)}+\alpha}{\sum_{k=1}^K n_{q,-qi}^{(k)}+K\alpha}\cdot\frac{n_{p,-pj}^{(k)}+\alpha}{\sum_{k=1}^K n_{p,-pj}^{(k)}+K\alpha}\cdot\frac{n_{k,-qi}^{q(t_1)}+\beta}{\sum_{v=1}^V n_{k,-qi}^{q(v)}+V\beta}\cdot\frac{n_{k,-pj}^{p(t_2)}+\beta}{\sum_{v=1}^V n_{k,-pi}^{p(v)}+V\beta},\quad(3\text{-}1)$$

其中，$w_{qi}=t_1$ 表示查询 q 中的第 i 个词是 t_1；$w_{pj}=t_2$ 表示网页 p 中的第 j 个词是 t_2；z_{-qi} 表示除了查询 q 中的第 i 个词之外的所有词的主题分配；z_{-pj} 表示网页 p 中除第 j 个单词之外的所有单词的主题分配；w_{-qi} 表示查询 q 中除第 i 个单词之外的所有单词；w_{-pj} 表示网页 p 中除第 j 个单词之外的所有单词；$n_{q,-qi}^{(k)}$ 表示查询 q 中主题 k 生成的词数，不包括查询 q 中的第 i 个词；$n_{p,-pj}^{(k)}$ 表示主题 k 在网页 p 中产生的词数，不包括网页 p 中的第 j 个词；$n_{q,-qi}=(n_q^{(1)},n_q^{(2)},\cdots,n_q^{(k)}-1,\cdots,n_q^{(K)})$ 表示主题 k 在查询 q 中不包括第 i 个词产生的词数；$n_{p,-pj}=(n_p^{(1)},n_p^{(2)},\cdots,n_p^{(k)}-1,\cdots,n_p^{(K)})$ 表示网页 p 中主题 k 生成的单词数，不包括第 j 个单词；$n_{k,-qi}^{q(t)}$ 表示单词 t 分配给主题 k 的次数，不包括查询 q 中的第 i 个单词；$n_{k,-qi}^q=(n_k^{q(1)},n_k^{q(2)},\cdots,n_k^{q(t)}-1,\cdots,n_k^{q(V)})$。$n_{k,-pj}^{p(t)}$ 表示除了网页 p 中的第 j 个词之外，单词 t 分配给主题 k 的次数，$n_{k,-pi}^p=(n_k^{p(1)},n_k^{p(2)},\cdots,n_k^{p(t)}-1,\cdots,n_k^{p(V)})$。

算法 3-1 总结了估计参数 θ_u、φ_k 的 Gibbs 抽样的整个过程。首先，根据均匀分布对每个单词的主题分配进行初始化。其次，通过检查式（2-1）以更新每个单词的主题分配。最后，$n_q^{(k)}$、$n_p^{(k)}$、$n_k^{q(v)}$、$n_k^{p(v)}$ 可以在足够的迭代次数后进行计数；$n_q^{(k)}$ 表示主题 k 在查询 q 中出现的次数；$n_p^{(k)}$ 表示主题 k 在网页 p 中出现的次数；$n_k^{q(v)}$ 表示将词 v 作为查询词分配给主题 k 的次数；$n_k^{p(v)}$ 表示将词 v 作为网页词分配给主题 k 的次数。

这里仅给出参数 θ_u 的推导，其他参数的推导同理。

$$P(\theta_u \mid n_u, \alpha) = \frac{P(n_u \mid \theta_u)P(\theta_u \mid \alpha)}{\int P(n_u \mid \theta_u)P(\theta_u \mid \alpha)\mathrm{d}\theta_u}$$

$$= \frac{Mult(n_u \mid \theta_u)Dir(\theta_u \mid \alpha)}{\int Mult(n_u \mid \theta_u)Dir(\theta_u \mid \alpha)\mathrm{d}\theta_u}$$

$$= Dir(\theta_u \mid \alpha + n_u),$$

其中，$n_u = n_q + n_p$。

每个参数的估计值为：

$$E(\theta_u) = \left(\frac{n_q^{(1)} + n_p^{(1)} + \alpha}{\sum\limits_{k=1}^{K} n_q^{(k)} + n_p^{(k)} + K\alpha}, \cdots, \frac{n_q^{(k)} + n_p^{(k)} + \alpha}{\sum\limits_{k=1}^{K} n_q^{(k)} + n_p^{(k)} + K\alpha}, \cdots, \frac{n_q^{(K)} + n_p^{(K)} + \alpha}{\sum\limits_{k=1}^{K} n_q^{(k)} + n_p^{(k)} + K\alpha} \right), \quad （3-2）$$

$$E(\varphi_k) = \left(\frac{n_k^{q(1)} + n_k^{p(1)} + \beta}{\sum\limits_{v=1}^{V} n_k^{q(v)} + n_k^{p(v)} + V\beta}, \cdots, \frac{n_k^{q(v)} + n_k^{p(v)} + \beta}{\sum\limits_{v=1}^{V} n_k^{q(v)} + n_k^{p(v)} + V\beta}, \cdots, \frac{n_k^{q(V)} + n_k^{p(V)} + \beta}{\sum\limits_{v=1}^{V} n_k^{q(v)} + n_k^{p(v)} + V\beta} \right)。 （3-3）$$

算法 3-1：ALDA 的吉布斯采样

Input：topic number K，vocabulary number V，document sets，α，β.

Output：θ_u，φ_k.

1. Initialization

Sample z_{qi}，z_{pj} according to the uniform distribution

$n_q^{(k)} = n_q^{(k)} + 1$，$n_q = n_q + 1$，$n_p^{(k)} = n_p^{(k)} + 1$，$n_p = n_p + 1$，$n_k^{q(t)} = n_k^{q(t)} + 1$，$n_k^q = n_k^q + 1$，$n_k^{p(t)} = n_k^{p(t)} + 1$，$n_k^p = n_k^p + 1$.

2. Gibbs sampling

For each query q and webpage p do：

For each word w_{qi} in query q do：

1）$z_{qi} = k \rightarrow n_q^{(k)} = n_q^{(k)} - 1$，$n_q = n_q - 1$，$n_k^{q(t)} = n_k^{q(t)} + 1$，$n_k^q = n_k^q + 1$.

2）Sample $z_{qi} = \hat{k} \sim \mathrm{P}(z_{qi} = k \mid z_{-qi}, w_{qi})$ according to equations （1）

$n_q^{(\hat{k})} = n_q^{(\hat{k})} - 1$，$n_q = n_q - 1$，$n_k^{q(t)} = n_k^{q(t)} + 1$，$n_k^q = n_k^q + 1$.

For each word w_{pj} in webpage p do：

1）$z_{pj} = k \rightarrow n_p^{(k)} = n_p^{(k)} - 1$，$n_p = n_p - 1$，$n_k^{p(t)} = n_k^{p(t)} + 1$，$n_k^p = n_k^p + 1$.

2）Sample $z_{qi} = \hat{k} \sim \mathrm{P}(z_{pj} = k \mid z_{-pj}, w_{pj})$ according to equations （1）

$n_p^{(\hat{k})} = n_p^{(\hat{k})} - 1$，$n_p = n_p - 1$，$n_k^{p(t)} = n_k^{p(t)} + 1$，$n_k^p = n_k^p + 1$.

3. Parameter estimation

Estimating θ_u，φ_k according to equations （3-2）~（3-3）

3.2.3 用户和物品的卷积特征学习

面向搜索场景的超图获得数据之间的高阶相关性，同时包含异构顶点（即用户顶点、查询顶点、物品顶点、物品顶点），不仅需要获取路径之间的高阶信息，还需要获取路径内基于顶点的语义信息。基于面向搜索场景的超图，本研究利用双嵌入机制[42]和超边卷积[41]分别获得路径之间的高阶信息和基于顶点的语义路径内的信息。

（1）路径语义关联学习。一条路径包含任意数量的节点，这些节点具有相同或不同的类型，因此，生成的路径也具有不同的语义信息。本研究采用双嵌入机制[42]获取消费者在线查询、点击、购买和在线评论行为之间的语义关联。

消费者在线查询、点击、购买和在线评论行为之间的语义关联如下所示。以查询"哈利波特"为例。通过使用面向搜索场景的超图，不同用户输入"哈利波特"可以到达"哈利波特 PVC 公仔""哈利波特书籍""哈利波特魔法棒"或"哈利波特乐高"等不同的物品。显然，本研究可以通过使用面向搜索场景的超图获得更多关于查询"哈利波特"的推荐候选者。更重要的是，基于面向搜索场景的超图的结构优势，使得推荐系统有机会识别输入搜索短语的不同语义。同理，面向搜索场景的超图可以利用用户行为挖掘具有不同查询短语的相关查询。例如，用户 A 输入查询"python"和用户 B 输入查询"数据分析"可以到达同一本书 *Python for Data Analysis*。从这个例子中本研究可以推断出，购买这本书的消费者 B 偏爱使用 Python，即使其没有在查询中明确表达。查询—物品的协同过滤极大地解决了稀疏数据下的物品实体召回问题。

为了增加语义信息的传播和训练效率，本研究使用二阶邻居关系而不是一阶邻居关系[121]。为了保证推荐项目的及时性，本研究采用 20% 均匀抽样和 80% 基于流行度抽样的策略对节点邻居进行抽样。

（2）卷积语义特征学习。不仅路径之间存在复杂的关联，路径中的顶点也包含丰富的语义信息。本研究采用超边破坏[42]将超边切割成普通边，分别连接用户查询、查询物品和物品特征。然后，利用普通边生成关联矩阵，根据元路径信息计算顶点的初始权重，生成超图拉普拉斯矩阵。最后，将此矩阵添加到超图神经网络[41]以学习超边卷积：

$$X^{(l+1)} = \sigma\left(D_v^{-\frac{1}{2}} HWD_e^{-1} H^T D_v^{-\frac{1}{2}} X^{(l)} \Theta^{(l)}\right), \qquad (3-4)$$

其中，X、D_v、D_e 和 Θ 是 l 层超图的信号，σ 表示非线性激活函数。

因此，通过连接 L 层特征可以得到最终的卷积特征：

$$x_u = [X^0, X^1, \cdots, X^L]\text{。} \qquad (3-5)$$

同理，对于每个商品 i 的在线评论，通过超图神经网络可以得到对应的卷积语义特征 x_i。

3.2.4 预测

对于每个用户 u，将得到的卷积语义特征 x_u 和查询主题特征 θ_u 结合起来，表示用户 u 的最终用户嵌入 X_u：

$$X_u = x_u \oplus \theta_u, \qquad (3-6)$$

同理，每个物品 i 的最终特征 X_i 为：

$$X_i = x_i \oplus \theta_i\text{。} \qquad (3-7)$$

由于每次查询的词数不同，导致词向量矩阵的维数不一致，卷积神经网络无法进行处理。因此，本研究将每个查询中的搜索词组固定为 32 个，即当词数小于 32 时，用 0 填充；当词数大于 32 时，前 32 个词被采取。使用 BERT 对所有获得的文本内容进行预训练，得到单词 X_q 的向量。

整合查询嵌入、用户嵌入、物品嵌入和高阶相关性以捕获更复杂的连接，利用深度架构[42]预测用户、查询、物品和特征之间的链接关系：

$$\hat{y} = \varphi_L\left(\varphi_{L-1}\left(\cdots \varphi_1\left([X_q; X_u; X_i]\right)\right)\right), \qquad (3-8)$$

其中，$[\,;\,;\,;\,]$ 为连接输入向量，$\{\varphi_1, \varphi_2, \cdots, \varphi_L\}$ 是非线性层，以 sigmoid 作为活动函数。

将广泛使用的二元交叉熵作为损失函数：

$$\mathcal{L} = \sum y \log(\hat{y}) + (1-y)\log(1-\hat{y}) + \lambda\|\omega\|^2, \qquad (3-9)$$

其中，ω 是可学习的参数集，λ 是正则化参数。

3.3 实验结果

为了测试提出的 Topic-HGNN 框架的性能，本研究基于从实际应用中获得的不同数据集进行实验，旨在验证所提出的推荐框架的两个方面的性能。其一，由 ALDA 模型识别在线查询会话中的主题质量。其二，Topic-HGNN 推荐框架的推荐准确性和新颖性。

研究中的所有实验评估均在配备 Xeon W–2102 CPU、8.00 GB RAM 的 Dell Precision T5820 工作站上实施。选择用 Python 语言实现该程序。

3.3.1 数据描述

使用真实世界中公开 AO 查询日志数据集用于实验验证。该集合由 2006 年中三个月间，从 65 万用户收集的 2000 万个 Web 查询组成。数据按匿名用户 ID 顺序排列。数据集包括 {AnonID，Query，QueryTime，ItemRank，ClickURL}。其中，AnonID 表示匿名用户 ID 号；查询表示用户发出的查询；QueryTime 表示提交查询以供搜索的时间。如果用户点击了某个搜索结果，则会列出所点击的商品排名，并标记为 ItemRank。如果用户点击了一个搜索结果，该结果中的 URL 的域部分会被列出，并被标记为 ClickURL。

在进行实验之前，笔者对 AOL 查询日志数据集进行了预处理。首先，移除了包含 URL 字符串的查询词、包含特殊字符的查询词和不包含点击 URL 的查询词。其次，利用"15 分钟间隔"[81] 推导出在线查询中合理的会话中断，以便更好地研究 ALDA 模型的有效性。最后，将每个用户的搜索记录划分为训练集和测试集，比例为 80 : 20。部分 AOL 查询日志数据集格式如表 3–2 所示。

表 3–2　AOL 查询日志数据集示例

AnonID	Query	QueryTime	ItemRank	ClickURL
479	car decals	2006-03-03 23: 20: 12	4	http://www.decaljunky.com
479	car decals	2006-03-03 23: 20: 12	1	http://www.modernimage.net

续表

AnonID	Query	QueryTime	ItemRank	ClickURL
479	car decals	2006-03-03 23：20：12	5	http://www.webdecal.com
479	car window decals	2006-03-03 23：24：05	9	http://www.customautotrim.com
479	car window sponsor decals	2006-03-03 23：27：17	3	http://www.streetglo.net
1020	slot machine tips	2006-04-18 12：43：46	1	http://www.slotadvisor.com
1020	slot machine tips	2006-04-18 12：43：46	4	http://www.thegamblersedge.com
1020	slot machine tips	2006-04-18 12：43：46	8	http://www.gambling.jaxworld.com
1020	slot machine tips	2006-04-18 13：06：52	11	http://www.licensed4fun.com

Retailrocket 数据是从一个真实的电子商务网站收集的。该数据包括来自 1 407 580 名用户的 2 756 101 条行为记录，其中，包括 2 664 312 次查看、69 332 次购物车添加和 22 457 次购买。整个数据集包含 3 个文件，即行为数据文件、类别关系文件和物品属性文件。每行数据均描述了用户在特定时间对某个物品的行为。

3.3.2 ALDA 模型的评估

为了验证本研究中提出的 ALDA 模型识别在线查询会话中主题的质量，选择了 5 种用于推断用户偏好分布的典型方法作为基线方法。

（1）LDA。LDA 是一种生成概率模型，其中，每个文档都被建模为一组基础主题的有限混合，每个主题被建模为一组基础单词分布的无限混合[122]。

（2）Twitter-BTM。Twitter-BTM 聚合基于用户的双项以学习用户特定的主题分布，并结合背景主题区分用户对背景词和主题词的偏好[123]。

（3）UCIT。UCIT 根据关注者的主题分布、当前短文本的内容及之前估计的分布了解用户的短期偏好和长期偏好[124]。

（4）HDLDA。HDLDA 是一种分层对偶潜在 Dirichlet 分配，假设搜索查询文档和搜索结果文档之间存在语义关系，并定量描述了消费者如何将内容偏好转化为搜索查询[120]。

（5）UATM。UATM 通过学习用户偏好中的主题强度和关注者偏好中的主题强度，从而推断用户偏好中的主题强度，可以有效缓解稀疏问题[125]。

通过比较上述模型的参数设置，得到超参数 $\alpha = 50/K$，$\beta = 0.01$，$\gamma = 0.5$。

主题连贯性主要用来衡量一个主题内的词是否连贯。如何才能认为这些词是连贯的呢？如果这些词相互支持，这组词就是连贯的。换句话说，如果把来自多个主题的词放在一起并用一个完美的类别将其聚类，来自同一主题的词则应属于同一类别。PMI 使用外部文本数据集衡量主题的连贯性，这也是评估每个模型提取的主题质量的公平指标。PMI 可以通过下式计算：

$$PMI(w_i, w_j) = \log \frac{p(w_i, w_j) + \epsilon}{p(w_i) \cdot p(w_j)},$$

其中，w_i 和 w_j 是主题词，ϵ 是随机干扰项。PMI 值越大，主题词之间的连贯性越好。

为了进一步评估随机选择主题的 PMI，实验使用从维基百科官方网站下载的维基百科文章作为辅助语料库。在每个主题中选择前 5、前 10 和前 20 个单词并计算平均 PMI 分数。图 3-3 显示了每个主题发现模型学习到的选定主题的主题一致性结果。在对 6 个模型的比较中可以清楚地看出，ALDA 模型的 PMI 得分明显优于其他模型。结果表明，本研究提出的 ALDA 提取的主题较其他模型更具连贯性，这是因为 ALDA 将查询会话中的主题强度和网页中的主题强度联合建模到同一文档层中。通过聚合相应的网页辅助学习用户感兴趣的话题，避免了在线查询数据的稀疏性。由于 Twitter-BTM 和 LDA 只能分别对查询文档和网页文档进行建模，因此，这两个模型的性能最差。Twitter-BTM 优于 LDA，是因为 Twitter-BTM 继承了 BTM 处理短文本的出色能力。UCIT 和 UATM 的表现明显优于 Twitter-BTM 和 LDA，是因为 UCIT 和 UATM 不仅从用户生成的内容中提取主题，还从相似的用户集群生成的内容中提取主题。HDLDA 可以生成较 UATM、UCIT、Twitter-BTM 和 LDA 更为连贯的主题，主要是因为 HDLDA 在两个层次化的 LDA 过程中对查询文档和网页文档进行建模。HDLDA 可以更好地捕捉查询和网页之间的语义关系。与对查询会话中的主题强度和网页中的主题强度进行分层建模的 HDLDA 不同，本研究 ALDA 将查询会话中的主题强度和网页中的主题强度联合建模到同一文档层中，因此，ALDA 较 HDLDA 获得了更好的结果（见书末彩插）。

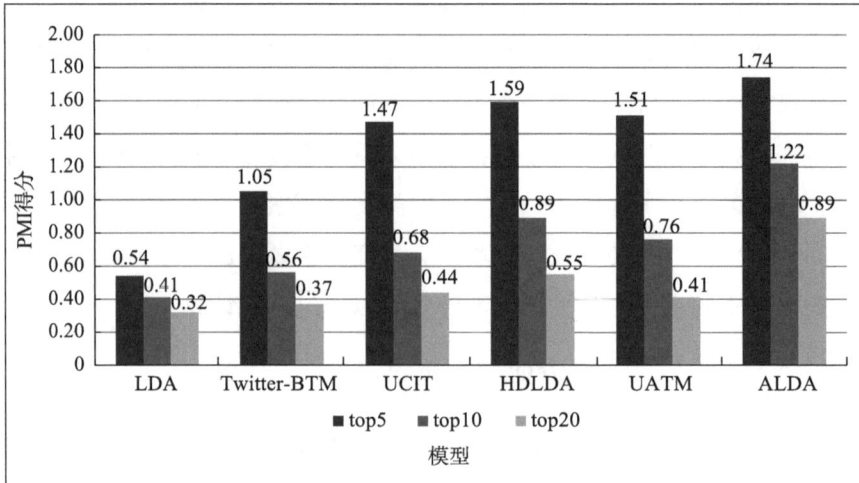

图 3-3　各个模型的 PMI 得分对比

为了进一步验证 ALDA 模型识别消费者兴趣偏好的能力，本研究利用困惑度比较模型估计预测用户内容偏好漂移的准确性。由于信息论中的困惑度是一种经常用于判断概率模型或概率分布预测样本的度量，因此，本研究利用困惑度评估每个模型推断出的用户偏好的效果。困惑的能力是预测未观察到的新文档单词的能力。perplexity 值越小，模型在挖掘用户意图方面的性能越好。困惑度计算公式如下：

$$Perplexity_{portion}(\boldsymbol{\mathcal{M}}) = \left(\sum_{d=1}^{D} \sum_{i=P+1}^{N_d} p(w_i \mid \boldsymbol{\mathcal{M}}, w_{1:p}) \right)^{-\frac{1}{\sum\limits_{d=1}^{p}(N_d - p)}},$$

其中，$\boldsymbol{\mathcal{M}}$ 是从训练集中学习到的模型参数集；d 表示文档；N_d 是文档中的单词数。

为了使实验结果更加可靠，本研究 AOL 数据集中以不同的比例（10%～90%）对观察到的数据进行采样。从图 3-4 可以看出，每个模型的 perplexity

随着观测数据比例的扩大而逐渐降低，表明随着观察到的数据的增长，每个模型在预测消费者偏好方面表现得更好。与其他 5 个模型相比，本研究的 ALDA 模型的困惑度最小，从 1100 到 2500，表明 ALDA 在识别消费者兴趣的 6 个模型中表现最好，主要是因为 ALDA 对查询和网页之间的交互关系进行建模。在现实中，消费者购物的过程实际上是了解和评价产品的过程。首先，用户可能会通过输入不准确的关键字表达需求。其次，用户通过浏览搜索结果，调整输入的关键词，加深对产品的了解。消费者将重复这个学习过程，直至找到合适的产品。也就是说，查询关键字的主题和搜索结果的主题在语义上是相互关联的。因此，对查询和网页之间的交互进行建模，有助于更准确地捕捉消费者兴趣和偏好的变化，这也是为什么本研究的模型在识别消费者购买意愿方面优于其他模型的根本原因。

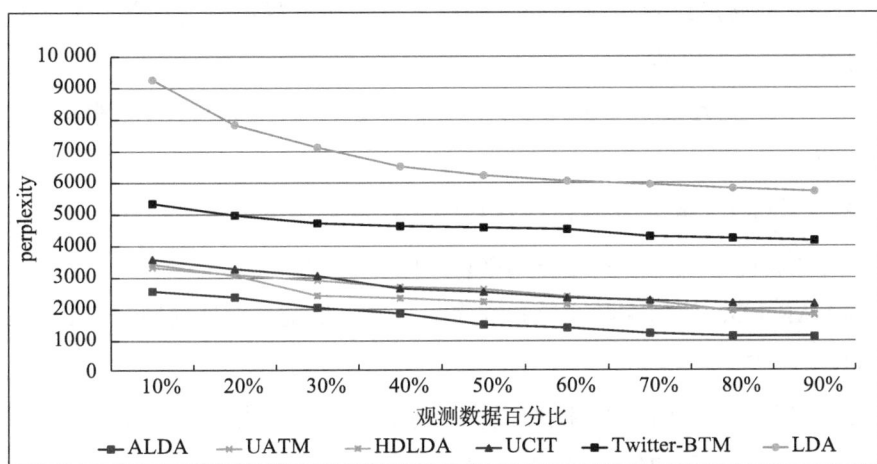

图 3-4　各个模型识别用户偏好的性能对比

　　由于 LDA 和 Twitter-BTM 未模拟搜索查询中的主题如何与相应搜索结果中的主题相关，因此，其在理解用户偏好方面的表现最差。UCIT 和 UATM 均学习用户内容并关注者内容中的主题分布，从而可以广泛挖掘和了解用户的偏好和意图。实验结果也证实了 UCIT 和 UATM 明显优于 LDA 和 Twitter-BTM。HDLDA 在两个层次化的 LDA 过程中对查询文档和网页文档进行建模，并假设查询文档在语义上与网页文档相关，有助于其在理解用户兴趣方面略微领先于 UCIT 和 UATM。虽然 HDLDA 也产生了不错的结果，但其表现较 ALDA 差，这是由于 HDLDA 未能捕获查询和网页之间的交互关系所致。总之，本研究的 ALDA 模型在预测消费者购买意愿方面始终优于其他比较模型。

3.3.3 推荐的评估

由于提出的 Topic-HGNN 框架将主题模型合并到超图神经网络中，以增强用户和物品的嵌入表示。选择 5 种典型的基于主题模型的推荐技术和 2 种最先进的基于神经网络的推荐方法作为基线。

为了检验 Topic-HGNN 识别的用户和物品特征是否能实现更好的个性化推荐，本研究利用精度和多样化详细评估推荐结果。实验在 Retailrocket 数据集上进行。

（1）CTR 通过结合传统协同过滤和概率主题建模的优点，为用户和物品提供可解释的潜在结构[126]。

（2）SVD-LDA 改进了基于 SVD 对带有文本内容的项目的推荐及对该内容的主题建模[127]。

（3）CoAWILDA 依靠自适应在线潜在狄利克雷分配，模拟作为文档流到达的新可用物品和用于协同过滤的增量矩阵分解[128]。

（4）AR-LDA 使用主题建模和顺序关联规则挖掘，以捕捉用户产品随时间变化的偏好[129]。

（5）EUU-CF 使用 LDA 模型提取维基百科中的主题，然后使用用户浏览历史中的主题提取用户偏好[130]。

（6）Graph-CNN 是一种基于图卷积神经网络的方法，通过分析用户之前的交互向用户推荐产品[131]。

（7）HyperCTR 基于用户和物品之间的多模态信息交互以学习项目表示[132]。

采用 Precision 和 Recall 两个常用的指标，以评估每种推荐方法获得的推荐结果的准确性。Precision 和 Recall 定义为：

$$Precision = \frac{\sum_{u \in U} |R(u) \cap T(u)|}{|R(u)|},$$

$$Recall = \frac{\sum_{u \in U}|R(u) \cap T(u)|}{|T(u)|},$$

其中，$R(u)$ 表示基于训练数据集的推荐列表；$T(u)$ 表示基于测试数据集的推荐列表。

为了评估每种推荐技术获得的推荐结果的准确性，将推荐数量设置为 top10 到 top100。

图 3-5 显示了每种推荐技术生成的推荐结果的准确性比较。

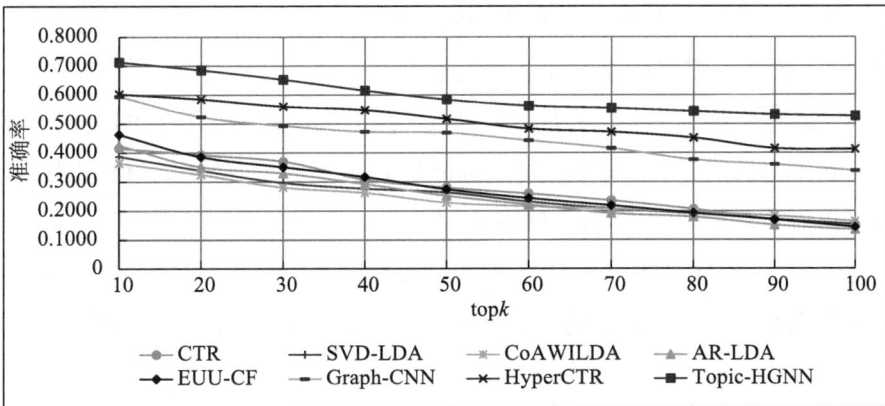

（a）前 k 个物品的准确率

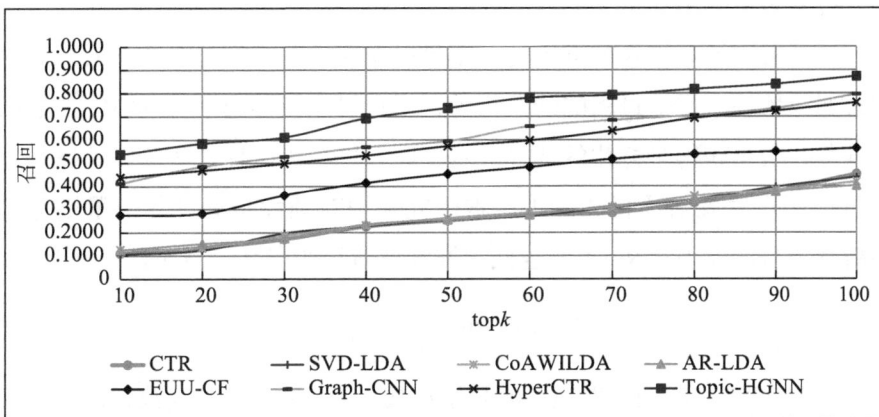

（b）前 k 个物品的召回率

图 3-5   推荐结果准确率对比

从图中可以观察到，基于主题的方法 CTR、SVD-LDA、CoAWILDA、AR-

LDA 和 EUU-CF 生成的推荐结果在准确性主面非常接近，且明显低于 Graph-CNN、HyperCTR 和 Topic-HGNN，这是因为基于主题的方法专注于改进对带有文本内容的项目的推荐。根据用户的购买行为推断用户的兴趣，既难以细化用户对不同产品属性的偏好，又难以捕捉用户与商品之间的高阶相关性。与基于主题的推荐模型不同，Graph-CNN、HyperCTR 和 Topic-HGNN 从丰富的用户—产品交互信息中推断出用户的偏好。虽然 Graph-CNN 和 HyperCT 也能产生很好的准确推荐，但其表现较 Topic-HGNN 差。这是因为 Graph-CNN 和 HyperCT 只关注用户在购买过程中和购买后与产品的交互特征（如购买和在线评论），忽略了用户在搜索前通过搜索查询了解产品信息的过程中的交互特征（如产品信息搜索）。实际上，用户与产品的关联是一个连贯的过程，不应被隔离到不同的节点中。本研究中 Topic-HGNN 集成了主题模型和超图神经网络，可以处理消费者在购物全过程（即搜索—理解—购买—使用）的交互行为。此外，Topic-HGNN 获得用户和物品的卷积语义特征，并使用主题模型获得相应的主题特征。结果表明，将用户和物品的主题信息融合到卷积神经网络中，既可以有效表示用户偏好和物品特征，又可以显著提高预测分数的准确性。该结果还证明了面向搜索场景的超图的结构优势，使得推荐系统有机会识别输入搜索短语的不同语义。

仅验证模型推荐结果的准确性并不足以说明推荐模型的个性化效果。由于协同过滤只依赖于用户过去的购买行为，用户只能获得与个人资料中的物品相似的推荐，很难获得多样化的选择。基于此，进一步设计了实验以验证推荐模型向目标用户发现新项目的能力。本研究采用新颖性指标[133]衡量推荐模型发现新颖项目的能力。Novelty 越低，推荐越新颖的产品。新颖性定义为：

$$novelty = \frac{1}{mk} \sum_{u=1}^{m} \sum_{i \in L_u}^{m} d_i,$$

其中，L_u 是用户 u 的 top$k$ 列表；m 是用户数；d_i 是项目 i 的度数，即评价项目 i 的用户数。

将推荐项目的数量设置为 10，并在 Retailrocket 数据集上进行了 32 次实验。新颖性值越小，表示推荐项目越新颖。

图 3-6 显示了每种推荐技术生成的推荐结果的新颖性比较。从中可以观

察到，CTR、SVD-LDA、CoAWILDA、EUU-CF 和 AR-LDA 生成的推荐结
果在新颖性方面非常接近，并且明显低于 Graph-CNN、Hyper-CTR 和 Topic-
HGNN。这是因为 CTR、SVD-LDA、CoAWILDA、EUU-CF 和 AR-LDA 主要
根据用户的历史购买行为推断用户的兴趣，很难为消费者发现新产品。该结果
表明，基于主题的方法明显比基于图的方法差。基于主题的方法将用户和物品
的交互关系表示为矩阵形式，重点挖掘线性相关和低秩信息。基于图的方法侧
重于挖掘图中的交互信息和高阶关系。与矩阵相比，图可以描述更多的信息。
例如，用链接描述相邻顶点之间的连接、图中所有顶点之间的整体连接，以及
链接密度来描述图中的社区结构。图具有强大的表示能力，基于图的方法效果
明显优于传统推荐算法。

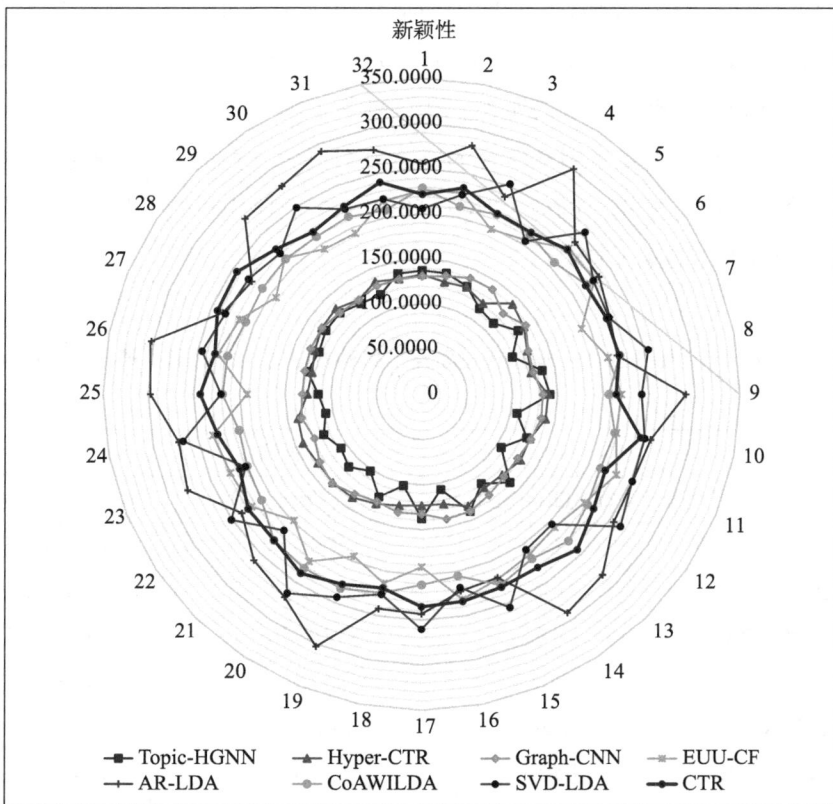

图 3-6　推荐结果新颖性比较

本研究 Topic-HGNN 明显优于 Graph-CNN、Hyper-CTR，表明 Topic-HGNN

可以识别输入搜索短语的不同语义。与 Graph-CNN、Hyper-CTR 相比，Topic-HGNN 可以获取消费者在线查询、点击、购买和在线评论行为之间的语义关联。Topic-HGNN 同时考虑了用户购买路径中的异构交互和同构交互，可以更好地利用交互图域中包含的深层连接信息，并且不限于观察到的链接。总之，本研究 Topic-HGNN 可以在不牺牲准确性的情况下提高推荐项目的新颖性。

Retailrock 数据集中不同查询搜索量下每种方法的运行时间和内存消耗如表 3-3 和表 3-4 所示。将推荐结果的数量设置为 10。从表 3-3 可以看出，推荐框架基于主题模型在运行时间主面明显优于基于图学习的推荐框架。虽然基于主题模型的推荐框架比基于图学习的推荐框架效率提高了约 15%，但基于图学习的推荐框架在准确率、召回率和新颖性指标方面识别的结果质量分别提高了 53%、51% 和 46%，说明基于图学习的方法可以在牺牲少量运行效率的情况下，显著提高推荐结果的质量。在三种基于图学习的方法中，本研究模型的运行时间略高，主要是因本研究的方法对消费者、查询、物品和特征之间的四元高阶关系进行建模。因此，Topic-HGNN 在牺牲相对较低的效率时明显优于 Hyper-CTR 和 Graph-CNN。

表 3-3 Retailrock 数据集上不同查询搜索量下每种方法的运行时间（推荐结果数为 10）

单位：ms

方法	运行时间		
	(10^3 Queries)	(10^4 Queries)	(10^5 Queries)
CTR	12.12	2095.54	49 514.16
SVD-LDA	11.87	2294.63	48 510.53
CoAWILDA	11.65	3220.22	46 767.78
AR-LDA	8.02	3076.21	38 881.03
EUU-CF	8.54	3085.96	48 736.47
Graph-CNN	15.57	5014.59	58 294.41
Hyper-CTR	19.56	4963.22	59 324.57
Topic-HGNN	19.67	5038.40	58 290.89

表 3-4　Retailrock 数据集上不同查询搜索量下每种方法的内存消耗（推荐结果数为 10）

单位：MB

方法	内存消耗		
	(10^3 Queries)	(10^4 Queries)	(10^5 Queries)
CTR	83	347	970
SVD-LDA	89	385	1102
CoAWILDA	96	403	1165
AR-LDA	77	311	928
EUU-CF	79	284	944
Graph-CNN	882	1509	3259
Hyper-CTR	926	1647	3895
Topic-HGNN	974	1802	3971

从表 3-4 可以看出，与其他基于图的学习方法相比，Topic-HGNN 框架不消耗额外的内存，主要是因 Topic-HGNN 被超边破坏分解，每次都导入一批顶点和超边以缓解内存压力。因此，本研究中提出的 Topic-HGNN 可以产生更好的推荐结果，且几乎与其他基于图的方法一样有效。

3.4 本章小结

个性化产品推荐系统是电子零售商采用的有用工具，可帮助消费者找到符合其喜好的商品。现有研究侧重于学习用户在购买过程中和购买后与产品的交互特征（如购买和在线评论），忽略了用户在购买前通过搜索查询了解产品信息过程中的交互特征（如产品信息搜索）。实际上，用户与产品的关联是一个连贯的过程，不应被孤立到不同的节点上。只有梳理用户搜索—了解—购买—使用产品的过程，从各个阶段寻找机会点，才能帮助推荐系统更好地发现用户的潜在需求。为此，本研究开发了主题增强的超图神经网络框架，通过将消费者在线查询中嵌入的潜在主题与其点击、购买和在线评论行为联系起来，以此预测用户的购买意图。首先，采用超图对用户、查询主题、项目和项目特征之间的多元关系进行建模，旨在挖掘交互图域中存在的连接信息。其次，利用超边损坏生成用户查询超图和项目特征超图，并利用超边卷积层获得用户嵌入和项目嵌入。同时，为了通过融合主题信息以降低文本噪声词的影响，本研究专门设计了聚合潜在狄利克雷分配（ALDA）模型，从查询和网页中共同提取用户的内容偏好主题，并应用潜在狄利克雷分配模型提取来自在线评论的产品功能主题。再次，整合主题分布和卷积嵌入表示每个用户和项目，以此弥补传统卷积神经网络中主题信息的不足。最后，使用多层感知器计算查询实体和项目实体之间的软匹配分数。对现实世界数据集的广泛经验评估表明，所提出的框架可以在不牺牲准确性的情况下提高推荐项目的新颖性。从管理角度来看，向消费者推荐多样化、新颖的商品，不断提高用户的满意度，有利于电商企业实现可持续发展。

随着移动商务的快速发展，越来越多的推荐服务发生在动态变化的上下文中，如用户位置、访问时间、当前流量等周边环境。传统的个性化推荐技术已不足以应对上下文因素带来的新影响。因此，本研究未来的工作将侧重于将上下文信息集成和应用在超图框架中，旨在将上下文发展图和用户行为预测结合起来，形成统一简洁的基于上下文的推荐模型。在该项工作中，本研究假设搜索查询文档和网页文档遵循相同的主题分布。实际上，搜索查询文档和网页文档有时并不会遵循相同的主题分布。因此，检查搜索查询文档和网页文档不遵循相同主题分布时对结果的影响也是未来的研究课题之一。

4 考虑在线退货成本时的全渠道竞争环境下的产品定价与组合策略

4.1 问题描述

消费者在零售实践中越来越重视全渠道行为,并在产品信息的搜索行为中同时使用线上和线下零售渠道。为了更好地适应这种新环境,各行各业的零售商都在重新审视通过渠道向目标消费者提供信息和产品的策略。同时,消费者的全渠道搜索行为给零售商通过渠道整合购物平台设计销售策略(包括定价策略和产品组合策略)带来挑战,主要是因为零售商需要在跨渠道购物环境下设计全渠道销售策略。吸引本研究关注的是销售同类产品的零售商之间的竞争定价和产品组合策略,唯一的区别是零售商通过线上和线下渠道的分类方式。

本研究考虑在一个竞争激烈的全渠道销售市场,由两家竞争零售商销售4种横向差异化产品。本研究将产品 j 的位置称为 x_j,假设沿单位圆均匀分布。具体来说,让产品 j 在竞争市场结构下位于 $x_j = \dfrac{j}{4}$。该假设有助于本研究在主要模型设置中获得分析结果。然而,在产品沿圆周分布不均匀的情况下,会引入偏好不均匀的消费者,使得模型难以处理。为了消除技术问题,本研究首先通过关注市场上卖家之间的互动来考虑模型。两个竞争卖家各拥有4种产品中的2种,零售商可以选择在全渠道环境中将一种产品放在网上,另一种放在线下。具体而言,假设其中一位卖家在 Salop 圈内销售2种具有双渠道的产品,这是源自 Lerner 等[134] 的传统 Hotelling 空间竞争模型的变体。在该变体中,设想市场由2家公司组成,每家公司拥有4种产品中的2种,并在整体市场份额上具有竞争力。例如,竞争市场允许每家公司在圆周上交替销售产品(即1家公司销售位于 $x_0 = 0$ 和 $x_2 = 2/4$ 的产品,而另一家公司销售 $x_1 = 1/4$ 和 $x_3 = 3/4$。另一种配置策略允许1家公司出售 $x_0 = 3/4$ 和 $x_3 = 3/4$,而另一家公司

出售 x_2 和 x_3）。图 4-1 可以帮助读者更好地了解公司在 Salop 圈周围的位置。

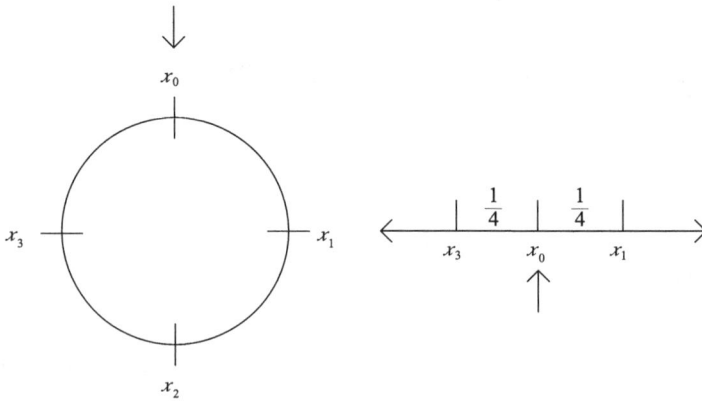

图 4-1　市场结构的 Salop 圈

通过综合考虑竞争市场结构中的 4 种产品，本研究介绍了消费者对每种商品的退货行为和商品之间的交换行为。也就是说，在竞争激烈的市场中，消费者不仅可以退回不满意的原物品，还可以换成更满意的物品。在垂直整合系统中，每种产品都有一个共同的边际生产成本 c。此外，本研究假设市场上销售的产品是一种体验品。体验品是指消费者只有在购买产品或亲自试用后才能确定与自己的喜好匹配的产品[135]。本研究假设消费者通过在线网站观察产品，在购买前未对产品的适应性进行任何个人检查，即在线消费者占整体消费者的 ω。也就是说，这部分消费者在购买前不确定产品是否适合其喜好。本研究假设消费者对产品的口味是异质的，具有内在偏好参数 ϑ_i，主要由 2 个主要部分组成，即可观察到的部分和购买前不可观察的部分。具体来说 $\vartheta_i = \theta_i + \varepsilon_i$，其中，$\theta_i \sim U[0,1]$ 是消费者在做出原始购买决定之前感知到的，而 ε_i 均匀分布在 $[-\delta, \delta]$ 上，这是购买前的常识。然而，不可观测分量 ε_i 的具体值，只有在消费者获得体验产品后才能得到解决。需要注意的是，假设有 4 种产品的市场中 δ 值小于 $\frac{1}{8}$，以保证消费者偏好的不确定成分不会影响消费者购买决策的最终判断。例如，当消费者位于某个产品的确切位置，并且没有关于 θ_i 的错配值时，无论 ε_i 的值是多少，消费者都会明确选择该产品而不是其相邻的对应物。在购买前进行过店铺检查的消费者占整体消费者的 $1-\omega$，本研究称其为线下消费者。这类消费者在尝试体验产品或观察商品的颜色、尺寸等特征后，会准确理解 ϑ_i 的价值，并最终解决了消费者在做出购买决定之前口味中的不确定因素。

除了产品横向设计特征对消费者理想偏好的不确定性外，消费者保留值 v_i 也存在不确定性因素，即消费者在消费产品后获得的效用增益。本研究将此因素证明为产品的垂直质量性能，可以通过排序偏好增加消费者的效用增益。消费者无论是否经过店面检查都不确定该保留值，因为只有在消费者消费产品后才能解决，这也是许多零售商设置使用 7 天后免费退货或其他退货保证（如使用 1 年质量保证）的退货政策的原因。具体而言，消费者通过任一渠道以概率 α（即 $v_i=0$）拥有零售商提供的任何一种产品，从而获得零效用收益。其对应于产品在正确使用后出现质量缺陷的场景。然而，在概率为 $1-\alpha$ 的情况下，消费者在 $v_i=v$ 时获得正效用增益；当产品位于 x_j 时，消费者的消费值等于 $v-t|x_j-\vartheta_i|$。参数 t 是衡量产品设计特征与消费者理想偏好之间差异的单位失配成本，v 和 t 都是消费者的常识。如果出现退货或调换不合适产品的行为，线上购买和线下购买在成本上是有区别的。具体来说，线上产品的退货成本包括退货运费险、等待时间成本或运输成本，本研究假设为 r。对于线下产品，这个成本是与售货员争论的麻烦成本或假设为 h 的鞋底成本。表 4-1 提供了所有参数和决策变量的定义，以便于读者更好地理解本研究的模型结构。

表 4-1　参数和决策变量

符号	定义
c	产品的边际成本
t	与偏好偏离的单位消费者负效用
v	与偏好匹配的消费者保留效用
α	消费者从产品消费中获得零效用的概率
ϑ_i	消费者 i 的理想偏好参数
θ_i	消费者 i 对 ϑ_i 的先验信念
x_j	产品 j 的位置
p_j	产品 j 的价格
r	产品的线上退货成本
h	产品进行线下退货的纠缠成本

4.2 模型构建

4.2.1 博弈次序

在竞争环境中，每位卖家首先通过线上和线下渠道同时选择产品位置 x_j 的放置策略。请注意，假设产品位置沿单位圆均匀分布。本研究假设 2 个竞争卖家有 2 种放置策略，即一个卖家的产品在圆圈的相邻位置，另一个卖家的产品在圆圈的相对位置。具体来说，本研究假设一家公司销售 $x_1 = \frac{1}{4}$（线上）和 $x_0 = 0$（线下），另一家公司销售 $x_2 = \frac{2}{4}$（线上）和 $x_3 = \frac{3}{4}$（线下），可以记为案例（ⅰ）。一家公司销售 $x_1 = \frac{1}{4}$（线上）和 $x_0 = \frac{3}{4}$（线下），另一家公司销售 $x_2 = \frac{2}{4}$（线上）和 $x_3 = 0$（线下），记为案例（ⅱ）。如果进一步考虑线上和线下的产品组合策略，还有一种产品布局策略：一家公司销售 $x_1 = \frac{1}{4}$（线上）和 $x_0 = 0$（线下），另一家公司销售 $x_2 = \frac{3}{4}$（线上）和 $x_3 = \frac{2}{4}$（线下），记为案例（ⅲ）。接下来，每家公司为在每种情况下拥有的产品设置定价策略 p_j。本研究假设公司在定价策略之前制定产品组合策略，因其通常认为定价策略较产品组合策略更灵活，也更容易改变。因此，定价策略较产品组合策略具有更短的时间范围。为了帮助读者更直观地了解 2 家公司的布局策略，本研究将 2 家公司围绕 Salop 圈进行组织，如图 4-2 从案例（ⅰ）到案例（ⅲ）。

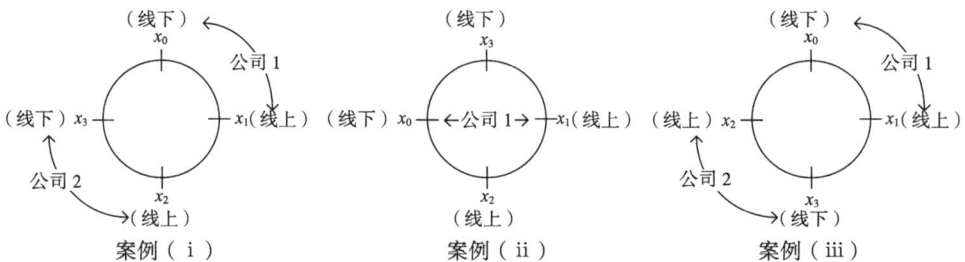

图 4-2　2 家公司的三种放置策略

4.2.2 线上消费者的需求产生过程

每位消费者根据其对偏好参数已知部分的观察 θ_i 做出最大化预期效用的初始购买决定。本研究专注研究 2 个卖家作为市场上的直接竞争对手的情况。因此，所有消费者均做出了最初的购买决定，并在 4 种选择中最多可以拥有 1 种商品。当 v 的值足够高时，这个假设自然成立。然而，消费者以概率 α 拥有任何一种产品将获得零效用收益。消费者可以以具有欺骗性的质量表现退回此产品。另一方面，消费者将从质量维度以概率 $1-\alpha$ 获得价值 v 的效用增益，会选择保留原来购买的产品或在购买后将其换成更喜欢的产品，且已经观察到 ε_i 的值[136]。

本研究首先在卖家定价和产品组合策略给出时检查在线消费者的需求和退货行为。假设消费者具有前瞻性。消费者将考虑在购买决定开始时退回原始购买或将其换成另一个的机会。也就是说，消费者通过考虑每个可能的购买后行为，并根据预期效用的强度制定其原始购买策略。本研究使用反向归纳法以确定哪种产品会优化每位消费者的预期效用增益。在消费者做出最初的购买决定后，其获得产品并在之后进行了尝试。然后，消费者根据其从消费产品中获得的实际效用收益制定购买后的退货或换货策略。为了更好地理解事件的顺序，本研究考虑一个在屏幕尺寸和便携性之间进行权衡的手机示例。消费者可能会购买具有易于查看的大屏幕手机，并意识到因其尺寸而难以放在口袋中身携带。这种体验还可以让消费者辨别出更小的手机（屏幕更小）更适合与其喜好相匹配。在体验过大屏之后，消费者可以选择将初始购买换成小屏。

本研究以案例（i）的需求生成过程为例，案例（ii）和案例（iii）的需求生成过程可以通过类似的方法推导出来。在案例（i）的场景中，本研究假设卖家 1 销售产品 1 和产品 0，其中，产品 1 通过线上渠道销售，产品 0 通过线下渠道销售。同时，卖家 2 销售产品 2 和产品 3，产品 2 通过线上渠道销售，产品 3 通过线下渠道销售。消费者的信息搜索行为如图 4-3 所示。

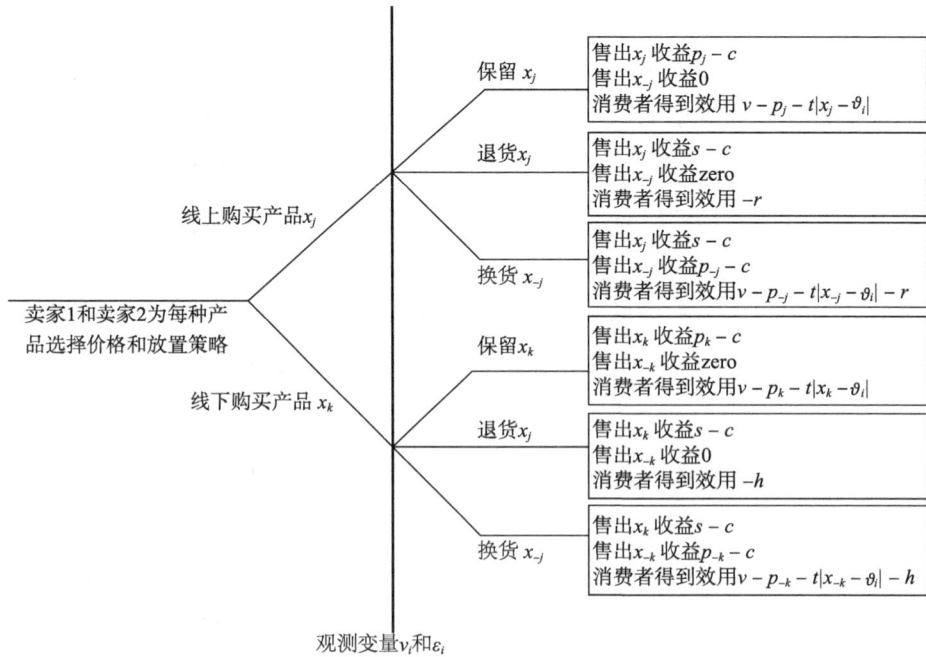

图4-3 各方参与者的事件发生次序及其损益

本章可以获得从案例（ⅰ）到案例（ⅲ）的每个产品的线上消费者的初始需求、退货数量和换货数量。以下仅列出情况（ⅰ）的情况。

情况（ⅰ）中卖家的产品组合策略是：一家公司销售 $x_1 = \frac{1}{4}$（线上）和 $x_0 = 0$（线下），另一家公司销售 $x_2 = \frac{2}{4}$（线上）和 $x_3 = \frac{3}{4}$（线下）。

每个产品的初始需求可以如下推导，下标表示产品编号，如式（4-1）所示。

$$D_1 = \frac{2p_0 + \dfrac{(h-r)(-(h+r)(-1+\alpha)-4t(1+\alpha)\delta)+2(h+r)(-1+\alpha)(-2p_1+p_2-tx_0+tx_2)}{(h+r)(-1+\alpha)}}{4t},$$

$$D_0 = \frac{-4p_1 + \dfrac{(h-r)((h+r)(-1+\alpha)+4t(1+\alpha)\delta)+2(h+r)(-1+\alpha)(p_1+p_3+tx_1-tx_3)}{(h+r)(-1+\alpha)}}{4t},$$

$$D_2 = \frac{2p_1 + \dfrac{(h-r)(-(h+r)(-1+\alpha)-4t(1+\alpha)\delta)+2(h+r)(-1+\alpha)(-2p_2+p_3-tx_1+tx_3)}{(h+r)(-1+\alpha)}}{4t},$$

$$D_3 = \cfrac{2p_0 + \cfrac{(h-r)((h+r)(-1+\alpha)+4t(1+\alpha)\delta)+2(h+r)(-1+\alpha)(p_2+2p_3-tx_0+tx_2)}{(h+r)(-1+\alpha)}}{4t}。$$

$$（4-1）$$

式（4-1）给出了每种产品 j 的初始销售数量。消费者根据预期效用做出最初的购买决定。在购买时，消费者体验产品并根据拥有该产品的实际效用做出购买后退货决定。每个产品的交换量推导如下，下标表示两个产品号之间发生的交换行为。具体来说，交换是从左侧产品编号到右侧产品编号，如式（4-2）所示。此外，退货量的推导如式（4-2）所示。

$$e_{01} = \frac{(h+r)(-1+\alpha)\delta}{2t} - \frac{2(h-r)(1+\alpha)\delta^2}{h+r},$$

$$e_{10} = 0,$$

$$e_{32} = \frac{(h+r)(-1+\alpha)\delta}{2t} - \frac{2(h-r)(1+\alpha)\delta^2}{h+r},$$

$$e_{23} = 0,$$

$$R_j = \alpha D_j。$$

$$（4-2）$$

4.2.3 线下消费者的需求产生过程

接下来，还研究了在给定卖家定价和产品投放组合策略时线下消费者的需求和退货行为。接受店内检查的消费者对偏好参数 ϑ_i 没有不确定性，因为其可以在购买之前尝试产品，与线上消费者相比，所有其他行为都不会受到影响。本研究依然使用反向归纳法检查哪种产品会优化消费者的预期效用增益。也就是说，消费者通过考虑每个可能的购买后行为，根据预期效用的强度制定其原始购买策略。在消费者做出最初的购买决定之后，消费者获得产品并在之后进行尝试，然后根据从消费产品中获得的实际效用决定是否退货。案例（i）的推导过程如下。

接受店内检查的消费者仅对 v_i 不确定。如果消费者能够在理性预期下从中获得最优效用，则消费者将购买线上产品 1：$(1-\alpha)(v-p_1-t|x_1-\vartheta_i|)-\alpha r$。这也意味着购买产品 1 的预期效用应同时大于产品 2 和产品 0 的预期效用：两者 $(1-\alpha)(v-p_1-t|x_1-\vartheta_i|)-\alpha r > (1-\alpha)(v-p_2-t|x_2-\vartheta_i|)-\alpha r$ 和 $(1-\alpha)(v-p_1-t|x_1-\vartheta_i|)-\alpha r > (1-\alpha)(v-p_0-t|x_0-\vartheta_i|)-\alpha h$ 应该满足。因此，产品 1 对线下消费者的总

需求为 $D'_1 = \dfrac{-p_1 + p_2 + t(x_1 + x_2)}{2t} - \dfrac{(h-r)\alpha - (-1+\alpha)p_0 + (-1+\alpha)p_1 + t(-1+\alpha)(x_0 + x_1)}{2t(-1+\alpha)}$。

产品 1 对应的收益为 $\alpha D'_1$。采用同样的方法，可以推导出产 0 的总需求为

$D'_0 = \dfrac{(h-r)\alpha - (-1+\alpha)p_0 + (-1+\alpha)p_1 + t(-1+\alpha)(x_0 + x_1)}{2t(-1+\alpha)} - \dfrac{-p_3 + p_0 + t(x_0 + x_3)}{2t}$。产品 0

对应的收益为 $\alpha D'_0$。需要注意的是，线下消费者对自己的喜好没有不确定性，因此，在购买前进行店内检查时不会发生交换行为。

情况（ⅰ）的每个产品的线下消费者的初始需求和退货数量如下。案例（ⅱ）和案例（ⅲ）的需求生成过程也可以通过类似的方法推导出来。

情况（ⅰ）中卖家的产品组合策略是：一家公司销售 $x_1 = \dfrac{1}{4}$（线上）和

$x_0 = 0$（线下），另一家公司销售 $x_2 = \dfrac{2}{4}$（线上）和 $x_3 = \dfrac{3}{4}$（线下）。

每种产品的需求量和退货量可由式（3-3）推导出，下标表示产品编号：

$$D'_1 = \frac{-h\alpha + r\alpha + (-1+\alpha)p_0 - 2(-1+\alpha)p_1 - p_2 + \alpha p_2 + tx_0 - t\alpha x_0 + t(-1+\alpha)x_2}{2t(-1+\alpha)}$$

$$D'_0 = \frac{-h\alpha + r\alpha + 2(-1+\alpha)p_0 + p_1 + p_3 + tx_1 - \alpha(p_1 + p_3 + tx_1) + t(-1+\alpha)x_3}{2t(-1+\alpha)}$$

$$D'_2 = \frac{-h\alpha + r\alpha + (-1+\alpha)p_1 - 2(-1+\alpha)p_2 - p_3 + \alpha p_3 + tx_1 - t\alpha x_1 + t(-1+\alpha)x_3}{2t(-1+\alpha)}$$

$$D'_3 = \frac{h\alpha - r\alpha + (-1+\alpha)p_0 + (-1+\alpha)p_2 + 2p_3 - 2\alpha p_3 - tx_0 + t\alpha x_0 - t(-1+\alpha)x_2}{2t(-1+\alpha)}$$

$$R'_j = \alpha D'_j。 \tag{4-3}$$

在得到了 3 个放置策略案例中线上消费者和线下消费者的需求后，再进一步分析每个案例的均衡结果，即在首先给出所有可能的放置策略的条件下计算最优定价策略。

4.3 模型分析

本节还研究了 1 个市场，其中有 2 个相互竞争的卖家，卖家均通过线上或线下渠道销售 2 种横向差异化的产品。每个卖家的目标函数如下图所示，其

中，放置策略分为本研究演示的 3 个案例。在上述章节中列出了每个案例的需求量、换货量和退货量。因此，本研究从以下利润最大化问题中得出每种情况下的均衡结果，这正是案例（ⅰ）的目标利润函数，如式（4-4）所示。案例（ⅱ）和（ⅲ）的目标利润函数与案例（ⅰ）相似，仅在产品换货的来源发生了变化。

$$\max_{p_1,p_0,x_1,x_0} \omega \left[(p_1-c)(D_1+e_{01}+e_{21})-(c-s)(e_{10}+e_{12}+R_1)+(p_0-c)(D_0+e_{10}+e_{30}) - (c-s)(e_{01}+e_{03}+R_0) \right] + (1-\omega)\left[(p_1-c)D'_1-(c-s)R'_1+(p_0-c)D'_0-(c-s)R'_0 \right],$$

$$\max_{p_2,p_3,x_2,x_3} \omega \left[(p_2-c)(D_2+e_{12}+e_{32})-(c-s)(e_{21}+e_{23}+R_2)+(p_3-c)(D_3+e_{03}+e_{23}) - (c-s)(e_{30}+e_{32}+R_3) \right] + (1-\omega)\left[(p_2-c)D'_2-(c-s)R'_2+(p_3-c)D'_3-(c-s)R'_3 \right]。 \quad (4-4)$$

4.3.1 卖家的均衡定价策略

本研究得到了利润最大化问题的分析结果。均衡结果表达式烦琐，这里只放第（ⅰ）种的结果。第（ⅰ）种的均衡结果如式（4-5）所示。

公司 1: $x_1=\dfrac{1}{4}$（线上），$x_0=0$（线下），

公司 2: $x_2=\dfrac{2}{4}$（线上），$x_3=\dfrac{3}{4}$（线下），

$$p_1 = \frac{1}{10(h+r)(-1+\alpha)}((h+r)(t(-1+\alpha)+2\alpha(-h+r+5s-5s\alpha)+10c(-1+\alpha^2)) +$$
$$(h^2(1+\alpha+6(-1+\alpha^2)\delta)-4h\delta(-3r(-1+\alpha)^2+t(1+\alpha+6(-1+\alpha^2)\delta)) +$$
$$r(-r(1+\alpha)+6r(-1+\alpha)^2\delta+4t\delta(1+\alpha+6(-1+\alpha^2)\delta)))\omega),$$

$$p_0 = \frac{1}{10(h+r)(-1+\alpha)}((h+r)(t-t\alpha+2\alpha(h-r+5s-5s\alpha)+10c(-1+\alpha^2)) +$$
$$(h^2(-1-\alpha+4(-1+\alpha)^2\delta) +$$
$$r(4t(1+\alpha)\delta(-1+4(-1+\alpha)\delta)+r(1+\alpha+4(-1+\alpha)^2\delta)) +$$
$$4h\delta(2r(-1+\alpha)^2+t(1+\alpha+4\delta-4\alpha2\delta)))\omega),$$

$$p_2 = \frac{1}{10(h+r)(-1+\alpha)}((h+r)(t(-1+\alpha)+2\alpha(-h+r+5s-5s\alpha)+10c(-1+\alpha^2)) +$$
$$(h^2(1+\alpha+6(-1+\alpha^2)\delta)-4h\delta(-3r(-1+\alpha)^2+t(1+\alpha+6(-1+\alpha^2)\delta)) +$$
$$r(-r(1+\alpha)+6r(-1+\alpha)^2\delta+4t\delta(1+\alpha+6(-1+\alpha^2)\delta)))\omega),$$

$$p_3 = \frac{1}{10(h+r)(-1+\alpha)}((h+r)(t(1-\alpha)+2\alpha(h-r+5s-5s\alpha)+10c(-1+\alpha^2))+$$

$$(h^2(-1-\alpha+4(-1+\alpha)^2\delta)+4h\delta(2r(-1+\alpha)^2+t(1+\alpha+4(1-\alpha^2)\delta))+$$

$$r(4t(1+\alpha)\delta(-1+4(-1+\alpha)\delta)+r(1+\alpha+4(-1+\alpha^2)\delta)))\omega). \quad (4-5)$$

依据双方卖家的最优定价策略进行推导，可以进一步对相关参数进行敏感性分析，如在线产品退货成本。结论由以下几个命题组成。

4.3.2 均衡价格和最优利润的性质

结合以上从 3 个案例中得到的所有结果，可以进一步推导出以下几个命题。本研究的结论主要集中在最优定价策略和最优利润值方面。此外，本研究还利用二维图形来说明最优的产品组合策略。接下来，将在详细分析中阐明每个结果。

命题 1：无论卖家选择何种投放策略，通过线上渠道销售的产品（产品 1 和产品 2）的价格随着线上的退货成本 r 先上升后下降；通过线下渠道销售的产品（产品 0 和产品 3）的价格总是随着线上的产品退货成本 r 的增加而增加。图 4-4 描述了这一趋势。

命题 1 表明，在所有 3 种组合案例中，线上产品的最优定价策略和线下产品的最优定价策略，在线上产品退货成本方面的变化趋势相同。无论哪个卖家销售具体的产品，只要通过一定的渠道销售，该产品的最优价格就处于图 4-4（c）所示的变化轨迹中。从图中可以清楚地看到，在线上产品退货成本增加过程中，通过线上渠道销售产品的价格在下降，虽然在 r 较低的地方还有一点上升区间，但价格也在上升（见书末彩插）。这并不会改变网络产品价格在 r 内下降的总体趋势。相反，无论哪个卖家销售，线下产品的价格都随着线上产品退货成本的增加而增加。这是非常直观的，因为在线产品退货成本是消费者在考虑购买哪种产品时做出在线产品购买决定的阻力。因此，当退货成本 r 非常小时，卖家可以提高在线产品的价格。由于退货成本确实存在且无法避免，但可以小到足以让消费者忽略在线购买的缺点（即偏好参数不确定，会导致产品交换）。然而，当在线产品退货成本 r 较大时，消费者会更加谨慎地通过网店实现购买。因此，卖家应努力降低其在线产品价格，以吸引消费者通过网上商店完成购买。否则，在没有

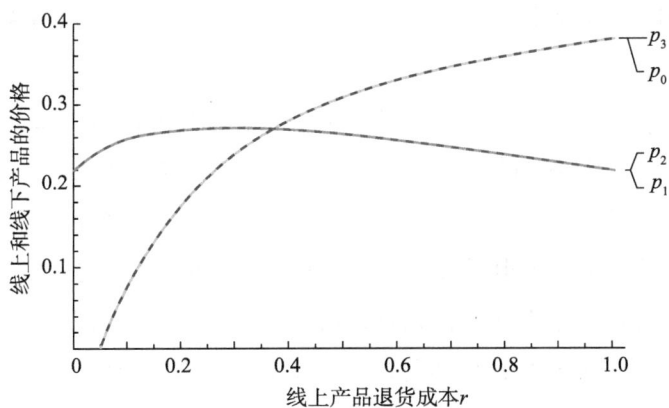

（a）案例（ i ）最优价格策略

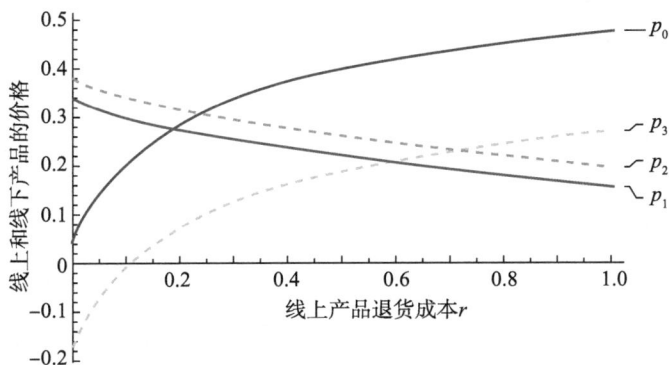

（b）案例（ ii ）的最优价格策略

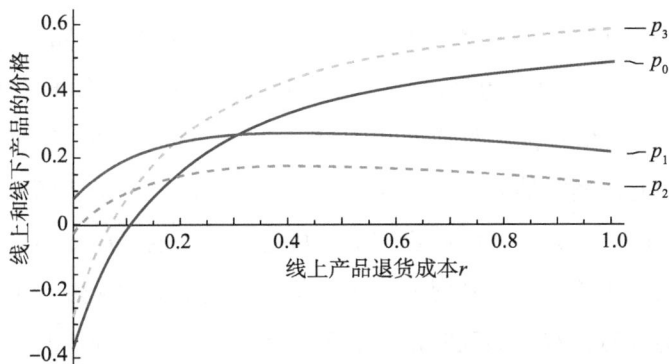

（c）案例（ iii ）的最优价格策略

图 4-4　各个案例的均衡价格

消费者在线购买的情况下，在线渠道的运营成本无法被其收入所覆盖，会造成渠道空缺的浪费。

同时，随着线上产品退货成本的增加，线下同行的价格也在上涨。线下验货可以帮助消费者消除网购时因偏好不确定而产生的换货顾虑。在实体店销售产品的卖家总是有提高线下产品价格的动机，因为消费者会接受高价以避免在线购买可能发生的换货或退货行为。接下来将分析每种情况的最佳利润。

命题 2：无论卖家选择何种放置策略，双方的最优利润都是先随着在线产品退货成本的增加而减少，后随着在线产品退货成本的增加而增加。图 4-5 描述了这一趋势（见书末彩插）。

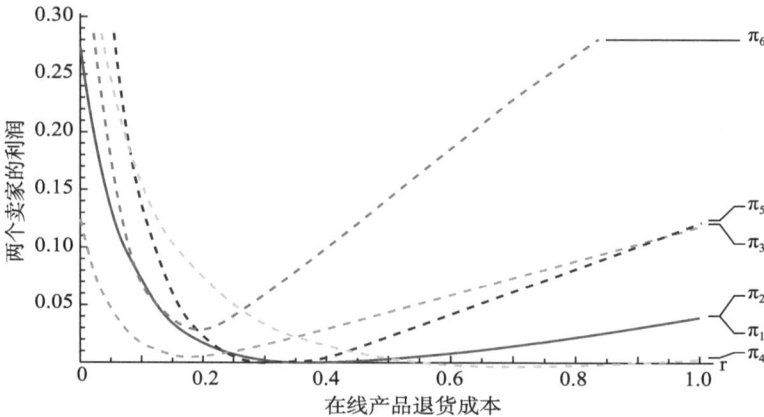

每个案例的最优利润值［利润 1-2 对应案例（ⅰ）；利润 3-4 对应案例（ⅱ）；利润 5-6 对应案例（ⅲ）］

图 4-5　各案例的最优利润

该命题展示了在 3 种放置策略中关于 2 个卖家的最佳利润的属性。首先，最佳利润在一个小区间内随着在线产品退货成本的增加先降低，然后再增加。如上图所示，当在线产品退货成本很低时，由于退货成本并不能阻碍消费者退货的意愿，因此，卖家的利润会迅速贬值。退换货可能带来负面影响，会损害卖家的利润。因此，只要在线退货成本不接近于零，退货成本不会太低，卖家选择在线产品销售策略。同样耐人寻味的是，当退货成本接近于零，也就是退货成本几乎为零时，双方的利润都接近于正无穷大。在这种情况下，线上销售就像线下销售一样顺畅，没有任何产品交换成本，从而市场退化为一个透明的市场，产品实现无缝交易。也就是说，任何没有最大限度地适应或质量好的产品都会在市场上被淘汰，这将导致市场没有欺骗性的产品。然而，这在实践中是不正确的。研究将注意力集中在现实中，考虑到当 r 较低时，在线产品退货成本快速下降后，最优利润增加。这是非常直观的，因为退货成本 r 的增加将保证在线产品销售避免消费者的任意退货或换货行为。也就是说，进行在线购买的消费者将不得不在预期效用与保留原始产品的效用之间取得平衡，这可能与消费者的喜好不符，甚至是劣质质量。这也给了本研究在实践中的理由，即在线产品的退换货应满足几个条件。这些条件将在消费者在线购买之前由卖家展示。退换货的限制让消费者更加认真地考虑自身的购买行为，避免了网络产品的恶意或故意退换货行为。同时，在一定程度上保证了卖家的利润。

4.3.3 最优产品组合策略

通过进一步分析卖家在每种情况下的最佳利润［从案例（ⅰ）到案例（ⅲ）］，并考虑产品组合策略，可以在以下命题中得出最优组合策略。

命题 3：如果考虑 3 种放置策略，给定最优均衡结果，卖家通过同时考虑产品的单位错配成本、水平特征（即 t）和在线产品的退货成本（即 r）选择 3 种情况。图 4-6 描述了 2 个要素对最优布局策略的影响（见书末彩插）。

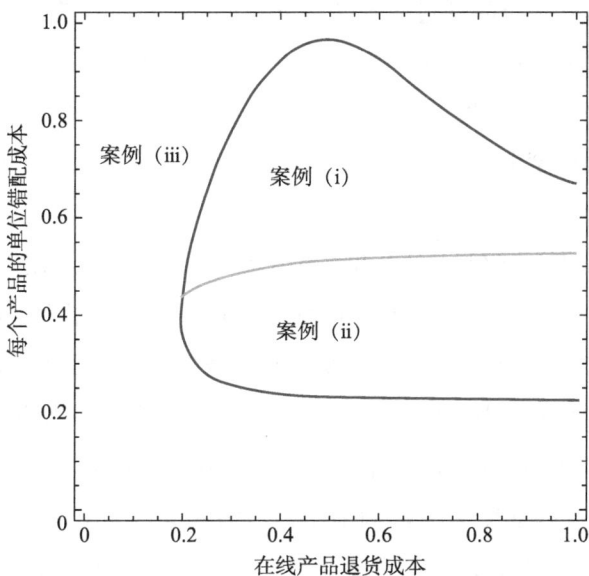

图 4-6 最优产品放置策略

该命题说明了产品放置策略与研究模型中包含的2个成本之间的关系，即单位产品错配成本和在线产品退货成本。具体来说，案例（i）描述了2个线上产品（相当于2个线下产品）在水平位置上相邻的场景。同时，对于某个卖家来说，其销售的线上产品和线下产品在水平特征上相邻。案例（ii）描述了2个线上产品（相当于2个线下产品）在水平位置上相邻，而卖家销售线上产品和线下产品最大程度差异化的场景，即2种货物沿单位圆放置在相对的位置上。对于案例（iii），无论是线上产品还是线下产品，都最大限度地进行了差异化；对于某个卖家来说，其销售的线上产品和线下产品在水平位置上是相邻的。首先解释案例（iii），如上图所示，当在线产品的退货成本很低或很高时，无论单位产品错配成本的值是多少，这种植入策略都占主导地位。当 r 在中间范围内时，只有当 t 非常低时，卖家才会选择这种产品放置策略。这种现象背后的原因在于当 r 高或低时，研究从命题2中得出的结果表明，2个卖家的最优利润都高于 r 在中间范围内时的最优利润。同时，案例（iii）中2个卖家的最优利润均优于案例（i）和案例（ii）中的最优利润。在这种情况下，卖家在横向特征上销售相似的产品，2个卖家的在线产品（相当于2个卖家的离线产品）在横向特征上存在区别。这将使每个卖家都专注于销售具有相似功能的产品，从而使卖家的产品通过线上和线下渠道进行更多的交流。但是，届时将不会发生在线或离线放置的不同卖家产品之间的交换。因此，在线产品退货成本的变化所带来的某个卖家的最优利润的促进作用，在这种情况下被放大了。退货成本在很大程度上影响了消费者在某个卖家内部而不是2个卖家产品之间的产品交换行为。

至于其他案例［案例（i）和案例（ii）］，主要区别在于一个卖家销售的两种产品在案例（i）中相似，在案例（ii）中差异很大。需要注意的是，在这两种情况下，2个卖家销售的线上产品或线下产品的横向特征相似。因此，退货成本的变化将影响线上产品和线下产品之间的交换量。在案例（i）中，退货成本影响了消费者在某个卖家内部的交换行为。然而，其对案例（ii）中特定卖家内部交易的影响很小，因为在案例（ii）中，2个卖家都销售差异化产品，并且在本研究的设置中，2个差异化产品之间不会发生交易。因此，当单位错配成本 t 不太小，即产品横向特征与消费者偏好之间的错配有影响时，在线产品 r 的退货成本对卖方的最优利润（即在 r 的变化中最优利润最低时 r 大于阈值）。否则，情况（ⅱ）在其他 2 种情况下占主导地位，主要是因为 r 在此范围内对双方的最优利润影响不大。

4.3.4 竞争的影响

在本小节中，主要关注竞争对本研究提出的模型的影响。由于已经模拟了具有 2 个卖家的寡头垄断设置，因此，考虑了一个卖家的基准设置。所有假设均与主模型相同。本研究分析了一个垄断场景，即一个卖家管理 2 种产品，其中一个通过在线商店销售，另一个通过实体店销售。2 种产品沿单位圆均匀分布。因此，可以遵循与本研究的主要模型相同的需求推导过程。

垄断者利润最大化问题的均衡结果应满足式（4–6）。

$$p_1^* = \frac{C - D}{4(1-\alpha)\delta((h+r)^2(-1+\alpha) - 4(h-r)t(1+\alpha)\delta)} + p_0^*,$$

其中，$C = (h-r)(h+r)t(1+\alpha) + 2(t((h+r)^2 + 2(-h+r)t))$,

$$D = ((h-r)(h+r)^2 + 2(h+r)^2t + 2(h-r)t^2)\alpha + (h+r)^2(h-r+t)\alpha^2)\delta +$$
$$8(h-r)t(1+\alpha)(t-(h-r+t)\alpha)\delta^2.$$

$$(4-6)$$

用本研究的竞争主模型结构采用类似的方法，通过优化垄断者的利润函数，可以推导出解的存在性和合理性。FOCs 和 SOCs 均满足全局最优条件。

同时，应在最优条件下获得最优利润，如式（4–7）所示。

$$\pi_m^* = \frac{E + F}{16t(1-\alpha)\delta^2[(h+r)^2(-1+\alpha) - 4(h-r)t(1+\alpha)\delta][-(h+r)^2(-1+\alpha)^2 + 4(h-r)t(-1+\alpha^2)\delta]},$$

其中，$E = 16(c-s)t(1-\alpha)^3\delta^2((h+r)^2(-1+\alpha) - 4(h-r)t(1+\alpha)\delta)^2$,

$$F = \Big((h-r)(h+r)t(1+\alpha) + 2\Big(t((h+r)^2 + 2(-h+r)t) - \big((h-r)(h+r)^2 + 2(h+r)^2t +$$
$$2(h-r)t^2)\alpha + (h+r)^2(h-r+t)\alpha^2\big)\delta + 8(h-r)t(1+\alpha)(t-(h-r+t)\alpha)\delta^2\Big)^2.$$

$$(4-7)$$

垄断者的产品放置策略是：$x_0 = 0$（线下）和 $x_1 = \frac{1}{2}$（线上）。

通过对双卖家结构和单卖家结构的均衡结果进行比较，本研究可以通过对这些公式进一步分析得出几个结论。这些异同反映了竞争的影响。

命题 4：在没有竞争的市场中，线上产品和线下产品的最优定价策略存在差异且同向变化。

也就是说，卖家通过线上和线下渠道投放的 2 种产品，在市场份额上都具有竞争力，本研究允许线上购买或店内验货后的退换货行为。因此，这 2 种产品的特性在全渠道销售市场中更加透明，最终导致 p_1^* 和 p_0^* 的变化方向相同。也就是说，2 种产品更有可能是互补品而不是替代品，因为双渠道的卖家应保证每个渠道的产品保持一致，避免内部竞争，每利于卖家扩大市场份额。

在竞争环境中，2 种线上产品和 2 种线下产品在退货成本方面正朝着相反的方向变化。这种现象背后的原因是本研究在寡头垄断的环境中允许换货行为。因此，在存在空缺渠道的情况下，卖家将平衡各个渠道的需求。退货成本对线上和线下产品价格的影响，反映了卖家在各个渠道吸引消费者需求的目的。否则，在该渠道没有消费者购买的情况下，无法覆盖网店或实体店的运营成本。但是，同一渠道的 2 个卖家的产品，在退货成本方面却是同向变化的，体现了通过一定渠道销售的产品具有协同效应。2 个卖家并未进行恶意的差异化价格竞争，从长远来看，这对双方都没有好处。

尽管没有竞争的市场定价策略与有竞争的市场不同，但最优利润不受竞争诱导的影响。

命题 5：在没有竞争的市场中，当 r 高于某个阈值（即 $r > \bar{r}$）时，卖方的最优利润随着 r 递增。

就最优利润而言，这一结果与竞争中的结果相同。也就是说，只要退货成本高于某个阈值，在线产品退货成本中的最优利润总是在增加。

这很直观，因为退货成本 r 的增加将通过避免消费者的任意退货或换货行为来保证在线产品的销售。也就是说，在线购买的消费者将不得不平衡其预期效用，即交换不合适的产品或退回具有欺骗性的产品与保留原始产品的效用。这也给了本研究在实践中的理由，即在线产品的退换货应满足几个条件，这些条件将在消费者在线购买之前由卖家展示。退换货行为的限制使消费者更加认真地考虑自身的购买行为，从而避免了网络产品恶意或故意退换货行为。同时，在一定程度上保证了卖家的利润。

4.3.5 单渠道与双渠道销售策略

在本小节中，将分析单渠道零售商何时应坚持其原有的销售策略，以及何时应考虑将双渠道销售策略作为本研究的主要模型所描绘的策略。研究将单渠道零售商与仅网络零售商和仅商店零售商分开。尽管如此，研究仍考虑 2 家公司分别销售 4 种商品的竞争市场结构。因此，单渠道零售商的产品组合策略可以分为 2 种情况。案例（1），一家零售商销售的两种产品水平位置相邻；案例（2），一家零售商销售的两种产品在横向位置上存在差异。

首先，考虑所有通过在线商店销售的网络卖家，每个网络卖家的目标函数可以通过式（4-8）获得。

$$
\max_{p_1,p_0,x_1,x_0} (p_1-c)(D_1+e_{01}+e_{21})-(c-s)(e_{10}+e_{12}+\alpha D_1)+ \\
(p_0-c)(D_0+e_{10}+e_{30})-(c-s)(e_{01}+e_{03}+\alpha D_0),
$$

$$
\max_{p_2,p_3,x_2,x_3} (p_2-c)(D_2+e_{12}+e_{32})-(c-s)(e_{21}+e_{23}+\alpha D_2)+ \\
(p_3-c)(D_3+e_{03}+e_{23})-(c-s)(e_{30}+e_{32}+\alpha D_3).
$$

$$(4-8)$$

其次，分析实体店卖家的最优销售策略，所有产品都通过实体店销售，每个实体店卖家的目标函数如式（4-9）。

$$
\max_{p_1,p_0,x_1,x_0} (p_1-c)D_1'-(c-s)\alpha D_1'+(p_0-c)D_0'-(c-s)\alpha D_0', \\
\max_{p_2,p_3,x_2,x_3} (p_2-c)D_2'-(c-s)\alpha D_2'+(p_3-c)D_3'-(c-s)\alpha D_3'.
$$

$$(4-9)$$

在 2 种类型零售商的需求生成过程之后，可以推导出情况（1）中纯网络零售商的均衡结果，如式（4-10）。

公司 1：$x_1=\dfrac{1}{4}$（线上）和 $x_0=0$（线上）；$p_1^*=c+\dfrac{t}{10}+c\alpha-s\alpha$ 和 $p_0^*=c-\dfrac{t}{10}+c\alpha-s\alpha$；$\pi^*=\dfrac{3t}{100}$。

公司 2：$x_2=\dfrac{2}{4}$（线上）和 $x_3=\dfrac{3}{4}$（线上）；$p_2^*=c+\dfrac{t}{10}+c\alpha-s\alpha$ 和 $p_3^*=c-\dfrac{t}{10}+c\alpha-s\alpha$；$\pi^*=\dfrac{3t}{100}$。

$$(4-10)$$

案例（2）中纯网络零售商的均衡结果如式（4-11）所示。

公司1：$x_1 = \frac{1}{4}$（线上）和 $x_0 = \frac{3}{4}$（线上）；$p^*_1 = c + \frac{t}{12} + c\alpha - s\alpha$ 和 $p^*_0 = c - \frac{t}{12} + c\alpha - s\alpha$；$\pi^* = \frac{t}{72}$。

公司2：$x_2 = \frac{2}{4}$（线上）和 $x_3 = 0$（线上）；$p^*_2 = c + \frac{t}{6} + c\alpha - s\alpha$ 和 $p^*_3 = c - \frac{t}{3} + c\alpha - s\alpha$；$\pi^* = \frac{5t}{36}$。

$$(4-11)$$

纯商店零售商的均衡结果与纯网络零售商的均衡结果相似，因此，本研究在此予以省略。

接下来对零售商选择单渠道和双渠道销售策略时的最优均衡结果进行比较，通过明确零售商何时更喜欢实体销售及何时坚持单一渠道销售策略得出结论。

命题6：当且仅当 $\underline{r} \leq r \leq \bar{r}$ 且 $t \geq \bar{t}$ 时，卖方坚持单渠道销售策略；否则，卖方更喜欢双渠道销售策略。图4-7说明了最优销售渠道策略（见书末彩插）。

只有在横向特征的单位错配成本高、在线产品的退货成本在中间范围内时，纯网络或纯实体店的零售商仍会选择原来的单渠道销售策略。否则，实体销售策略对零售商更具吸引力。原因在于当产品适应度的错配成本高时，水平特征错配的相对负效用较大，消费者之前的购买效用在横向维度已经大大降低。由于消费者在线上购买时同样也面临先验购买的不确定性，导致线下产品与线上产品之间的交换，单渠道零售商难以从点击和迫击炮销售策略中受益，特别是当在线产品退货成本不太高时。与横向错配成本相比，线上产品退货成本相对较低，因此，在有限的退货成本限制下，无法避免在线产品的退货或换货。当2个条件都满足时，即双渠道销售策略不利于零售商扩大其市场份额（即退货成本不太高），消费者因错配（即单位错配）而体验到很大的负效用，单渠道零售商仍坚持原来的销售策略，即未使用实体销售策略。

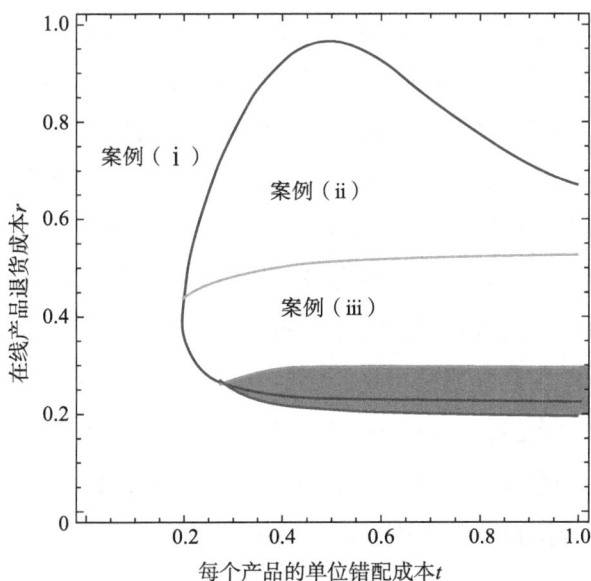

图 4-7　$r-t$ 平面上的最优销售渠道策略

在其他情况下，实体销售策略主导单一渠道销售策略。其他参数区域由于错配造成的负效用较低，因此，消费者可以承担线上购买和线下购买之间可能发生的交换的不确定性成本。此外，与横向错配成本相比，在线产品退货成本相对较高，有助于零售商通过避免在实体销售策略中发生的线下和线上购买之间的任意交换扩大其市场份额。

4.4 管理见解

在寡头垄断的环境下，线上的 2 种产品和线下的 2 种产品在退货成本方面朝着相反的方向变化，原因在于本研究在寡头垄断的环境中允许交换行为。因此，在存在渠道空缺的情况下，卖家将平衡各个渠道的需求。退货成本对线上和线下产品价格的影响，反映了卖家在各个渠道吸引消费者需求的目的。否则，在该渠道没有消费者购买的情况下，无法覆盖网店或实体店的运营成本。但是，同一渠道的 2 个卖家的产品，在退货成本方面却是同向变化的，这反映了通过一定渠道销售的产品对卖家的销售业绩具有协同效应。同一渠道的卖家不存在恶意的差异化价格竞争，从长远来看，这对双方都没有好处。在实践中，在线产品销售始终注重追求高性价比，随着退货成本的增加，在线产品价格大幅下降。线上销售应依赖于提供具有低回报风险的良好性能的产品，同时，与线下产品相比，降低价格也能吸引消费者通过网店购买。相反，线下销售应专注于提高产品的品味和性能，而不是与在线产品的价格竞争。对于很多消费者来说，可以坚持通过实体店购买，享受线下验货和试穿服装等高端产品的体验；其主要关注的是衣服是否合身，价格则排在第二位。因此，这类高价值的体验产品更适合消费者通过实体店购买，产品价格可以随着线上同行的退货难度而提高。除了高端服装市场，LV、Channel 等很多奢侈品也坚持线下销售手提包、手表等产品，其对实体店的需求依然很大。也就是说，线下销售不应在定价策略上与线上销售竞争，而应该考虑为消费者提供更好的购买体验，通过线上渠道推出高价格的高端产品以吸引更多的消费者，特别是在产品难以退货的情况下。

至于设定的最优利润，卖家最优利润的整体变化趋势是在线产品退货成本增加。在寡头垄断的情况下，2 个卖家的最优利润首先会在短时间内降至在线产品退货成本，然后再增加。与寡头垄断环境一样，本研究允许换货行为。当退货成本接近于零时，双方的利润都接近于正无穷大，这在实践中是不正确的。在实践中，研究试图通过卖家采取的一些行动了解其最优利润在退货成本中的变化。截至 2024 年，线上电子商务的销售额占时尚零售的近 20%，其中，服装是最受欢迎的类目。对于该行业的卖家来说，寻求高效的退货流程，避免产品退货带来的资源消耗意义重大。在过去的 5 年中，电子商务的退货率以 95% 的速度快速增长，许多零售商正在重新审视其减少退货数量的策略。零售商减少退货的关键在于了解退货行为的原因，满足客户的真实需求。据 WBE 调查显示，有 59% 的消费者因商品损坏而退货；有 42% 的消费者因后悔而退货；有 29% 的消费者因信息误导而退货。一些零售商考虑增加退货过程中的障碍，例如，收取退货费用或缩短退货期限。这些策略将减少许多不合逻辑的消费者行为的任意回报。Zara、H&M 和 Aday 等其他零售商为消费者提供更好的服务和对其产品的详细描述，以帮助消费者做出明智的购买决定。从长远来看，所有措施都可以减少任意产品退货行为并提高零售商的收入表现。

4.5 本章小结

通过对描述 2 个卖家通过线上和线下渠道销售产品的竞争市场模型进行分析，可以得出以下 3 个主要结论，如本研究的模型分析所示。

第一，无论卖家选择何种投放策略，通过线上渠道销售的产品的最优价格都是先增加线上产品退货成本，然后再降低线上产品退货成本；通过线下销售的产品的最优价格则总是在增加在线产品退货成本。在线产品退货成本是消费者通过 2 种渠道在 4 种产品之间做出最终购买决定的阻力。当退货成本很低时，卖家可以提高在线产品价格。由于退货成本确实存在且无法避免，因此，可以小到足以让消费者忽略在线购买的缺点（即不确定会导致产品交换的偏好参数）。当在线产品退货成本处于较高水平时，消费者将更加谨慎地通过网络商店实现购买。因此，卖家应考虑通过网络商店降低在线产品价格以留住消费者的方法。

第二，无论卖家选择什么样的投放策略，双方的最优利润都是在线产品的退货成本先递减，再递增。当线上产品退货成本很低时，由于退货成本不能阻碍消费者退货的意愿，卖家的利润会迅速贬值。随着退货成本的增加，通过避免消费者的任意退货或换货行为以保证在线产品的销售。因此，利润在退货成本中增加。

第三，如果本研究考虑 3 种组合策略，给定最优均衡结果，卖家同时考虑产品的单位错配成本、横向特征和在线产品的退货成本选择 3 种情况，那最优的投放策略是最大程度地区分线上产品或线下产品。对于某个卖家，其销售的线上产品与线下产品在水平位置上相邻，当线上的退货成本升高时，将导致其他产品价格升高。在产品相当低或相当高时，无论单位产品错配成本的价值是多少，这种植入策略都在另外 2 个方面占主导地位。当退货成本在中间范围时，卖家只有在错配成本相当低的情况下才会选择这种植入策略。其他两种布局策略的表现也与单位错配成本和在线产品的退货成本有关。

此外，笔者还想在本节中就本研究与其他研究的模型设置和结论展开讨论。根据最近对卖家全渠道销售策略的研究，学者主要关注多渠道考虑的最优产品分类策略。在设置中，产品适合度的概率是外生的。由此得出的结论是最优定价策略和产品分类策略取决于 2 个因素：在线产品退货成本（与本研究的结论相同）与适合概率（与本研究的结论不同）。然而，该假设受到了很大的限制，因其未能在二维市场结构中展示产品属性，且模型设置过于简化消费者的信息披露行为。因此，本研究通过描述具有垂直和水平特征位置的消费者市场概况来概括更丰富的模型结构。考虑到产品横向特征的单位错配成本和线上产品的退货成本，本研究在双头垄断模型设置中的结论对于最优产品分类策略具有启发性和重要意义。此外，关于竞争性卖家应如何管理消费者退货的研究，研究的重点是竞争性卖家的最优定价和补货费用策略，即主要考虑具有外生给定产品退货概率的横向差异化商品，类似于本研究的双头垄断设置。本研究主要关心的是产品组合策略，其他学者关注的则是均衡的产品价格和重新进货费用。对于后者，笔者计划在未来的研究中将补货费用策略与退货政策的完整形象相结合。

5 基于主题模型的跨平台用户情感分析比较研究

5.1 问题描述

情感分析是提取和解释文本（如推文、评论）的情绪基调和态度的过程，可以帮助经销商了解客户对产品、服务或品牌的感受，以及如何提高客户的体验和满意度。如何衡量和比较不同平台和渠道（其中语言、风格和背景可能有所不同）的情绪。在本章节中，将重点探讨跨平台情感分析面临的一些挑战和最佳实践。

情感分析可应用于各种类型的文本，如社交媒体帖子、在线评论、调查、电子邮件、聊天消息等。每个平台和频道都有其自身的特点，如文本的长度、语气、格式和受众。例如，推文可能比评论更简洁和非正式，调查可能使用评级量表或多项选择题而不是自由文本。这些差异会影响情绪的表达和感知方式，以及衡量和比较的方式。

跨平台和渠道衡量情感的常见方法之一是使用极性量表，根据情感单词和短语的存在和强度为每个文本分配积极、消极或中性分数。例如，可以使用 Python 中的 TextBlob 或 NLTK 等工具计算文本的极性分数，范围从 –1（最负）到 1（最正）。然而，极性分数本身可能无法捕捉跨平台和渠道的情感的细微差别和变化，并且可能需要额外的步骤进行标准化和校准。

要想解决跨平台情感分析的挑战，需要标准化和校准情感得分，可以通过缩放、合并和调整来完成。缩放涉及通过应用线性或非线性变换函数，将情感得分转换为通用尺度，如 0~100。通过采用预定义或数据驱动的阈值，分箱将情感得分细分为离散类别，如非常积极、积极、中立、消极和非常消极。调整可以通过使用平均值、中位数、标准差或 z 分数等统计方法纠正偏差、噪声或异常值的情感分数。

首先，跨平台情感分析可以提供宝贵的见解，了解客户对企业的产品、服务或品牌的感受，以及如何提高顾客的满意度和忠诚度。该技术可用于根据不同平台和渠道的正面和负面反馈识别企业的产品的优势和劣势。其次，跨平台情感分析可以监控不同细分市场、市场或地区的客户情绪随时间变化的趋势和变化，还可以将企业的表现和声誉与竞争对手进行比较，并根据行业标准或最佳实践对企业的情感得分进行基准测试。最后，该工具可以根据情感评分和其他变量预测客户行为和结果，如保留、流失、拥护或购买意图等。

近几年，微博和抖音分别以 2.4 亿和 1.5 亿的日活数成为社交媒体平台的主要代表，但两者的信息表现形式却有较大的不同，微博以文本为主，抖音以短视频为主。不同的信息表现形式限制了突发公共事件相关信息的传播速度。相较于文本的信息表现形式，短视频拥有更长的制作周期，且以短视频为主要信息表现形式也限制了以转发的方式进行更大范围的传播。为什么抖音视频情感分析在今天显得如此重要？答案很简单，抖音拥有超过 8 亿用户和超过 20 亿次下载，在短短 4 年内迅速成为使用最广泛的社交视频平台。从一次向上滑动到下一次滑动，这是一种情绪旋风。尽管影响者和企业使用了抖音作为营销工具，但其确实是用户生成内容的社交圣地。用户每天花几个小时浏览有趣的恶作剧、对口型、食谱、评论、健身、美容秘诀、艺术和娱乐的视频。对于 TikTok 联盟营销来说，这些视频格式短小，几乎与观看一样容易创建，从而可以不间断地添加新内容和用户参与，是一个很好的机会。该平台每月创建近数百万条产品评论，成为社交媒体领域最重要的、真实的、用户生成的品牌洞察来源。想象一下，短视频分析如何为品牌在社交媒体倾听中了解客户开辟全新的维度。这些都说明了一个简单的观点：抖音短视频和影响者推动了购买行为和购买动机，促使亚马逊、宝马、MAC 化妆品和国家篮球联盟等数千个品牌每天活跃在抖音平台上，用以扩大影响力和消费者参与度。同时，这也是使用抖音开展业务并提高在线和店内知名度和销售的最快、最简单的方法之一。

此外，不同的社交媒体平台所拥有的用户群体也是不同的。据微博官方数据显示，截至 2020 年 12 月，微博用户群体中"90 后"占比约为 48%，"00 后"占比约为 30%，微博用户群体继续呈现年轻化趋势；女性占比约为 54.6%，男性占比约为 45.4%，女性用户规模略高于男性用户。据抖音官方数据显示，截至 2019 年 7 月，在抖音用户群体中，"90 后"占比约为 46.5%，"80 后"占比约为 34.3%。随着用户规模的迅速扩大，抖音核心用户年龄有明显提升；女性占比约为 47.8%，男性占比约为 52.2%，男性用户规模略高于女性用户。网络情感是各种社会团体所构成的公众对各种公共事务所持有的多种情绪、态度和意见交错的总和[137]。突发事件中意见领袖可以能影响公众情感走向。微博与抖音各自的用户群体组成了不同的社会团体，拥有不同的意见领袖，故在不同的社交媒体平台上形成的网络情感可能具有较大的主题情感差异。

如图 5-1 和图 5-2 所示，截取 2022 年 11 月 9 日 22 时 27 分的微博和抖音平台的疫情相关热搜发现，除"广州 8 个区全面停课"外，其余疫情相关热搜均不相同。在"广州 8 个区全面停课"话题的主事人的热门评论里，微博用户和抖音用户的关注重点和情感倾向也不相同。目前，关于网络情感的相关研究多以单平台为主，较少考虑不同社交媒体平台间的差异。本研究旨在揭示不同平台面对同一事件的用户关注主题情感演化差异，全面了解社交媒体上网络情绪的传播情况，为企业的客户关系管理和营销决策等提供理论依据。同时，为政府的公共决策和情感监测提供实践手段，具有重要的社会意义和应用价值。

理论意义：学者对突发事件网络情感展开了大量研究，仍有一些问题亟待解决。首先，目前在线社交网络除了文本数据外，还包含大量的图像、影音等多媒体信息，在这种异质网络中进行建模是研究网络舆论影响因素所需要应对的新挑战。其次，当前突发事件网络情感研究主要是从宏观角度展开，并抽象概括网络情感的整体演变情况和规律。在突发情况下，网络情感影响因素多，变化速度快，从宏观方面提出的对策和建议并不利于对实践进行指导。从微观角度入手，切实研究微博和抖音两个平台的情感演化差异，可以弥补对于突发事件网络情感微观方面研究的不足，为实际指导提供了更有针对性的理论，也反映了以短视频为主的平台和以文本为主的平台在网络情感主题情感方面的差异。

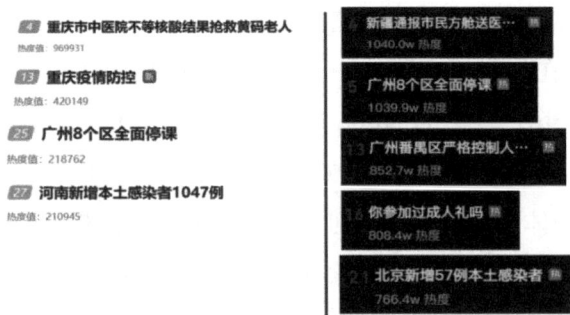

图 5-1　微博和抖音的疫情相关热搜（2022/11/9 22：27）

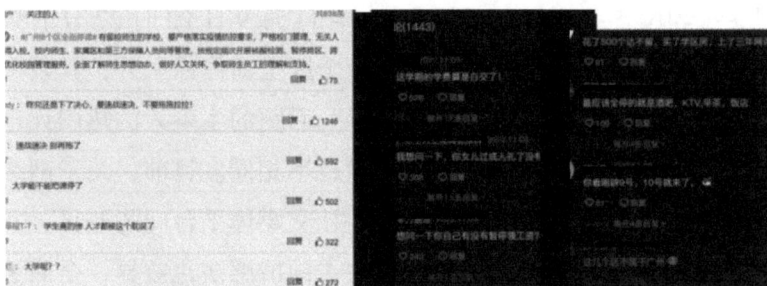

图 5-2　"广州 8 个区全面停课"话题下的热门评论

实践价值：随着移动端的发展，各种社交媒体平台已经成为公众的主要信息来源之一。人们可以随时随地通过社交媒体以文本、图片、视频等形式进行信息共享、意见交流、情感表达等交互行为，而信息通过网络迅速传播扩散也可能会导致舆论危机。分析网络情感可以深入了解舆论危机的形成机制，进而对舆论危机进行预测和监控，帮助政府更好地度过舆论危机。微博和抖音作为国内社交平台和短视频平台的两大代表，每天有数亿用户通过平台共享信息，面对突发公共事件极易形成舆论。本文从微观角度着手，深入比较微博和抖音两个平台的舆论演化差异，有助于提高当前突发事件网络舆论治理水平。

本章以用户对公共事件的情感倾向为研究对象，选取疫情开放为分析热点。2022 年 12 月 7 日，联防联控机制发布《关于进一步优化落实新冠肺炎疫情防控措施的通知》，称全国疫情自 2022 年 12 月 7 日起逐渐解除管控，恢复常态化管理。本文拟研究微博和抖音两个社交媒体平台在疫情开放前后的舆情主题情感演化差异，发掘两个平台各自的舆情特点，从而帮助政府更好地预防舆论危机。

本章主要关注用户情感分析跨平台比较下的两方面问题。

（1）比较微博和抖音两个社交媒体平台间的网络舆情差异。深入分析了微博和抖音在面对突发公共事件在时间序列下的网络舆情主题情感差异，而不是仅从单一平台获取数据进行舆情分析。

（2）考虑点赞数量对于舆情分析的影响。社交媒体平台具有社交性，通过点赞、评论、转发可以表达公众对突发公共事件的关注重点和情感态度。已有研究中大部分将重点放在通过文本表述的评论和转发方面，忽视了点赞对于网络舆情的映射。本节拟把点赞数量加入影响因素，研究主题情感热度演化过程。以 2022 年 10 月 1 日至 2023 年 2 月 28 日期间的"新冠疫情"事件为例，首先，通过数据挖掘获取微博和抖音两个平台的数据，并进行数据预处理。其次，运用 LDA 主题模型进行主题聚类，并运用 KNN 模型进行情感分类。再次，综合计算主题情感数据，并将数据运算结果可视化。在数据结果分析过程中，主要分析以上实验结果的具体含义，比较微博和抖音的网络舆情在主题关键词集、主题热度演化过程和基于主题的情感态度演化过程 3 个方面的差异。最后总结本研究的发现与不足，为企业的营销运营决策、政府的公众情感引导提供借鉴，并展望未来提出更加深入的研究方向。

5.2 相关理论基础

本章首先介绍社交媒体、网络舆情和突发公共事件网络舆情的基本概念，然后分析突发公共事件网络舆情的特点具有突发性、情绪化和群体极化 3 个特点，最后介绍 LDA 主题模型的基本原理和运行结果和 KNN 算法的基本原理和实现过程。

5.2.1 实验数据来源及数据类型

其一，以文本为主要信息表现形式的社交媒体平台。国内外学者对于情感分析方面的研究对象多以单平台为主，对于研究数据来源的选择多以文本为主要信息表现形式的社交媒体平台为主，例如 Twitter 和微博。多数研究[138-140]主要通过获取微博或推特的文本内容、评论转发、用户信息等数据进行情感分析，仅运用文本内容的关键词词频判断主题热度，未考虑用户通过"点赞"行为表述观点态度。冯博[141]以 Facebook 和 Twitter 为数据池，采集发帖内容、回复评论、转发推广、点赞喜欢、用户国籍等相关数据，分析全人类共同价值的国际认同情感现状，并考虑了网络发文量、点赞数、转发数、回复数等影响因素。

其二，以视频为主要信息表现形式的社交媒体平台。除了以文本为主要信息表现形式的社交媒体平台，以短视频为主要信息表现形式的社交媒体平台快速兴起。短视频以信息密度大、收视成本低、传播速度快等特点满足了用户充分利用碎片化时间的要求，以及单位时间获取内容信息密度更高的诉求。短视频已经成为信息传播的重要发展趋势，成为网络用户主要的情感发源地。目前，国内外学者对于短视频平台的网络情感研究较少，而短视频平台形成的网络舆论也是不可忽视的重要组成部分。Zheng 等[142]通过研究 YouTube 视频下的用户评论分析情感主题演化过程。刘琼等[143]通过研究哔哩哔哩视频的弹幕分析用户对于"新冠疫情"的主题情感。目前，短视频平台方面的情感分析多集中在用户对短视频的评论和弹幕方面，较少把短视频所表达的内容本身作为情感的一部分进行研究。王程伟等[144]针对抖音视频内容本身进行了内容分析以描述高影响力视频的共有特征，对于视频内容的分析则是通过人工编制编码表的方式展开。

其三，跨平台情感分析比较。比较以文本为主的社交媒体平台和以短视频为主的社交媒体平台差异，可以更加全面地认识网络舆论，有助于政府监测互联网舆情。安宁等[145]以新浪微博和抖音短视频两大典型的社交平台为数据源，以"世界卫生组织将新型变异毒株命名为omicron"情感话题为例，检索与该话题全部相关的帖子、评论等文本内容。研究根据知识抽取的方法对新浪微博、抖音短视频的文本内容进行实体、关系抽取，再将微博和抖音平台的网络情感知识图谱进行对比分析，进而挖掘不同社交媒体平台网络情感信息中所蕴含的群体智慧。姜景等[146]以中国消防政务微博和政务抖音为研究对象，通过定向采集和非定向采集的方式获取数据资料，从发文数量与频率、文本分析、单条"爆点"信息分析 3 个方面研究中国消防政务微博和政务抖音 2 个政务新媒体平台的异同。安宁等[145]和姜景等[146]比较了微博和抖音 2 个平台的网络舆论差异，发现"微博信息内涵更丰富、外延更广泛，抖音情感知识更聚焦"[145]，"微博爆点集中，抖音爆点分散"[146]等结论，侧面证明了以文本为主要信息表现形式的社交媒体平台和以短视频为主要信息表现形式的社交媒体平台在网络舆论方面存在差异。文本拟比较微博和抖音两个平台网络舆论主题情感演化上的差异，以帮助政府更好地预防舆论危机。

5.2.2　社交媒体的定义和特征

社交媒体是交互式技术，可通过虚拟社区和网络促进内容、想法、兴趣和其他表达形式的创建、共享和聚合[147]。社交媒体是指涉及互动参与的新媒体形式。虽然目前可用的独立和内置社交媒体服务多种多样，社交媒体的定义出现了挑战[148]，但仍有一些共同特征。

（1）社交媒体是基于互联网的交互式 Web 2.0 应用程序。

（2）用户生成的内容（如文本帖子或评论、数码照片或视频及通过所有在线交互生成的数据）是社交媒体的命脉。

（3）用户为社交媒体组织设计和维护的网站或应用程序创建特定于服务的配置文件。

（4）社交媒体通过将用户的个人资料与其他个人或团体的个人资料连接起来，从而帮助在线社交网络的发展。

关于媒体的社交一词表明平台以用户为中心并支持社区活动。因此，社交媒体可以被视为人类网络的在线促进者或增强者，用以增强社交联系的个人网络。用户通常通过桌面上基于网络的应用程序或下载为移动设备（如智能手机和平板电脑）提供社交媒体功能的服务来访问社交媒体服务。当用户使用这些电子服务时，通过高度互动的平台，个人、社区和组织可以共享、共同创建、讨论、参与和修改用户生成或自行策划的在线发布内容。此外，随着博客、播客、视频和游戏网站的创意不断增长，社交媒体还被用来记录记忆、了解和探索事物、宣传自己、结交朋友。人类与技术之间不断变化的关系是新兴技术自学领域的焦点。一些受欢迎的社交媒体网站拥有超过 1 亿注册用户，包括 Twitter、Facebook（及相关 Messenger）、微信、ShareChat、Instagram、QZone、微博、VK、Tumblr、百度贴吧和 LinkedIn。根据解释，被称为社交媒体服务的其他流行平台包括 YouTube、QQ、Quora、Telegram、WhatsApp、Signal、LINE、Snapchat、Pinterest、Viber、Reddit、Discord、TikTok、Microsoft Teams 等。Wiki 是协作内容创建的示例。

社交媒体在很多方面与传统媒体（如印刷杂志和报纸、电视和广播）有所不同，包括质量、覆盖范围、频率、可用性、相关性和持久性。此外，社交媒体渠道在对话传输系统中运行（即许多来源到许多接收者），而传统媒体渠道在单一传输模型下运行（即一个来源到许多接收者）。例如，同一份报纸被分发给许多订户，广播电台向整个城市广播相同的节目。

由于互联网的急剧扩张，数字媒体或数字修辞可以用来代表或识别一种文化。研究数字环境中存在的修辞已成为许多学者研究的重要内容。观察家注意到社交媒体的使用会产生广泛的积极和消极影响。社交媒体可以帮助提高个人与真实或在线社区的联系感，并且可以成为公司、企业家、非营利组织、倡导团体、政党和政府的有效沟通（或营销）工具。观察人士还发现，在政治动荡时期，使用社交媒体作为沟通和组织工具的社会运动有所增加。社交媒体还可以用来阅读或分享新闻。

2019 年，韦氏词典将社交媒体定义为"电子通信形式（如社交网络和微博网站），用户通过创建在线社区共享信息、想法、个人消息和其他内容（例如视频）"。虽然不断发展的独立和内置社交媒体服务的多样性使得定义社交媒体变得具有挑战性，营销和社交媒体专家普遍认为社交媒体包括以下 13 种类型：

（1）博客（如 HuffPost、Boing Boing）

（2）商业网络（如 LinkedIn、XING）

（3）合作项目（如 Mozilla）

（4）企业社交网络（如 Yammer、Socialcast）

（5）论坛（如 Gaia Online、IGN）

（6）微博（如 Twitter、Tumblr）

（7）照片共享（如 Flickr、Photobucket）

（8）产品 / 服务评论（如 Amazon、Upwork）

（9）社交书签（如 Delicious、Pinterest）

（10）社交游戏（如《黑手党战争》《魔兽世界》）

（11）社交网站（如 Facebook、Google+）

（12）视频共享（如 YouTube、Vimeo）

（13）虚拟世界（如《第二人生》、*Twinity*）

其他社交媒体子类型（如 Twitter 和 YouTube）的一些服务也允许用户创建社交网络，因此，有时也包含在社交网络子类型中。移动社交媒体是指在智能手机、平板电脑等移动设备上使用社交媒体。移动社交媒体是移动营销的有效应用，用户生成内容的创建、交换和流通可以帮助公司进行营销研究、沟通和关系发展。移动社交媒体与其他社交媒体不同，其包含用户的当前位置（位置敏感性）或发送和接收消息之间的时间延迟。

社交媒体促进用户与他人分享并展示内容，以增强特定品牌或产品。社交媒体使人们能够发挥创造力并与关注者或粉丝分享有趣的想法。Twitter、Facebook 和 Instagram 等某些社交媒体应用程序是用户分享特定政治内容或体育内容的地方。许多记者提供了有关体育和政治新闻的更新和信息，可以真正为用户提供相关和必要的信息，以了解最新的相关新闻故事和主题。然而，这些社交媒体有一个缺点，即建议用户在使用社交媒体平台时进行尽职调查。

根据 Andreas Kaplan 的说法，移动社交媒体应用程序可以分为 4 种类型[149]。

（1）时空计时器（位置和时间敏感）。主要是与某一特定时间点的某一特定位置相关的消息交换（如 Facebook Places、WhatsApp、Telegram、Foursquare）。

（2）空间定位器（仅位置敏感）。交换与一个特定位置相关的消息，该消息被标记到某个位置后被其他人读取（如 Yelp、Qype、Tumblr、Fishbrain）。

（3）快速计时器（仅对时间敏感）。转移传统社交媒体移动应用程序以提高即时性（如在 Twitter 上发帖或在 Facebook 上更新状态）。

（4）慢速计时器（对位置和时间都不敏感）。将传统社交媒体应用程序转移到移动设备（如观看 YouTube 视频）。

社交媒体的存在，对用户生活和企业运营都承担了重要的功能。社交媒体网站是跨网络共享内容的强大工具。某些内容有可能通过病毒传播，类似于病毒感染在个体之间传播的方式。当内容或网站病毒式传播时，用户更有可能在社交网络上进行分享，从而带来更多的分享。病毒式营销活动对企业特别有吸引力，以传统营销活动成本的一小部分实现广泛的广告覆盖。非营利组织和活动人士也可以使用社交媒体发布内容，目的是使其像病毒一样传播。许多社交媒体网站提供特定功能帮助用户重新共享内容，例如，Twitter 的"转发"按钮或 Facebook 的"共享"选项。该功能在 Twitter 上特别受欢迎，允许用户了解重要事件并与同伴保持联系[150]。当某些帖子变得流行时，就会被一遍又一遍地转发，从而转变成病毒式传播。主题标签也可以用在推文中用以计算有多少人使用了该主题标签。然而，并非所有内容都具有病毒式传播的潜力，往往很难预测哪些内容会火爆。尽管如此，病毒式营销活动仍是一种具有成本效益且强大的宣传信息或产品的工具。

机器人是在互联网中运行的自动化程序，因其能够自动执行许多通信任务，因而逐渐流行起来，并导致了机器人提供商这一新行业的创建。聊天机器人和社交机器人被编程为模仿自然的人类互动，如社交媒体平台上的点赞、评论、关注和取消关注[151]。公司的目标是扩大市场份额和增加受众，互联网机器人被开发出来，用以促进社交媒体营销。然而，随着社交机器人和聊天机器人的存在，营销行业也遇到了分析危机，由于这些机器人的存在，使得区分人类交互和自动化机器人交互变得困难。例如，营销数据受到一些机器人的负面影响，导致社交媒体营销中的"数字同类相食"。此外，一些机器人违反了 Instagram 等许多社交媒体平台的使用条款，可能会导致个人资料被删除和禁止。

"机器人"（机器人辅助人类或人类辅助机器人）被用于多种不同的合法和非法目的，从传播假新闻到制造营销热点[152]。常见的合法用途包括使用自动化程序在特定时间在社交媒体上发布。通常是由人编写帖子内容，然后由机器人安排发布时间。在其他情况下，机器人更加"邪恶"，例如，助长假新闻和错误信息的传播。这些账户通常会以一种战略性的方式混合人类和机器人的活动。当一个自动账户被公开识别时，机器人就能接管并可以抗议该账户一直是手动使用。在很多情况下，这些以更加非法的方式使用的账户试图冒充真人，特别是其朋友圈或关注者的数量与真人相似。此外机器人还与傀儡账户有关，其中的一个人可以假装成其他人，也可以操作多个机器人账户。

涵盖与社交媒体相关的新技术的美国专利申请数量快速增长，并在过去

5 年中，发布的专利申请数量也在快速增长。截至 2020 年，美国有超过 5000 件已公布的专利申请。目前，备案的申请可能多达 7000 份，其中，包括尚未公布的申请。这些申请中仅有略多于 100 件作为专利发布，其余主要是由于商业方法专利（即概述和要求新的经营方法的专利）审查多年积压。

作为技术融合的一个例子，各种不同类型的社交媒体平台所适应的功能超出了其原始范围，随着时间的推移，彼此之间的重叠越来越多。

例如，社交中心网站 Facebook 在 2007 年 5 月推出了集成视频平台，以及 Instagram，其最初的范围是低分辨率照片共享，在 2013 年引入了共享 15 秒的 640×640 像素视频的功能（后来随着分辨率的提高延长到 1 分钟），就像没有视频搜索栏的最小视频平台。Instagram 后来实施了故事项目（短视频在 24 小时后自毁），这是 Snapchat 和 IGTV 推广的概念，可搜索长达 10 分钟或 1 小时的视频，具体取决于账户状态。故事项目后来于 2018 年被专用视频平台 YouTube 改编，尽管访问仅限于移动应用程序，不包括移动和桌面网站。

Twitter 最初的范围是基于文本的微博，后来适应了照片共享功能（弃用 TwitPic 等第三方服务），后来的视频共享有 140 秒的时间限制和观看计数器，但没有手动质量选择或字幕。例如，在专用视频平台上，最初仅适用于移动应用程序用户，后来在其网站前端实现。然后是面向商业用户的媒体工作室功能，类似于 YouTube 的 Creator Studio。

在 Reddit 用户通常依赖外部独立图像共享平台 Imgur 后，讨论平台 Reddit 于 2016 年 6 月添加了集成图像托管服务，并在大约一年后添加了内部视频托管服务。2020 年 7 月，实现了在单个帖子（图片库）中共享多个图像的功能，这是 Imgur 已知的功能。Imgur 本身在 2018 年 5 月实现了最长 30 秒的视频分享，后来延长到 1 分钟。

从 2018 年开始，专用视频平台 YouTube 推出了可通过频道选项卡访问的社区功能（取代了之前的讨论频道选项卡），可以共享纯文本帖子及民意调查。要想启用频道，必须通过订阅者计数阈值，该阈值已随着时间的推移而降低。

5.2.3 突发公共事件网络舆情

本研究认为，网络舆情是指由各种社会群体构成的公众在网络空间中对公共事务所表达的情感、态度、意见和行为的集合。表5-1是众学者对网络舆情的定义。

表5-1　网络舆情的概念

王来华[153]	网络舆情是使用网络的人们的社会政治态度。
张克生[154]	网络舆情是社情民意在网络上的反映。
曾润喜[155]	网络舆情是由各种事件刺激而产生的、通过互联网所传播的、人们对某事件的认知、态度、情感和行为的集合。
刘毅[156]	网络舆情是由各种社会群体所构成的公众，在一定的社会空间内，对各种公共事务所持有的多种情绪、态度和意见的交错总和。其中，公共事务包括社会事件、社会冲突、社会活动、社会热点问题、公众人物的所言所行等[5]。

《中华人民共和国突发事件应对法》中规定，突发事件是指突然发生、造成或者可能造成严重社会危害，需要采取应急处置措施予以应对的自然灾害、事故灾难、公共卫生事件和社会安全事件。根据定义，新冠疫情事件属于突发公共卫生事件。表5-2是众学者对于突发事件网络舆情的定义。

表5-2　突发公共事件网络舆情的概念

姜胜洪[157]	突发事件网络舆情是指民众以网络为平台，借助网络工具，围绕即将发生或已经发生的突发公共事件，发布表达自身社会政治态度的信息。
康伟[158]	突发事件网络舆情是指在网络空间中，通过新闻报道、发表评论等方式，呈现个人、群体及组织关于某突发事件的情绪、态度、意愿、观点或行为倾向的信息。
李纲等[137]	突发事件网络舆情是指由各种社会群体构成的公众，以网络为平台，围绕即将发生或已经发生的突发事件，发布的含有多种情绪、态度和意见的交错总和信息。

本书认为，突发公共事件网络舆情是指由各种社会群体构成的公众在网络空间中，围绕即将发生或已经发生的突发公共事件，表达情感、态度、意见和行为的集合。其中，突发公共事件包括自然灾害、事故灾难、公共卫生事件和社会安全事件等。表5-3是众学者概括的突发公共事件网络舆情的特点。

表 5-3　突发公共事件网络舆情的特点

张一文[159]	网络舆情具有暴发性、特殊性、环境复杂性、群体扩散性、演变不确定性等特点。
张玉强[160]	网络舆情具有公共性、突发性、破坏性、可控性等特点； 网络舆情的暴发概率高、暴发周期短、影响范围广、危害程度深、控制难度大。
喻国明[161]	网民多为草根； 网络发言易于情绪化。
徐晓日[162]	网络舆情的来源具有广泛性和匿名性等特点； 网络舆情传播容易出现群体极化倾向； 网络舆情倾向于问题揭露和现实批判，具有突发性等特点。
李纲等[137]	网络舆情具有突发性、自由性、隐匿性、互动性、即时性、广泛性、多元性、非理性、情绪化等特点； 信息的传播速度在时间维度和空间维度大大加快； 信息泛滥，更易形成谣言，虚假信息较往常杀伤力更高； 政府和社会更易在不确定环境下陷入被动，信息的不确定性更易造成民众判断力下降，形成心理恐慌； 群体极化，控制难度大，利益相关群体迅速聚集，形成群众压力，权威性易受到挑战。

根据众学者对于突发公共事件网络舆情的特点的分析可以发现，突发公共事件网络舆情普遍具有突发性、情绪化和群体极化等特点，故分析研究网络舆情的情感态度具有重要意义。

舆情分析是根据特定问题的需要，针对该问题的舆情进行深层次的思维加工和分析研究，得到相关结论的过程。其中，内容分析法是舆情分析的方法之一。内容分析一般要经过选择、分类、统计 3 个阶段，通过对大众传播内容量和质的分析，认识和判断某一时期的传播重点，包括对某些问题的倾向、态度、立场，以及传播内容在某一时期的变化规律等。本研究采用内容分析法进行跨平台舆情分析，即对同一时期不同传播媒介，就同一突发公共事件通过对大众传播内容的量和质进行分析和比较，找出异同。

5.2.4 主题模型

主题模型是以非监督学习的方式对文集的隐含语义结构进行聚类的统计模型。潜在狄利克雷分布模型 LDA 是常见的主题模型之一，由 Blei 等[122]在

2003 年提出，是在 PLSI 的基础上提出的三层贝叶斯概率模型。LDA 是典型的文档生成概率模型，即通过"以一定概率选择某个主题，并从这个主题中以一定概率选择某个词汇"这一过程得到每篇文档的每个词汇。LDA 模型如图 5-3 所示。

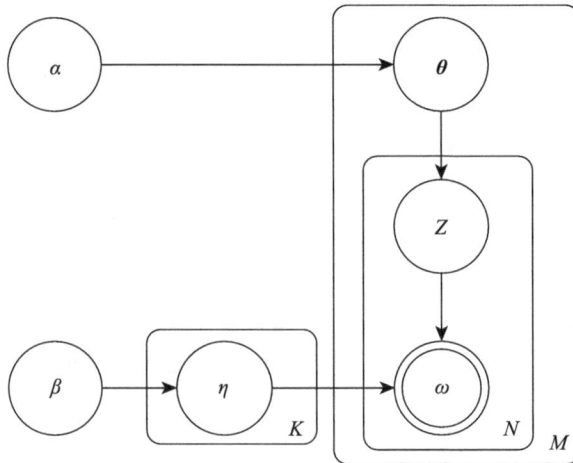

图 5-3　LDA 主题模型

如图 5-3 所示，假设 $D=\{d_1,\ d_2,\ \cdots,\ d_M\}$ 为包含 M 个文档的语料集合，$V=\{\omega_1,\ \omega_2,\ \cdots,\ \omega_N\}$ 为 D 中所有的词汇集合。其中，M 为文档集合中的文档数量，N 为词汇集合中的词语数量，K 是潜在主题个数，α 和 β 分别是文档—主题分布和文档—词汇分布的 Dirichlet 先验参数，θ 为从先验参数 α 中提取的主题分布向量，z 为从主题分布向量 θ 中提取的潜在主题，η 为从先验参数 β 中提取的潜在主题 z 对应的词汇分布，ω 为从词汇分布 η 中采样生成的词语。LDA 模型把先验参数 α 和先验参数 β 看作随机变量，引入控制参数的参数，以实现彻底的概率化。

LDA 模型包括词项、主题和文档三层结构，训练主题—词项 $P(\omega_j|z_k)$ 和文档—主题 $P(z_k|d_i)$，可以识别文档集中的潜在主题信息。在选择最佳主题个数 K 后，运用 LDA 处理已知数据可以得到以下结果。

（1）生成 K 个主题及每个主题的生成概率，每个主题以词汇的概率分布形式表示。

（2）每个文档关于主题的条件概率，以便对文档进行聚类。

故基于 LDA 主题模型的文本聚类算法具有较高的效率。

5.2.5 KNN 算法

KNN 算法即 K 最近邻分类算法，是有监督学习的分类算法，由 Cover 等[163] 于 1968 年提出。KNN 算法的本质是通过样本距离判断两个样本是否相似，如果两个样本的距离足够近，就认为两者足够相似属于同一类别，遵从"越相近越相似"原理。故 KNN 算法原理为寻找待标记样本的 K 个最近邻已标记样本，即寻找与待标记样本距离最近的 K 个已标记样本，K 个已标记样本中数量最多的标签类别就是待标记样本的标签类别。

KNN 算法实现过程如下。

（1）计算待标记样本与每个已标记样本的距离。

（2）对距离进行排序，选择距离最近的 K 个已标记样本，即选择 K 个最近邻已标记样本。

（3）取出 K 个已标记样本对应的标签类别，统计每个标签类别的个数。

（4）选择统计个数最大的标签类别作为待标记样本的标签类别。

本研究拟用 KNN 算法进行情感分类，揭示网络舆情的情感态度。

5.3 研究设计与方法

本小节主要针对以下两个问题进行研究设计。其一，跨平台突发公共事件网络舆情主题演化比较。比较微博和抖音这两个社交媒体平台，在面对突发公共事件时，网络舆情主题差异和主题热度演化差异。其二，基于主题的跨平台突发公共事件网络舆情情感态度演化比较。比较微博和抖音两个社交媒体平台，在面对突发公共事件时，基于各个主题的网络舆情情感态度演化差异。

5.3.1 研究设计

本研究共分为三部分，研究设计框架如图 5-4 所示。

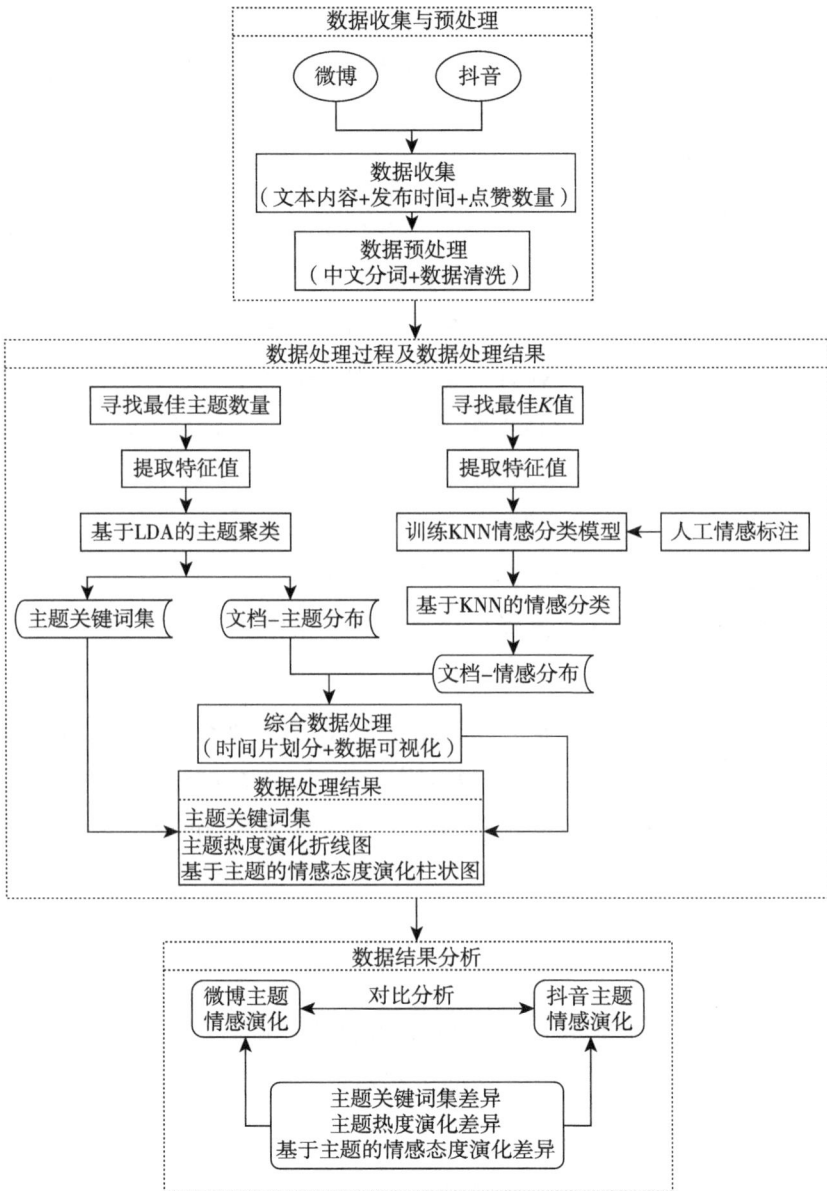

图 5-4　研究设计框架

第一部分为数据收集与预处理。运用 Python 分别在微博和抖音平台，针对同一突发公共事件进行相关文本内容（原创微博、转发微博、微博评论、抖音短视频标题、抖音短视频评论等文本内容）及发布时间和点赞数量的数据爬取，并通过正则表达式切词、jieba 分词、停用词过滤、同义词合并和词性筛选等步骤完成文本数据预处理。

第二部分为数据处理过程及数据处理结果。分别对微博数据和抖音数据进行以下操作。

（1）对主题部分进行最佳主题数量寻找、特征值提取和基于 LDA 主题聚类等操作，得到主题关键词集和文档 – 主题分布结果。

（2）对情感部分进行最佳 K 值寻找、特征值提取、运用人工情感标注进行 KNN 模型训练和基于 KNN 情感分类等操作，得到文档 – 情感分布结果。

（3）综合处理文档 – 主题分布和文档 – 情感分布，划分等量时间片并将数据计算结果动态可视化，得到主题热度演化折线图和基于主题的情感态度演化柱状图。

第三部分为数据结果分析。分析比较微博和抖音的主题关键词集差异、主题热度演化差异和基于主题的情感态度演化差异。

5.3.2 研究方法与步骤

5.3.2.1 数据采集与预处理

本文选取 2022 年 10 月 1 日至 2023 年 2 月 28 日关于"新冠疫情"的热门微博及其评论，以及热门抖音短视频和评论作为研究对象，通过 Python 爬取微博和抖音的文本内容、点赞数量和发布时间，共获得 124 088 条微博数据和493 144 条抖音数据。其中，微博以天为时间单位爬取数据，每天约为 820 条数据；抖音以视频为单位爬取数据，每天的数据数量波动较大，部分日期存在数据缺失。

对获取的本文数据进行清洗。首先，运用正则表达式切除"@ 用户名""收起 d""转发微博""图片评论"等干扰数据。其次，运用 jieba 分词切分中文文本内容，将文档以词汇列表的形式表示。将词汇列表作为操作对象，首先，运用哈尔滨工业大学停用词表进行停用词过滤。再次，运用合并同义词表进行同义词合并，例如，"连花清瘟"和"布洛芬"同属于"药物"，"小孩"和"儿童"含义相同都为"孩子"。最后，进行词性筛选，将具有名词性的词汇加入主题词表，将具有形容词性的词汇加入情感词表。

5.3.2.2 基于 LDA 的主题聚类

将微博主题词表和抖音主题词表作为数据源，根据以下步骤进行主题聚类。

第一步，通过困惑度和相似度寻找最佳主题数量 K。

在 LDA 中，主题个数 K 是一个人为预先指定的超参数，困惑度和相似度是评价 LDA 主题模型好坏的指标。

困惑度的计算公式如下：

$$P(D)=\exp\left(-\frac{\sum\log p(\omega)}{N}\right)$$

其中，N 是数据样本中所有词语之和，即词汇数据总长度。$p(\omega)$ 是数据样本中每个单词的出现概率，在 LDA 中的计算公式如下：

$$p(\omega)=\sum zP(z|d)P(\omega|z)$$

其中，$P(z|d)$ 表示一篇文档中每个主题的生成概率，$P(\omega|z)$ 表示词典中的每个词语在某个主题 z 下出现的概率。故困惑度越低，聚类效果越好。

本文运用 JS 散度衡量主题间的相似度。JS 散度是 KL 散度的变种之一，用来衡量两个分布之间的差异。KL 散度具有不对称性，等于一个交叉熵减去一个信息熵，KL 散度的计算公式如下：

$$KL(P\|Q)=\sum p(x)\log\frac{p(x)}{q(x)}$$

$$KL(Q\|P)=\sum q(x)\log\frac{q(x)}{p(x)}$$

JS 散度是基于 KL 散度的优化算法，具有对称性，转换方式如下：

$$M=\frac{1}{2}(P+Q)$$

$$JSD(P\|Q)=\frac{1}{2}KL(P\|M)+\frac{1}{2}KL(Q\|M)$$

$$JSD(Q\|P)=JSD(P\|Q)$$

故 JS 散度距离越大，主题间相似度越小，聚类效果越好。

微博困惑度变化如图 5-5 所示。当主题数量为 6 时，困惑度较小，此时主题聚类效果较好。故考虑困惑度，选择微博最佳主题数量 K=6。

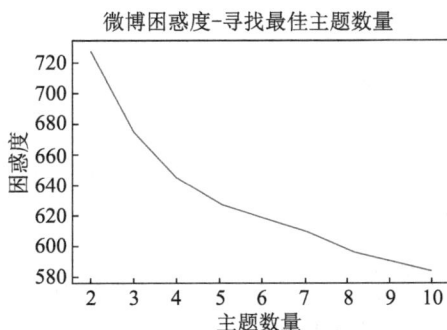

图 5-5　微博困惑度变化

　　抖音困惑度变化如图 5-6 所示。当主题数量为 5 时，困惑度较小，此时主题聚类效果较好。故考虑困惑度，选择抖音最佳主题数量 $K=5$。

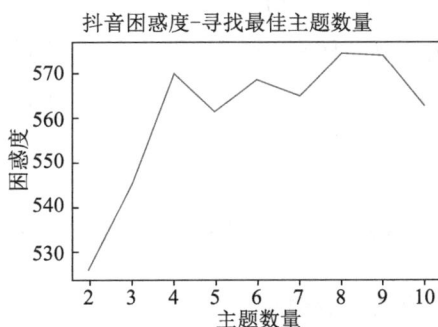

图 5-6　抖音困惑度变化

　　第二步，将主题词表词袋表示，提取特征值。

　　词袋模型忽略了文本的语法、语序等要素，仅将其看作是若干词汇的集合，文档中每个词语的出现都是独立的，即使用一组无序的词语表达一个文档。本文采用词频向量进行文档词袋表示，向量维度由文档中不重复的词语个数确定，元素顺序与文档中的词汇顺序无关。运用词频矩阵表示主题词表，即矩阵元素 words$[i][j]$ 表示词语 j 在第 i 篇文档下的词频。

　　采用词频矩阵将微博主题词表和抖音主题词表词袋表示，提取微博主题特征值和抖音主题特征值，为调用 LDA 模型做准备。

　　第三步，基于 LDA 模型进行主题聚类。

　　具体的 LDA 生成模型如图 5-7 所示。

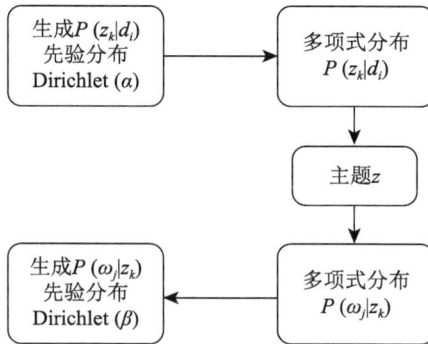

图 5-7 LDA 生成模型模拟

在 LDA 模型中，数据样本固定，先验参数 α 和先验参数 β 是随机变量，服从狄利克雷分布。词语 ω 采样依据主题 z 和先验参数 β，主题 z 依据先验参数 α。对于任意一篇文档 d_i，任意一个词语 ω_j 的生成概率 $P(\omega_j|d_i)$ 是已知的。根据文档 – 词项 $P(\omega_j|d_i)$ 训练主题 – 词项 $P(\omega_j|z_k)$ 和文档 – 主题 $P(z_k|d_i)$，联合概率分布公式如下：

$$P(\omega_j|d_i) = \sum_{k=1}^{K} P(\omega_j|z_k)P(z_k|d_i)。$$

某个文档中某个词语的生成概率为：

$$P(\omega_j, d_i) = P(d_i)P(\omega_j|d_i) = P(d_i)\sum_{k=1}^{K} P(\omega_j|z_k)P(z_k|d_i)。$$

由于任意一篇文档的生成概率 $P(d_i)$ 已知，而主题 – 词项 $P(\omega_j|z_k)$ 和文档 – 主题 $P(z_k|d_i)$ 未知，故估计主题分布向量 $\boldsymbol{\theta}$ 为：

$$\boldsymbol{\theta} = \big(P(\omega_j|z_k), P(z_k|d_i)\big)。$$

调用 LDA 主题模型，确定微博主题聚类个数为 6 和抖音主题聚类个数为 5，将微博主题特征值和抖音主题特征值输入 LDA 模型，将 LDA 模型各进行 100 次迭代，输出微博和抖音的每个主题的生成概率及每个文档关于主题的条件概率，其中，各个主题以词汇的概率分布形式表示。根据概率分布结果最终得到微博和抖音各自的主题关键词集和文档 – 主题分布。

5.3.2.3 基于 KNN 的情感分类

将微博情感词表和抖音情感词表作为数据源，根据以下步骤进行情感分类。

第一步，从微博情感词表和抖音情感词表中各随机筛选10 000条数据，以"积极情感为1，消极情感为0"的标准进行人工情感标注，形成已标记微博情感词表、已标记抖音情感词表、待标记微博情感词表和待标记抖音情感词表4份数据。

第二步，通过模型准确率寻找最佳 K 值。

KNN 中的 K 值是超参数，含义为待标记样本需参考的最近邻已标记样本的个数。K 值太大容易造成模型欠拟合，K 值太小容易造成模型过拟合。准确率是评价 KNN 分类模型好坏的指标之一。KNN 模型的准确率会随着 K 值的变化而变化，故通过模型准确率的变化寻找最佳 K 值。准确率 ACC 的计算公式如下：

$$ACC = \frac{TP+TN}{TP+TN+FP+FN}。$$

准确率 ACC 表示所有预测标签中正确标签的数量占比，即 KNN 模型的检出率。其中，TP 表示"实际标签为真，预测标签为真"的数目；TN 表示"实际标签为假，预测标签为假"的数目；FP 表示"实际标签为假，预测标签为真"的数目；FN 表示"实际标签为真，预测标签为假"的数目。故准确率越高，KNN 模型情感分类效果越好。

微博 KNN 模型准确率变化如图 5-8 所示，抖音 KNN 模型准确率变化如图 5-9 所示。

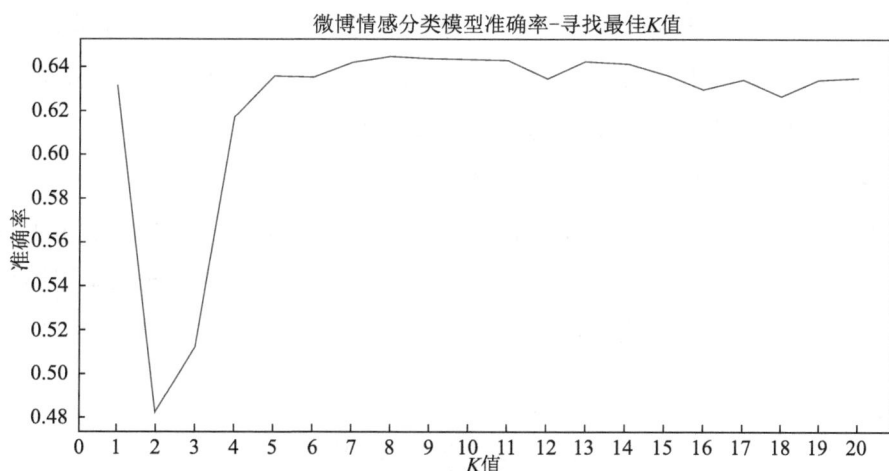

图 5-8　微博 KNN 模型准确率

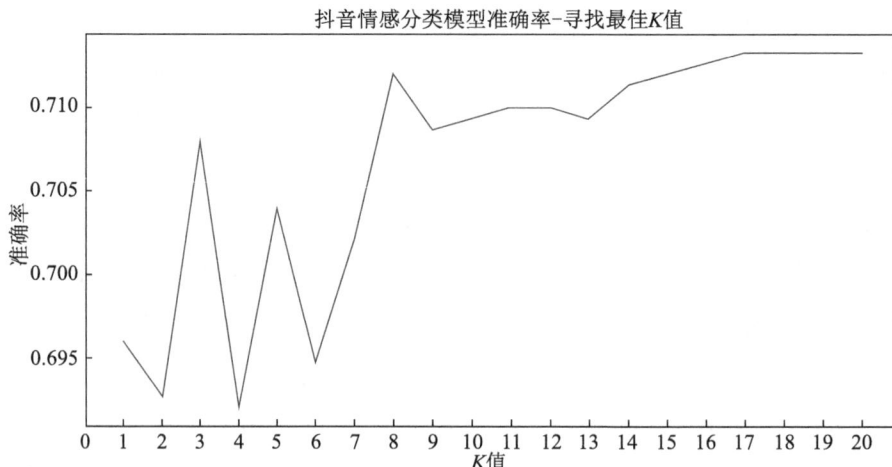

图 5-9　抖音 KNN 模型准确率

故微博 KNN 情感分类模型选择最佳 K 值为 8，抖音 KNN 情感分类模型选择最佳 K 值为 17。

第三步，将情感词表词袋表示，提取特征值。采用词频矩阵将已标记微博情感词表、已标记抖音情感词表、待标记微博情感词表和待标记抖音情感词表 4 份数据的文本内容词袋表示，提取各自的情感特征值，为调用 KNN 情感分类模型做准备。最终形成已标记微博情感特征值、已标记抖音情感特征值、待标记微博情感特征值和待标记抖音情感特征值 4 份数据。

第四步，运用已标记微博情感特征值和已标记抖音情感特征值训练 KNN 情感分类模型。其中，训练集与测试集之比为 7∶3，微博 KNN 情感分类模型准确率为 0.65，抖音 KNN 情感分类模型准确率为 0.72。

第五步，基于 KNN 算法进行情感分类。

KNN 算法思路：如果一个待标记样本在特征空间中的 K 个最近邻的已标记样本大多属于某一类别，则该样本也属于这个类别。其中，通过欧氏距离计算特征空间中的样本距离，从而寻找 K 个最近邻已标记样本。欧氏距离 d 计算公式如下：

$$d = \sqrt{\sum_{i=1}^{n}(x_i - y_i)^2}。$$

默认情况下，在判断样本类别时，K 个最近邻样本都是相同的权重。在实际情况中，两个样本越相似，属于同一类别的可能性越大，即样本距离越近样本权重越高。故可以通过样本距离衡量不同样本的权重，即可以通过增添 weights 参数优化 KNN 算法。样本权重 ρ 计算公式如下：

$$\rho = \frac{1}{d} \frac{1}{\sqrt{\sum_{i=1}^{n}(x_i - y_i)^2}},$$

表示权重是距离的倒数，意味着 K 个样本中距离近的样本对分类结果的影响大于距离远的样本。

调用 KNN 情感分类模型，确定微博最近邻样本个数为 8 和抖音最近邻样本个数为 17，将待标记微博情感特征值和待标记抖音情感特征值分别输入 KNN 情感分类模型，输出微博的文档 – 情感分布和抖音的文档 – 情感分布。

5.3.2.4 主题情感数据综合计算

将微博和抖音各自的文档 – 主题分布和文档 – 情感分布作为数据源，根据以下步骤分别处理微博数据和抖音数据。

第一步，划分等量时间片。整合文档 – 主题分布、文档 – 情感分布和发布时间，形成以文档 – 主题 – 情感 – 时间字典形式表示的数据集。设置时间窗口为 4 天，根据发布时间划分 2022 年 10 月 1 日至 2023 年 2 月 28 日的数据。最终得到 38 组数据，其中，最后一组仅包含 3 天的数据。

第二步，计算并绘制主题热度演化折线图。

因为抖音的数据爬取是以视频为单位，存在近期数据量远大于早期数据量的问题，故选择使用各主题占据的比例作为衡量主题热度的指标。抖音还存在部分日期数据缺失的问题，故本文选择使用平均值代替空值进行数据处理。

因本文将网络舆情定义为 "由各种社会群体构成的公众，在网络空间中对公共事务所表达的情感、态度、意见和行为的集合"，故考虑用户通过 "点赞" 行为表述观点态度，将点赞数量当作衡量主题热度的影响因素之一。

以时间片为单位计算各个主题的每组热度，计算公式如下：

$$\text{第 } j \text{ 组的主题 } i \text{ 的热度} = \frac{\left(\sum_{\text{第 } j \text{ 组的主题 } i \text{ 的数量}}(\text{文档点赞数量} + 1)\right)}{\left(\sum_{\text{第 } j \text{ 组的所有主题的数量}}(\text{文档点赞数量} + 1)\right)},$$

其中，$j=1, 2, \cdots, 38$，$i=1, 2, \cdots, K$，K 为微博或抖音的主题个数。最终绘制各个主题的动态热度折线图。

第三步，计算并绘制基于主题的情感态度演化柱状图。首先，依据不同主题将数据划分为 K 份，其中，K 为主题个数。为了抵消抖音前后期数据量差异较大的问题，选择使用不同情感占据的比例作为统计数据。在将点赞数量作为统计情感态度的影响因素之一且空值由平均值填补的基础上，以时间片为单位分别计算各个主题的每组积极情感和消极情感的占比，绘制各个主题的情感态度演化柱状图。

研究步骤的具体内容总结如下。

（1）数据收集与预处理。运用 Python 爬取微博数据和抖音数据，并通过正则表达式切词、jieba 分词、停用词过滤、同义词合并和词性筛选等步骤完成数据清洗。

（2）基于 LDA 进行主题聚类。首先，通过困惑度和相似度寻找最佳主题数量。其次，采用词频矩阵进行词袋表示提取特征值。最后，基于 LDA 进行主题聚类得到主题关键词集和文档 – 主题分布结果。

（3）基于 KNN 进行情感分类。首先，通过准确率寻找最佳最近邻样本个数。其次，采用词频矩阵进行词袋表示提取特征值，使用人工标注情感数据训练 KNN 模型。最后，基于 KNN 进行情感分类得到文档 – 情感分布结果。

（4）主题情感数据综合计算。计算并绘制主题热度演化折线图和基于主题的情感态度演化柱状图。

5.4 数据结果分析

5.4.1 主题关键词集

微博主题关键词集如表 5–4 所示，抖音主题关键词集如表 5–5 所示。

表 5-4 微博主题关键词集

Topic#0	疫情 大家 孩子 生活 感觉 学校 学生 朋友 地方 上海 老师 时间 问题 北京 城市 工作 回家 事情 有点 武汉 影响 东西 新疆 家人 网友
Topic#1	防控 疫情 人员 措施 工作 高风险 防疫 居民 广州 感染者 管理 服务 居家隔离 小区 区域 场所 传播 社会 新冠症状 优化 群众 单位 调整 物资 指挥部
Topic#2	核酸 核酸检测 口罩 阳性 小时 郑州 疫情 阴性 证明 人员 抗原 杭州 深圳 居民 全员 时间 地铁 消毒 黄码 工作人员 免费 筛查 医院 居家 新增病例
Topic#3	疫情 中国 病毒 经济 美国 国家 新冠 数据 疫苗 企业 问题 政策 防疫 影响 专家 发展 日本 全球 毒株 世界 社会 市场 消费 躺平
Topic#4	新冠 新冠症状 疫情 药物 医院 患者 医疗 重症 新增病例 病毒 情况 医生 人群 疾病 老人 防控 人民 工作 全国 疫苗 农村 老年人 流感 方舱 门诊
Topic#5	小区 街道 单元 高风险 西安 链接 网页 雁塔区 新区 未央区 莲湖区 新城 号院 国际 新城区 花园 西安市 碑林区 广场 曲江 西路 灞桥区 沣东 陵区 发货

表 5-5 抖音主题关键词集

Topic#0	医院 大家 核酸检测 小区 安全 方舱 学校 防疫政策 办法 消毒 关键 基本 阳性 原因 风险 城市 孕妇 房子 措施 检查 人员 市场 抗原 道理 重庆
Topic#1	药物 感觉 专家建议 有点 国家 防疫政策 疫情 生活 东西 麻烦 个人 中国 情况 阳性 工作 时间 价格 能量 体质 意思 冰箱 事情 全部 条件 管理
Topic#2	肉蛋果蔬 全国 健康码 人民 老师 影响 恐慌 危险 小时 老百姓 新闻 上海 祖国 干嘛 防疫政策 广东 物业 妈妈 河北 信息 下线 工资 电话 心态 北京
Topic#3	新冠症状 孩子 疫情 老人 问题 地方 广州 流感 疫苗 郑州 朋友 回家 手机 习惯 年轻人 人们 精神 衣服 父母 大夫 小时 头发 胸闷 气短 甘肃
Topic#4	医生 病毒 新冠 健康码 口罩 甲流 身体 免疫力 传染 毒株 家人 大人 大白 江苏 四川 河南 行程码 全家 传播 老年人 湖南 抗体 场所 意义 卫生

从主题关键词集可以看出，微博的 Topic#0 与抖音的 Topic#2 主要聚焦于疫情下人们的日常生活；微博的 Topic#1 和 Topic#2 与抖音的 Topic#0 和 Topic#4 主要聚焦于新冠疫情的各种防控措施。其中，微博 Topic#1 主要讨论"防控""高风险""居家隔离""物资"等高风险地区封控措施，而微博 Topic#2 主要讨论"核酸""核酸检测"等日常防疫措施，抖音 Topic#0 和抖音 Topic#4 都讨论了"核酸检测""健康码""行程码"等日常防疫措施；微博的 Topic#4 与抖音的 Topic#1 和 Topic#3 主要聚焦于新冠感染后的各种症状和治疗药物，其中，抖音 Topic#1 主要讨论治疗药物问题，抖音 Topic#3 主要讨论新冠感染症状。以上是微博和抖音两个平台共同讨论的主题，如表 5-6 总结所示。

表 5-6　微博和抖音的相同舆情主题

微博主题	抖音主题	主题内容
Topic#0	Topic#2	日常生活
Topic#1 和 Topic#2	Topic#0 和 Topic#4	防控措施
Topic#4	Topic#1 和 Topic#3	治疗药物和感染症状

微博 Topic#3 主要聚焦于疫情下的国内外经济问题，微博 Topic#5 主要聚焦于高风险地区通知，这只是微博平台的主要舆情内容；抖音 Topic#4 还聚焦于"新冠""甲流""病毒""毒株"等病毒相关知识科普主题。两个平台的主要舆情内容既有重合，也有不同，反映出两个平台用户面对同一突发公共事件的关注重点并不完全相同，即舆情主题并不完全相同，故面对舆情危机需要采取不同的应对措施。

5.4.2 主题热度演化折线图

微博主题热度演化过程如图 5-10 所示，抖音主题热度演化过程如图 5-11 所示（见书末彩插）。

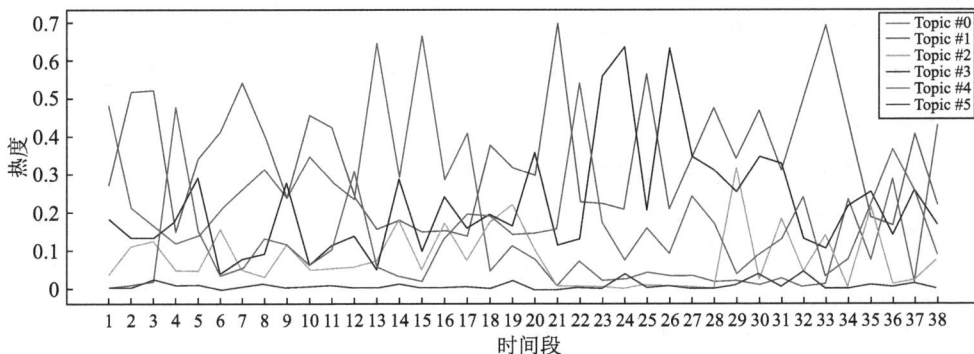

图 5-10 微博主题热度演化折线图

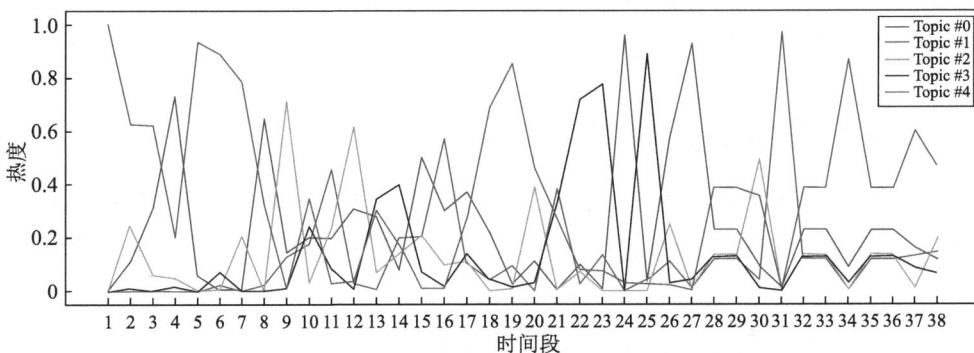

图 5-11 抖音主题热度演化折线图

由于抖音数据是以视频为单位进行爬取，同一视频下的评论内容主题大多相同，故抖音主题热度相邻每组峰值差距较大。根据图 5-10 和图 5-11，分析微博和抖音两个平台的各舆情主题的热度演化差异。

"日常生活"主题在微博中讨论热度一直较高，在抖音中讨论热度一直偏低。该现象主要是由微博和抖音两个平台不同的信息表现形式所导致。微博以文本形式表示信息，使得微博内容发布更为简单迅速，便于人们随时随地分享日常生活；抖音则以视频形式表示信息，导致抖音内容发布操作复杂且需要更长的时间周期，不利于人们即时分享日常生活。

根据中国疫情防控中心资料，我国新冠疫情于 2022 年 12 月 7 日全面放开，取消核酸检测、取消行程码和健康码、取消入境检查等。与之相关的"防控措施"主题在 2022 年 11 月 18 日至 12 月 7 日期间被微博用户热烈讨论，抖音用户则在 2022 年 12 月 8 日至 12 月 19 日期间才热议此主题。微博用户主要在疫情放开前对"居家隔离"等防控措施表达不满；抖音用户主要在疫情放开后热议"健康码""行程码"的消失，担心病毒传染给家人。故微博用户比抖音用户更加支持疫情放开政策。

疫情全面放开后，新冠病毒在全国迅速蔓延，关于"治疗药物和感染症状"的主题热度逐渐上升。微博主要在2022年12月24日至12月27日热度较高，抖音主要在2022年12月20日至12月31日热度较高。抖音的主题热度和持续时间都要大于微博，可以看出抖音用户比微博用户更加关注此类主题。

综上所述，即使面对相同主题，微博用户和抖音用户的关注重点和关注时间也存在一定差异，即微博和抖音面对同一舆情主题的主题关键词集和热度演化过程也存在一定差异。

5.4.3 基于主题的情感态度演化柱状图

基于各个主题的微博情感态度演化过程如图5-12（a）—图5-12（f）所示，基于各个主题的抖音情感态度演化过程如图5-13（a）—图5-13（e）所示（见书末彩插）。

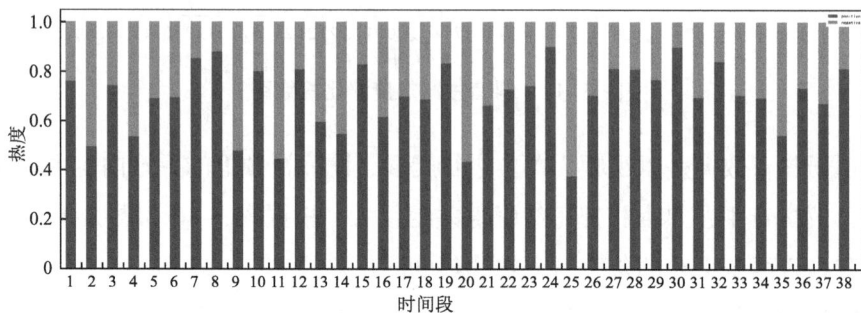

（a）Topic#0

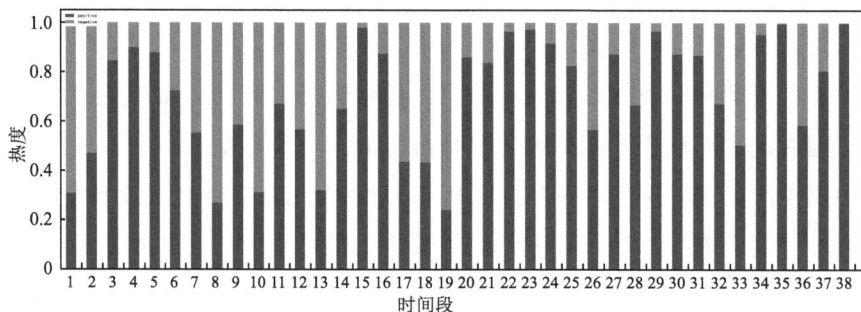

（b）Topic#1

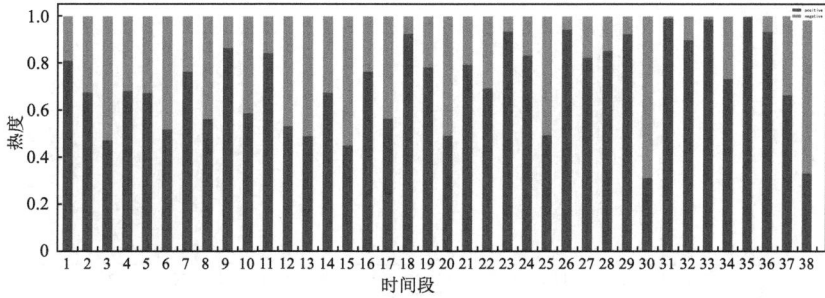

（c）Topic#2

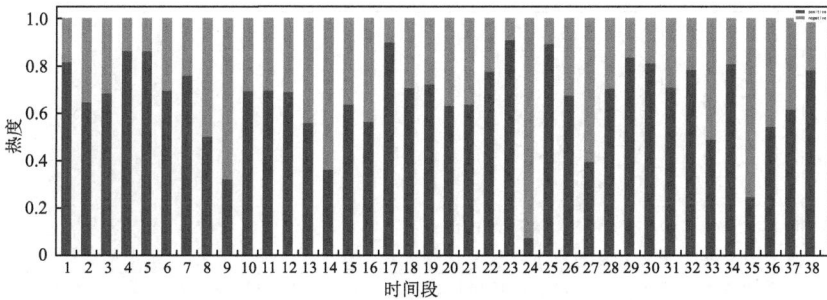

（d）Topic#3

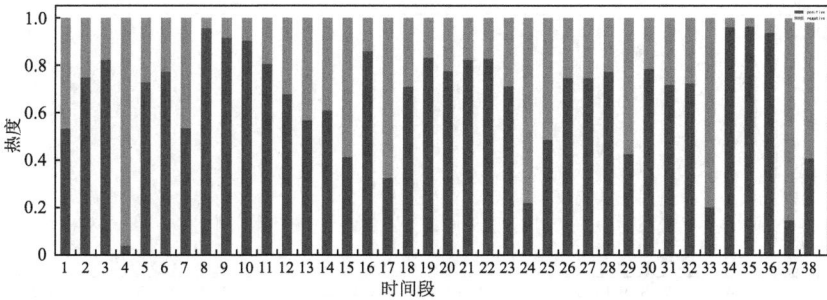

（e）Topic#4

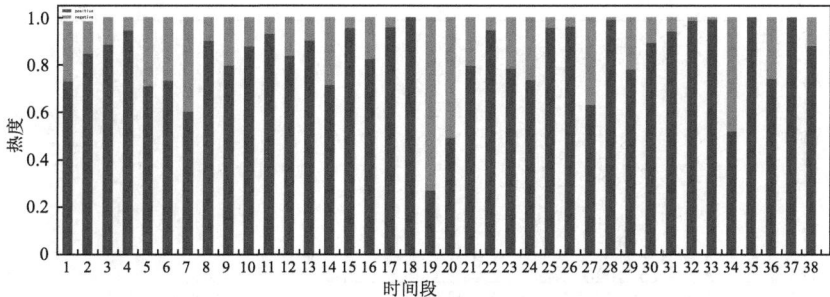

（f）Topic#5

图 5-12 基于各个主题的微博情感态度演化柱状图

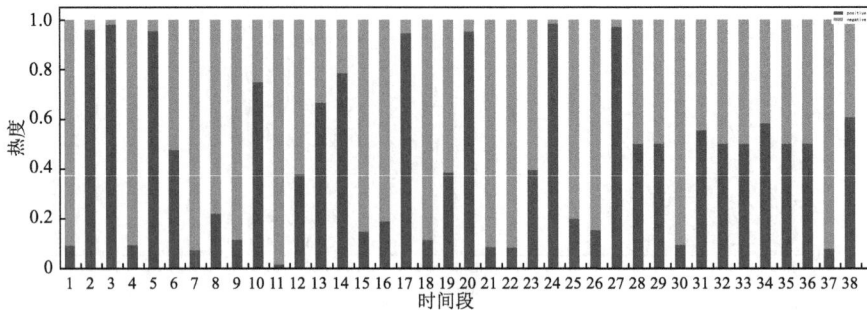

（a）Topic#0

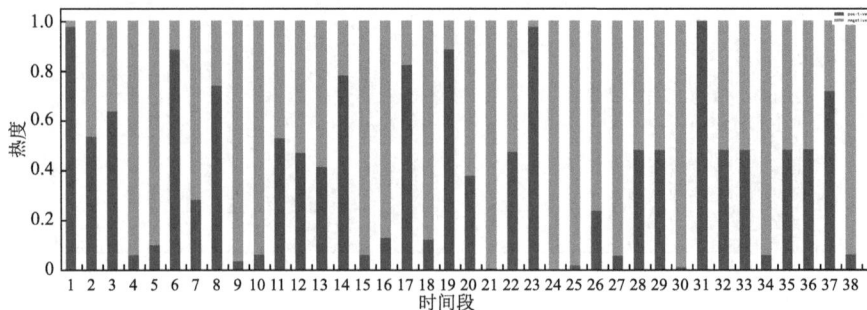

（b）Topic#1

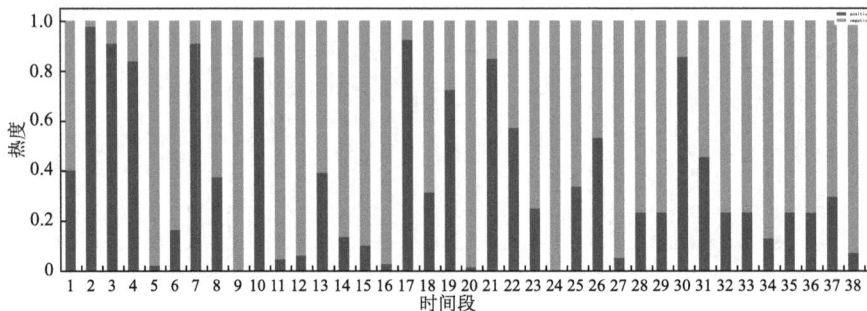

（c）Topic#2

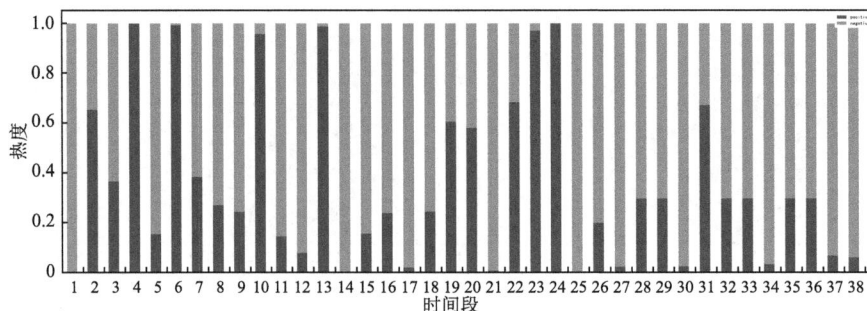

（d）Topic#3

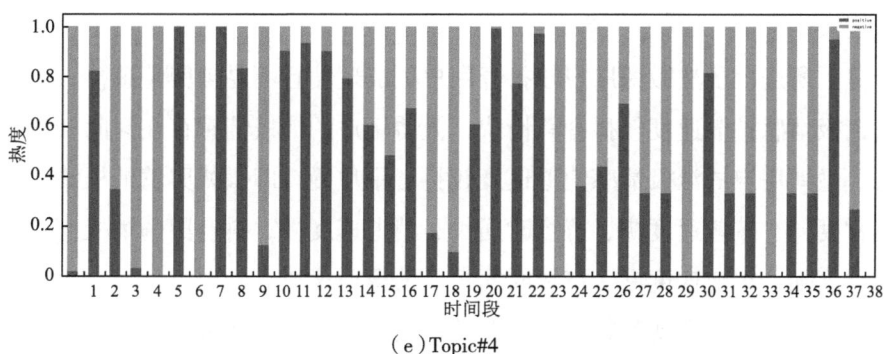

（e）Topic#4

图 5-13　基于各个主题的抖音情感态度演化柱状图

橙色部分代表消极情感态度，蓝色部分代表积极情感态度。因具有消极情感态度的舆情更易造成社会动荡，故文本将着重分析舆情的消极情感演化过程。本文将从宏观和微观两个方面分析比较基于各个主题的微博和抖音之间的情感态度演化过程的差异（见书末彩插）。

宏观方面，微博柱状图橙色面积占比明显小于蓝色部分，表明微博舆情积极情感占比大于消极情感；反之，抖音柱状图橙色面积占比明显大于蓝色部分，表明抖音舆情消极情感占比大于积极情感。微博相邻组间差值较小，即微博用户情感态度更加稳定；而抖音相邻组间差值较大，即抖音用户情感态度更易产生剧烈波动，故面对"新冠疫情"事件，微博用户总体上较抖音用户更加理性乐观且不易受到舆情裹挟。

微观方面，与"2022 年 12 月 7 日疫情全面放开"直接相关的"防控措施"主题，在 2022 年 12 月 7 日至 12 月 15 日期间，微博和抖音的消极情感都持续急速上涨，2022 年 12 月 16 日后开始下降。从上涨幅度来看，2022 年 12 月 7 日，微博消极情感已占据较高的比例，7 日到 8 日的涨幅较小，并已基本完成扩散；2022 年 12 月 7 日，抖音消极情感占据比例仍然较低，7 日到 8 日的涨幅较大，扩散仍在继续。这一现象符合人们对日常生活的认知，因微博具有同平台转发功能且转发内容能被搜索观看，故微博具有更强的信息传播能力，信息扩散速度较抖音平台更快。抖音的消极情感于 2022 年 12 月 23 日左右几乎全部消失，而微博直至 2022 年 12 月 31 日左右才逐渐消失，故微博的消极情感持续时间较抖音的消极情感持续时间长，微博的消极情感消退速度较抖音的消极情感消退速度快。

综上所述，虽然微博用户较抖音用户更加理性且不易被舆情裹挟，但微博舆情消极情感扩散速度较抖音舆情快，微博用户的消极情感存在时间较抖音用户长，微博用户的消极情感消退速度较抖音用户慢。即微博舆情消极情感态度影响程度弱、扩散速度快、持续时间长、消退速度慢；抖音舆情消极情感态度影响程度强、扩散速度慢、持续时间短、消退速度快。

本节主要分析微博和抖音在主题关键词集、主题热度演化过程和基于主题的情感态度演化过程3个方面的差异，并总结出以下5个结论。

（1）面对同一突发公共事件，微博和抖音2个平台网络舆情主题并不完全相同。

（2）即使面对同一舆情主题，微博和抖音的主题关键词集和热度演化过程也存在部分差异。

（3）微博用户较抖音用户更加理性，更不易被舆情裹挟。

（4）微博舆情消极情感态度影响程度弱、扩散速度快、持续时间长、消退速度慢。

（5）抖音舆情消极情感态度影响程度强、扩散速度慢、持续时间短、消退速度快。

5.5 本章小结

本研究以"新冠疫情"事件为例，分析比较微博和抖音两个平台在面对同一突发公共事件时网络舆情的主题情感演化过程的差异。研究基于LDA模型进行主题聚类，基于KNN算法进行情感分类，构建文档—主题—情感—时间字典，将数据综合计算并将计算结果可视化，最后对比分析微博和抖音在主题关键词集、主题热度演化过程和基于主题的情感态度演化过程3个方面的差异。

研究结果发现：在主题方面，微博和抖音2个平台在面对同一突发公共事件的网络舆情部分主题有所不同；即使面对同一网络舆情主题，微博和抖音的主题关键词集和热度演化过程也存在部分差异。在情感态度方面，微博用户较抖音用户更加理性，更不易被舆情裹挟，抖音用户情感态度更易产生剧烈波动；微博舆情消极情感态度影响程度弱、扩散速度快、持续时间长、消退速度慢；抖音舆情消极情感态度影响程度强、扩散速度慢、持续时间短、消退速度快。

对于企业而言，基于主题模型的跨平台用户情感分析比较研究具有重要的实践意义。

（1）跨平台洞察。企业可以通过本研究提出的方法，了解用户在不同社交媒体平台上的情感表达差异。这样的跨平台洞察可以帮助企业更好地理解用户对产品、服务或品牌的不同反应，指导企业更灵活地调整策略和沟通方式。

（2）产品和服务优化。通过分析用户情感，企业可以识别产品和服务的优势和改进空间。了解用户在不同平台上的体验和情感反馈，有助于企业精细化产品设计和服务提供，满足用户期望，提升产品竞争力。

（3）品牌声誉管理。跨平台主题模型的情感分析可以帮助企业监测和管理品牌声誉。通过了解用户在社交媒体上对品牌的情感态度，企业能够及时回应用户的消极反馈、加强正面宣传，有效维护品牌形象。

（4）市场定位和营销策略。跨平台用户情感分析有助于企业更准确地了解目标市场。通过对用户情感的深入理解，企业能够调整营销策略，更精准地定位目标受众，提高广告和宣传效果。

（5）危机管理。主题模型的跨平台用户情感分析有助于企业及时发现和应对危机。通过监测社交媒体上的情感指标，企业可以迅速识别潜在的危机点，及时采取措施化解危机，维护业务稳定。

（6）客户关系管理。了解用户情感有助于企业建立更紧密的客户关系。通过响应用户情感反馈，积极沟通，企业可以建立良好的用户关系，提高客户满意度，促使用户更加忠诚。

综合而言，基于主题模型的跨平台用户情感分析比较研究为企业提供了深刻的用户洞察，有助于企业优化产品、提升品牌声誉、调整营销策略，并在市场竞争中保持敏锐的竞争力。

对于政府而言，基于以上研究，提出以下建议，为政府应对舆情危机提供决策参考。在舆情扩散阶段，因微博平台的舆情消极情感态度的扩散速度大于抖音平台，且两者舆情主题大部分相同，故可以借鉴微博的舆情发展方向，通过提前准备、及时回应等方法疏导网民情绪，通过微博平台与抖音平台联合发声，以防止舆情进一步扩散形成舆论。

目前，社交媒体除了文本数据外，还包含大量的图像影音等多媒体信息。本章仅以抖音平台的视频标题及评论作为数据源，未能研究抖音短视频本身的内容及弹幕，未能很好地反映抖音平台的舆情倾向。同时，本文仅分析比较了微博和抖音两个平台的网络舆情主题情感演化差异，未能深入研究两个平台产生差异的原因。在未来的研究中，笔者将把抖音短视频本身的内容及弹幕加入数据源，并针对差异产生的原因展开更加深入的思考与研究。

6 考虑消费者公平关切和战略行为的内容产品动态定价策略

6.1 问题描述

内容产品代表一类主要基于信息、知识或创意表达的商品，通常以数字化方式传播给消费者。此类别涵盖各种数字内容类型，如书面文章、电子书、录音、视频、在线教育课程、软件应用程序、虚拟游戏项目和数据驱动报告等。内容产品的价值很容易随着时间的推移而变化，使得静态定价策略通常不适合此类商品。内容产品的销售已成为一个利润丰厚的市场[164]。数字和数据驱动时代的进步，使得内容产品的动态定价策略变得更加可行。开发者现在可以根据消费者相关数据实施多样化的动态定价策略。人们普遍认为，动态定价策略在季节性产品或易腐商品的销售中得到了很好的运用。此外，该策略已被证明是卖家实现利润最大化的有效手段[165-166]。然而，动态定价策略的实施给消费者和卖家带来了一些挑战。数字时代的发展促进了数据和信息的更大透明度，促进了消费者和卖家的战略行为的增强。消费者的战略行为在实际环境中被广泛观察。例如，基于从虚拟游戏旧物品的角度，新产品的引入可能会导致旧物品的贬值和打折销售。然而，这些旧物品对消费者来说仍有价值。实际上，消费者可能会策略性地等待在发布新产品后，降价购买旧产品。大量文献致力于对战略消费者的研究[167]。研究还表明，在动态定价策略中忽视消费者的战略行为，可能会对卖方的利润产生深远影响[168]。因此，将消费者的战略等待行为纳入动态定价策略的实施中成为首要考虑因素。

近年来，行为经济学的进步逐渐凸显出消费者效用不仅仅由金钱奖励决定。除了消费者的战略等待之外，消费者行为也成为影响卖家利润的重要决定因素。消费者行为包括但不限于消费者公平性担忧、遗憾和过度自信等。消费者公平关注因素是一个值得注意的方面。通过现场实验和实验室环境进行的大量实证研究明确证明了消费者公平担忧对卖家决策的重大影响[169]。特别是当面对边际成本足够低的虚拟产品时，消费者在支付过高的价格时往往会质疑其待遇的公平性。忽视消费者公平问题可能会导致内容产品价值链效率低下。自从 Fehr 等[170]建立了公平问题的基础研究框架以来，学术界针对该消费者行为的研究虽有所增加，但其研究主要解决上游供应链内的分配公平问题，较少关注消费者所在的价值链下游端的公平问题。截至目前，学术界对动态定价下消费者公平问题的探索仍处于起步阶段。例如，Lee 等[171]、Selove[172]和 Diao[173]，在动态定价策略中考虑了消费者公平问题，却倾向于将消费者与价值链隔离，仅专注于调查同行引起的公平问题。因此，将消费者视为价值链的终端节点，探索如何融入消费者公平关切，提升价值链的效率，是值得关注的一个方面。

考虑到上述所有因素，消费者的战略行为和公平性担忧可能会减少卖家的利润，提示出现了以下问题。首先，公平性如何影响卖家的最优动态定价决策？其次，消费者公平问题能否让卖家和消费者都受益？最后，消费者策略行为对卖家有何影响？短视消费者的存在如何进一步影响卖家？关于以上内容的调查，目前研究有限。研究致力于弥补消费者公平关注行为和卖家动态定价策略的战略行为的差距。作为本章研究的重点，以上问题的答案对于理论探索和实践具有重要意义。

为了解决上述问题，研究设计了一个两期模型，其中，垄断性内容产品开发商销售内容商品。消费者对产品的评价是异质且分布均匀的。内容产品开发商通过动态定价策略确定最佳价格。消费者和内容产品开发商都拥有完整的信息。在第一个时期，战略消费者考虑其在当前和以后一定时期的效用，并做出购买或等待的决定。在第二个时期，上一时期未购买的消费者可以根据自己当期的效用做出购买或退出的决定。研究假设消费者在这两个时期都有公平性担忧，如果开发商收取的价格高于消费者认为的公平价格，消费者就会因公平问题而感受到负效用[174]。随后，本研究就消费者公平问题进行建模，并分析其如何影响消费者决策和开发商的动态定价策略。此外，还深入研究了消费者公平问题对开发商利润和消费者剩余的影响。本研究模型中另一个值得注意的因素是产品深度[175]。不同的产品深度代表不同的产品类别。研究分析了产品深度如何影响开发商的动态定价策略。在模型延伸中，进一步融入了近视消费者的参与，并为开发商采用峰值动态定价策略提供了可行性。与适度定价策略相比，峰值定价策略可能会导致所有策略消费者将决策推迟到第二阶段。研究分析短视消费者的存在如何影响平衡。

基于上述框架，本文得出以下主要研究成果。首先，研究结果表明，开发商对内容产品的动态定价决策受到消费者公平问题的显著影响。具体来说，当面对公平性关注度较低的消费群体时，开发者倾向于增加高深度内容产品的深度，降低低深度内容产品的深度。相反，当面对公平性考量较高的消费群体时，开发商会采取相反的行动。这是因为面对不同程度的公平关注的消费者群体，卖方采取不同的行动以减轻公平关注的侵蚀影响。

其次，结果表明，开发商对消费者的高公平性担忧持反感态度。然而，一个不太明显的观察结果是消费者公平性的担忧会对开发商的首期利润产生积极影响，特别是当内容产品的深度相对较高时。

再次，卖家在提供高深度产品时受益于"消费者的公平性关注"，而消费者在处理低质量产品时受益于"消费者的公平性关注"；开发者在提供高深度产品时受益于消费者的公平性关注，而消费者在处理低深度产品时受益于公平性关注。直观来看，考虑消费者公平问题的负效用会损害开发商的利益和消费者剩余。研究结论提供了独特的视角，该见解代表了对文献的新颖贡献。研究认为，在高深度产品背景下，公平性有效缓解了动态定价下策略性消费者等待带来的开发商利润损失，从而有利于开发商利益。相反，对于低深度产品，降价产生的需求扩张效应大于公平带来的侵蚀效应。因此，消费者剩余增加了。

最后，考虑到短视消费者的存在，研究发现对于高深度的产品，峰值定价策略会给开发商带来更大的利益。对于低深度产品，适度定价策略仍然占据主导地位。此外，短视消费者的进入降低了卖家从公平中受益的可能性，主要是由于峰值定价策略的出现，影响了开发商的最优动态定价决策。此外，研究还发现开发商更喜欢消费者目光短浅的市场。

本章的其余部分安排如下。在第 2 节中，介绍了相关理论基础；第 3 节介绍了主要假设和模型；第 4 节提供了主要分析结果，同时扩展研究的模型并讨论短视消费者的影响；最后，在第 5 节得出结论。

6.2 相关理论基础

本章的研究与文献在内容产品定价、动态定价策略和消费者公平问题存在联系。

6.2.1 内容产品定价

本章的研究与内容产品定价策略的文献密切相关。Kannan 等[176]探索了不同形式内容产品的最优定价策略，并为国家科学出版商构建了决策模型。研究发现，与实体副本相比较，许多消费者愿意为 PDF 格式的内容产品支付更高的价格。同样，Tan 等[177]也关注电子书市场，基于由供应商和两个竞争零售商组成的数字商品供应链，研究了代理模式或批发模式的战略影响。此外，基于先前的研究，Tan 等[178]研究了电子书行业的定价决策，并提出了协调此类内容产品供应链的最佳策略。Li 等[179]基于数字版权管理（DRM）保护机制的背景下，考虑了内容质量和网络环境对内容产品定价策略的影响。Na 等[180]重点比较不同定价策略下内容提供商的效率。鉴于近年来内容产品销售形式和媒介的多样化，Yu 等[181]研究将内容产品与数字设备捆绑在一起时的定价策略，其模型考虑该背景下内容产品的横向和纵向差异。Rao[182]考虑将内容产品开发为消费者的租赁版本，并实证分析了租赁市场的存在如何影响在线内容产品的定价策略。Dou 等[183]研究了内容产品折旧和租赁市场的存在对定价策略的影响。实践中，内容产品市场出现了各种各具特色的定价机制。Balasubramanian 等[184]分析了内容产品的两种定价机制，即销售机制和按使用付费机制。Hou 等[185]分析了"按需付费"机制下内容产品的定价策略，并给出了双寡头垄断情景下的均衡解决方案，同时还将消费者公平问题纳入研究模型中。Li 等[186]重点关注音乐等内容产品市场，研究了各种定价模型，包括所有权、订阅和混合定价模型。与以上研究者不同的是，本章的贡献在于在动态定价策略中考虑消费者公平问题，以丰富内容产品定价策略的文献。

6.2.2 动态定价策略

本章的研究与动态定价策略的文献相关。在采用动态定价策略时，卖家往往需要考虑消费者的策略性等待行为。Kannan 等[176]在存在参考价格效应的情况下，为面向战略消费者的卖家提出了一个两阶段动态定价模型，并证明了战略消费者对企业最优动态定价策略的影响是非单调的。Levin 等[187]调查了一家垄断公司使用动态定价模型在战略消费者面前销售差异化的易腐烂商品的情况。调查发现，在动态定价政策中忽视消费者的战略行为，可能会因消费者的战略行为而导致显著的收入影响。此外，Levin 等[188]研究了公司在采用动态定价模型时，忽视消费者的战略行为和考虑消费者的战略行为所做出的决策之间的比较。同时，还提出了几项措施，以有效减轻该战略对消费者行为的影响。Famil 等[189]研究了两家公司之间的动态定价竞争，这两家公司向具有战略动机的客户提供垂直差异化产品，旨在最大化其跨期效用，研究结果也强调了战略客户行为对质量差异化企业的不对称影响。Liu 等[190]表明，卖家可以在动态定价和预先宣布的定价策略之间进行选择，以减轻消费者战略行为的影响。事实上，产品成本、产品质量和参考价格等因素在塑造消费者战略行为和影响卖家最优动态定价策略方面发挥着关键作用。Popescu 等[191]考虑了重复互动市场中垄断企业的动态定价问题。研究认为，消费者根据企业的历史价格形成参考价格，其购买决策是由前景理论和参考价格效用指导的。Yu[192]调查了消费者产生的质量信息（如消费者评论）对企业在战略消费者面前的动态定价策略的影响。Gan 等[193]深入研究了产品质量不确定性背景下垄断卖家与前瞻性消费者之间的战略互动，探讨了社交学习在这些战略互动中的作用。通过观察发现，学术界关于内容产品中动态定价策略应用的研究相对较少。与以上研究者不同的是，本章研究的重点是内容产品的动态定价策略。

6.2.3 消费者公平问题

本章的研究为与消费者公平问题相关的运营管理和营销文献做出了贡献。行为经济学的发展促进了该领域研究的出现。一些文章研究了消费者公平问题对市场均衡策略的影响。该领域的一个著名范例是 Fehr 等[170]的研究。其围绕参与经济交易的不同各方之间的盈余分配展开研究。在此基础上，许多学者开展了一系列关注公平考虑的研究。Cui 等[194]将渠道成员的公平性关注纳入对渠道协调的分析中。结果表明，对公平的关注可能会导致渠道协调中批发价格的恒定。然而，由于双重边缘化问题，研究中未对消费者公平问题进行建模。He 等[195]将消费者公平关注引入价格竞争模型，发现该公平关注在一定条件下可以缓解价格竞争并增加企业利润。Guo[196]研究了当消费者面临产品成本不确定性时，消费者公平关注如何影响卖家的最优定价策略。研究证明，消费者公平问题不一定会导致卖方利润损失。Guo 等[197]提出，当一家公司的利润率与消费者剩余相对比较高时，消费者可能会认为该公司的定价不公平。同时还开发了一个分析框架，用来研究消费者不平等厌恶对公司最优定价和质量决策的影响。本章同意研究者对消费者公平关注的定义，并认为消费者分配公平是价值链中不容忽视的一个重要方面。Kopalle[198]考虑了卖方的能力限制，并讨论了消费者公平问题是否会导致短缺。然而，对于本章关注的内容产品，考虑其边际成本为零，消费者公平性的担忧可能不会影响短缺问题。Lin 等[199]考虑了消费者存在分销公平担忧时电商平台的最优批发定价策略或寄售策略。Yong 等[200]研究了消费者公平偏好对一次性游戏和重复游戏中动态定价的影响。Li[201]和 Jiang 等[202]均考虑了基于行为的定价策略下消费者公平偏好对卖家策略的影响。然而，其关注的是新客户和现有客户之间价格歧视造成的同行诱导公平，而本章的研究重点是价值链内消费者和卖家之间的分配公平。本章的研究与 Diao 等[173]的研究密切相关，开发了一个两阶段模型，用来研究消费者公平问题对公司动态定价策略和渠道利润的影响。研究提出，公司第二阶段提价的决定引起了对消费者公平的担忧。相比之下，本章研究假设消费者公平问题在两个时期都存在，而不仅仅是第二个时期。

6.3 模型构建

在本章中，笔者还探索了一个两阶段模型，即内容产品开发商将内容产品出售给消费者。基于内容产品的早期定义，开发商在生产内容产品时边际成本为零。为了分析简单且不失一般性，本研究未将开发商的固定成本纳入模型中。消费者可以选择在第一时段或第二时段购买内容产品。假设消费者和开发者都是理性的且拥有完整的信息。在本研究的主要模型中，假设所有消费者都是战略性的，意味着消费者可以在第一阶段理性地预测第二阶段的效用。在本研究的扩展中，考虑了近视消费者的加入，并分析了其对模型平衡的影响。短视的消费者也是理性的，只考虑当前时期的效用。接下来，介绍本研究的基本模型和研究的相关假设。

6.3.1 内容产品开发商

考虑一家垄断性内容产品开发商分两个时期销售其内容产品以满足消费者需求。与文献一致，研究假设内容产品的价值在第二个时期之后变为零[183]。这种两期结构已在文献中的多项研究中被采用[186]。该设置具有在研究动态问题时保持易处理性的优点。开发者可以在两个时期开始之前确定内容产品的价格，表示为 P_i（ $i \in \{1, 2\}$ ）。开发商的目标是在两个时期内实现整体利润最大化。

研究假设第二期内容产品的价值与第一期相比有所折扣。使用 δ（其中，$0 < \delta < 1$ ）表示此折扣；δ 代表内容产品的深度或耐久性[175]。事实上，由于受欢迎程度下降、生产壁垒的侵蚀及其他市场动态等因素的作用，内容产品的价值可能会受到显著影响并有所折扣。δ 值越高，表明内容产品即使上市一段时间后仍能保持较高的价值。这通常是基于知识的学习产品的特征。同时，较小的 δ 意味着产品进入市场后价值会迅速贬值。这是具有典型性的产品，如虚拟游戏物品或及时的新闻文章，很快就会失去相关性或实用性。在实践中，开发商往往会采取二期折扣定价的方式以维持内容产品在二期市场的吸引力。具体来说，开发商将第二期价格（表示为 P_2）设置为小于 δP_1，其中，P_1 是开发商在第一期设定的价格。该战略方法旨在增强第二阶段内容产品的吸引力并鼓励消费者参与，即使其价值随着时间的推移而下降。

6.3.2 内容产品消费者

假设市场有异质消费者，总需求标准化为 1。每个消费者都有一个保留值，表示为 V，遵循 $[0, 1]$ 范围内均匀分布。该假设体现了消费者偏好的多样性及为内容产品付费的意愿。

　　研究假设消费者群体是不可再生的，意味着两个时期都存在相同的消费者群体。该消费群体总共由 1 单位消费者组成，每个消费者在两个时段内最多可以需求 1 单位的内容产品。这一假设意味着消费者人口保持不变，并且在两个时期之间没有变化。消费者根据效用最大化的原则决定何时从开发商处获取内容产品。

　　在主模型中，研究假设消费者是战略消费者。在第一阶段开始前，战略消费者会权衡当前阶段的效用与下一阶段的效用，以决定购买或等待。如果第二期的效用大于第一期的效用，消费者就会选择等待。在第二期开始前，第一期未购买的战略消费者将根据当前效用决定购买或退出市场。如果购买该产品的净效用大于不购买的净效用（在研究中标准化为零），消费者就会选择购买。在延伸方面，研究考虑短视消费者和战略消费者的共存。其中，短视消费者仅根据当期的净效用做出购买决策[203]。一般来说，在第一期购买内容产品的消费者将获得 $V-P_1$ 的净效用，在第二期购买内容产品的消费者将获得 $\delta V-P_2$ 的净效用。其中，$P_i\,(i\in\{1,2\})$ 表示第 i 时段内内容产品的价格，由开发者确定。

　　现实中，消费者不仅关心自己的利益，还考虑交易的公平性，说明消费者存在公平性担忧。当存在消费者公平问题时，消费者的效用可能与标准经济理论的预测不一致。具体而言，现有的公平研究理论主要考虑两种类型的公平：分配公平和同伴诱导公平。在分配公平的背景下，消费者的效用不仅受到其结果的影响，还受到其结果与开发商利润比较的影响。在考虑同伴引起的公平时，消费者的效用也会受到同伴效用的影响，表明消费者不喜欢受到不公平的对待。研究主要关注分配公平的影响，其中，消费者的效用受到与开发商相比的相对剩余的影响。本研究的假设基于社会偏好理论中的现有文献[170, 204]，这些文献假设消费者公平性问题导致其将自己的结果与开发商的结果进行比较，并激励其做出减少这种差异的决定。基于 Fehr 等[170] 及 Haitao 等[194] 的研究，消费者公平问题包括两个方面：有利的不公平和不利的不公平。一些与分配公平相关的研究也表明，与有利的不公平相比，不利的不公平对决策者行为的影响更为显著[205-206]。Scheer 等[207] 进行的一项调查发现，美国的经销商主要关心不利的不公平，而不是有利的不公平。Ho 等[208] 在实验中还发现，玩家并未表现出对有利不公平的偏好，这也导致最近的研究采用仅包含不利不公平的效用函数[209]。这样的设置既易于分析又具有普遍性。因此，在研究中只关注不利的不公平所产生的效用。

具体来说，对于与开发商交易后将内容产品估价为 V 的消费者来说，开发商在本次交易中的剩余是收取的价格 P，而消费者的剩余是 $V-P$。在这种情况下，不利的不公平产生的效用可以表示为 $-\beta\max\{P-(V-P), 0\}$，其中，$\beta > 0$ 反映了消费者的公平关注程度（即对不利的不公平的厌恶程度）。

6.3.3 需求函数

首先，本小节提供所有关于事件时间表的描述。如图 6-1 所示，在两期博弈中，第一期从开发者决定其内容产品的价格 P_1 开始。战略消费者估计第二期价格，并根据两个时期的效用做出购买或等待决策。当第二期开始时，开发商公布第二期内容产品的价格 P_2，战略消费者根据其净效用决定购买或退出市场。本研究将分别推导第一期和第二期购买的消费者的需求函数。

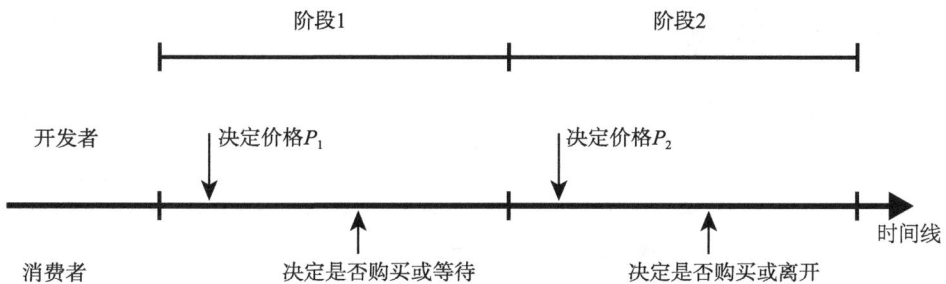

图6-1 事件时间表

6.3.3.1 不关注公平的战略消费者

在本节中，将分析两期需求函数，不考虑消费者公平问题。其中，使用上标 "N" 表示。一个消费者的效用为：

$$U^N = \begin{cases} U_1^N = V - P_1^N, & U_1^N \geqslant U_2^N \\ U_2^N = \delta V - P_2^N, & U_1^N < U_2^N \end{cases}。$$

研究首先描述消费者在第一个时期决定购买产品还是等待下一个时期的阈值，表示为 V_1^{N*}。通过设定 $U_1^N = U_2^N$，可以得到：

$$V_1^{N*} = \frac{P_1^N - P_2^N}{1-\delta}。$$

显然，保留价值较高的消费者会在第一时段进行购买，保留价值较低的消费者则会选择等到第二时段才做出购买决定。接下来，继续描述第二阶段消费者决定购买产品或退出市场的阈值，表示为 V_2^{N*}。通过设置 $U_2^N = 0$，可以得到 $V_2^{N*} = \frac{P_2^N}{\delta}$。在图 6-2 中，研究展示了两个时期的消费者细分。产品需求为：

$$D_1^N = \begin{cases} 1 - \dfrac{P_1^N - P_2^N}{1-\delta}, & \dfrac{P_1^N - P_2^N}{1-\delta} < 1 \\ 0, & \dfrac{P_1^N - P_2^N}{1-\delta} \geq 1 \end{cases},$$

$$D_2^N = \begin{cases} \dfrac{P_1^N - P_2^N}{1-\delta} - \dfrac{P_2^N}{\delta}, & P_1^N > \dfrac{P_2^N}{\delta} \text{ 和 } \dfrac{P_1^N - P_2^N}{1-\delta} < 1 \\ 1 - \dfrac{P_2^N}{\delta}, & \dfrac{P_1^N - P_2^N}{1-\delta} \geq 1 \end{cases}。$$

为了确保消费者在这两个时期的参与，假设 $P_1^N > \dfrac{P_2^N}{\delta}$ 和 $\dfrac{P_1^N - P_2^N}{1-\delta} < 1$ 成立。这些也是动态定价策略的可行条件。因此，研究得到 $P_1^N - 1 + \delta < P_2^N < \delta P_1^N$。

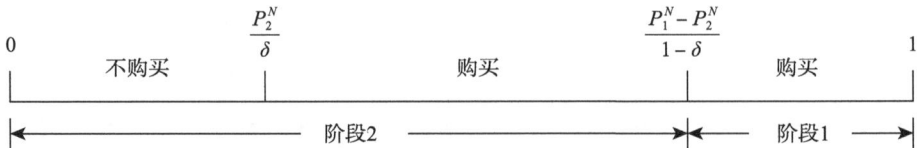

图 6-2 基础模型中的消费者细分

6.3.3.2 关注公平的战略消费者

在本节中，研究分析考虑消费者公平问题的两期需求函数。使用上标"F"表示。一个消费者的效用为：

$$U^F = \begin{cases} U_1^F = V - P_1^F - \beta \max\{P_1^F - (V - P_1^F), 0\}, & U_1^F \geq U_2^F \\ U_2^F = \delta V - P_2^F - \beta \max\{P_2^F - (\delta V - P_2^F), 0\}, & U_1^F \geq U_2^F \end{cases}。$$

用参数 δ 表示内容产品的深度。需要分析边际消费者是否受到不利和不公平的影响。首先描述第一时期消费者购买决策或等待决策的阈值，表示为 V_1^{F*}s。通过设置 $U_1^F \geq U_2^F$，可以得到：

$$V_1^{F*} = \frac{P_1 - P_2 + \beta\{\max(P_1 - (V_1^{F*} - P_1), 0) - \max(P_2 - (\delta V_1^{F*} - P_2), 0)\}}{1 - \delta}。$$

不难看出,研究需要判断第一期和第二期的边际消费者是否受到价格 P_i 不公平的影响。具体来说,可以分为 3 种情况。

情况 1:边际消费者不受两期价格不公平的影响,即 $P_1 < \frac{V_1^{F*}}{2}$ 和 $P_2 < \frac{\delta V_1^{F*}}{2}$;

情况 2:边际消费者受到第一期价格不公平的影响,却不受第二期价格不公平的影响,即 $P_1 \geqslant \frac{V_1^{F*}}{2}$ 和 $P_2 < \frac{\delta V_1^{F*}}{2}$;

情况 3:边际消费者同时受到第一期和第二期价格不公平的影响,即 $P_1 \geqslant \frac{V_1^{F*}}{2}$ 和 $P_2 \geqslant \frac{\delta V_1^{F*}}{2}$。

这 3 个具体案例可以概括如下:

$$V_1^{F*} = \begin{cases} \dfrac{P_1^F - P_2^F}{1 - \delta}, & P_2^F < (2\delta - 1)P_1^F \\[2mm] \dfrac{(1 + 2\beta)P_1^F - P_2^F}{1 - \delta + \beta}, & (2\delta - 1)P_1^F \leqslant P_2^F < \dfrac{\delta(1 + 2\beta)}{(1 - \delta) + (1 + 2\beta)}P_1^F \\[2mm] \dfrac{(1 + 2\beta)(P_1^F - P_2^F)}{(1 - \delta)(1 + \beta)}, & \dfrac{\delta(1 + 2\beta)}{(1 - \delta) + (1 + 2\beta)}P_1^F \leqslant P_2^F < \delta P_1^F \end{cases}。$$

研究描述第二时期消费者决定是否购买产品或退出市场的阈值,记为 V_2^{F*}。设置 $U_2^F = 0$,得到

$$V_2^{F*} = \frac{P_2 + \beta\max\{P_2 - (\delta V - P_2), 0\}}{\delta}。$$

可以确定此时的边际消费者是否受到不利不公平的影响。假设第二期的边际消费者不受劣势消费者公平担忧的影响,即 $P_2 - (\delta V_2^{F*} - P_2) < 0$。可以得到 $V_2^{F*} = \frac{P_2}{\delta}$。然而,这个结果与约 $P_2 - (\delta V_2^{F*} - P_2) < 0$ 相矛盾。因此,第二期的边际消费者会受到 P_2^F 不利的、不公平的影响。研究用图 6–3 说明不同时期不同案例的消费者细分。

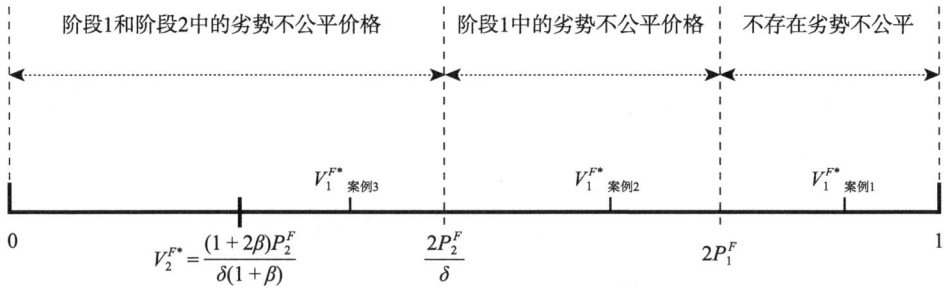

图 6-3 主模型中不同案例的消费者细分

案例 1 下的产品需求为：

$$D_1^F = \begin{cases} 1 - \dfrac{P_1^F - P_2^F}{1-\delta}, & \dfrac{P_1^F - P_2^F}{1-\delta} < 1 \\ 0, & \dfrac{P_1^F - P_2^F}{1-\delta} \geqslant 1 \end{cases},$$

$$D_2^F = \begin{cases} \dfrac{P_1^F - P_2^F}{1-\delta} - \dfrac{1+2\beta}{\delta(1+\beta)}P_2^F, & \dfrac{P_1^F - P_2^F}{1-\delta} > \dfrac{1+2\beta}{\delta(1+\beta)}P_2^F \text{ 和 } \dfrac{P_1^F - P_2^F}{1-\delta} < 1 \\ 1 - \dfrac{1+2\beta}{\delta(1+\beta)}P_2^F, & \dfrac{P_1^F - P_2^F}{1-\delta} \geqslant 1 \end{cases},$$

动态定价策略的可行条件为：$P_1^F - 1 + \delta < P_2^F < (2\delta - 1)P_1^F$。

案例 2 下的产品需求为：

$$D_1^F = \begin{cases} 1 - \dfrac{(1+2\beta)P_1^F - P_2^F}{1-\delta+\beta}, & \dfrac{(1+2\beta)P_1^F - P_2^F}{1-\delta+\beta} < 1 \\ 0, & \dfrac{(1+2\beta)\left(P_1^F - P_2^F\right)}{1-\delta+\beta} \geqslant 1 \end{cases},$$

$$D_2^F = \begin{cases} \dfrac{(1+2\beta)P_1^F - P_2^F}{1-\delta+\beta} - \dfrac{1+2\beta}{\delta(1+\beta)}P_2^F, & \dfrac{(1+2\beta)P_1^F - P_2^F}{1-\delta+\beta} > \dfrac{1+2\beta}{\delta(1+\beta)}P_2^F \text{ 和 } \dfrac{(1+2\beta)P_1^F - P_2^F}{1-\delta+\beta} < 1 \\ 1 - \dfrac{1+2\beta}{\delta(1+\beta)}P_2^F, & \dfrac{(1+2\beta)P_1^F - P_2^F}{1-\delta+\beta} \geqslant 1 \end{cases},$$

动态定价策略的可行条件为：

$$(2\delta - 1)P_1^F \leqslant P_2^F < \dfrac{\delta(1+2\beta)}{(1-\delta)+(1+2\beta)}P_1^F,$$

案例 1 下的产品需求为：

$$D_1^F = \begin{cases} 1 - \dfrac{(1+2\beta)\left(P_1^F - P_2^F\right)}{(1-\delta)(1+\beta)}, & \dfrac{(1+2\beta)\left(P_1^F - P_2^F\right)}{(1-\delta)(1+\beta)} < 1 \\ 0, & \dfrac{(1+2\beta)\left(P_1^F - P_2^F\right)}{(1-\delta)(1+\beta)} \geqslant 1 \end{cases},$$

$$D_2^F = \begin{cases} \frac{(1+2\beta)(P_1^F-P_2^F)}{(1-\delta)(1+\beta)} - \frac{1+2\beta}{\delta(1+\beta)}P_2^F, & \frac{(1+2\beta)(P_1^F-P_2^F)}{(1-\delta)(1+\beta)} > \frac{1+2\beta}{\delta(1+\beta)}P_2^F \text{ 和 } \frac{(1+2\beta)(P_1^F-P_2^F)}{(1-\delta)(1+\beta)} < 1 \\ 1 - \frac{1+2\beta}{\delta(1+\beta)}P_2^F, & \frac{(1+2\beta)(P_1^F-P_2^F)}{(1-\delta)(1+\beta)} \geq 1 \end{cases}。$$

动态定价策略的可行条件为：

$$\frac{\delta(1+2\beta)}{(1-\delta)+(1+2\beta)}P_1^F \leq P_2^F < \delta P_1^F。$$

表6-1总结了研究中使用的符号。接下来，将重点分析开发者与消费者之间的博弈，分别考虑是否存在消费者公平问题。

表6-1 公式符号含义

符号	定义
V	消费者对内容产品的评价，其中，$V \sim U(0,1)$
$i=1,2$	市场周期
P_i	开发商设定的内容产品价格
U_i	不同时期消费者的效用
β	消费者公平关注程度
δ	内容产品的深度
Π_i	开发商在不同时期的利润
Π	开发商利润总额
N	表示不考虑消费者公平问题的基本模型
F	表示考虑消费者公平问题的主要模型
CS	消费者剩余总额
α	考虑短视消费者联合的战略消费者比例（模型扩展中）

6.4 结果分析

本节首先提出一个用于分析的基本模型，其中，不考虑消费者公平问题。接下来，重点分析研究的主要模型，该模型考虑了消费者公平问题。在获得两个模型的平衡解后,进行比较分析。该分析方法有助于读者比较和分析消费者公平问题在动态定价策略中的作用。

6.4.1 基础模型:缺乏公平性的动态定价策略

在该模型中,首先不考虑消费者公平问题。为了表示方便,采用上标"N"表示。研究采用逆向归纳法求解子博弈的完美均衡。基于第 6.3 节中消费者细分的分析,研究提出了开发商的利润函数,用 Π_2^N 表示开发商第二期的利润。开发商第二期考虑的定价决策为:

$$\max_{P_2^N} \Pi_2^N = \left(\frac{P_1^N - P_2^N}{1 - \delta} - \frac{P_2^N}{\delta} \right) P_2^N 。$$

考虑开发商第一期的利润函数,可知开发商利润最大化问题为:

$$\max_{P_1^N} \Pi^N = \left(1 - \frac{P_1^N - P_2^N}{1 - \delta} \right) P_1^N + \Pi_2^N \left(P_2^{N*} \left(P_1^N \right) \right) 。$$

因此,研究总结了引理 1 中的均衡结果。

引理 1:当开发商在不考虑消费者公平问题的情况下采用动态定价策略时,开发商的最优价格、销售数量和利润及消费者剩余为:

$$P_1^N = \frac{2(1-\delta)}{4-3\delta}, \ P_2^N = \frac{\delta(1-\delta)}{4-3\delta},$$

$$D_1^N = \frac{2(1-\delta)}{4-3\delta}, \ D_2^N = \frac{1}{4-3\delta}, \ D^N = \frac{3-2\delta}{4-3\delta},$$

$$\Pi_1^N = \frac{4(1-\delta)^2}{(4-3\delta)^2}, \ \Pi_2^N = \frac{\delta(1-\delta)}{(4-3\delta)^2}, \ \Pi^N = \frac{1-\delta}{4-3\delta},$$

$$CS_1^N = \frac{2(1-\delta)}{(4-3\delta)^2}, \ CS_2^N = \frac{\delta}{2(4-3\delta)^2}, \ CS^N = \frac{1}{2(4-3\delta)} 。$$

当开发者不考虑消费者公平性担忧时,开发者的利润只与内容产品的深度相关。可以直观地观察到,随着内容产品深度的增加,消费者总需求和总剩余都增加。该结果符合预期,主要是因为更高的产品深度为第二阶段的消费者提供了更高的效用,从而导致了上述结果。此外,还可以观察到,开发商的整体利润随着内容产品深度的增加而下降。这是因为更多的消费者愿意等到第二个时期才进行购买。在第二个时期,开发商定价较低,从而减少了总利润。

6.4.2 主模型：公平的动态定价策略

在本节中，研究考虑了动态定价策略中的消费者公平问题，使用上标"F"表示。研究采用逆向归纳法求解子博弈的完美均衡。基于第 6.3 节中对消费者细分的分析，研究得出了开发商在 3 种确定情况下的利润函数。采用 Π_2^F 表示开发商第二期的利润。

在情况 1 下，开发商在第二期考虑的定价决策为：

$$\max_{P_2^F} \Pi_2^F = \left(\frac{P_1^F - P_2^F}{1-\delta} - \frac{1+2\beta}{\delta(1+\beta)}P_2^F\right)P_2^F。$$

第一期的开发商的利润最大化问题为：

$$\max_{P_1^F} \Pi^F = \left(1 - \frac{P_1^F - P_2^{F*}(P_1^F)}{1-\delta}\right)P_1^F + \Pi_2^F\left(P_2^{F*}(P_1^F)\right)。$$

面对情况 2 时，开发商在第二期考虑的定价决策为：

$$\max_{P_2^F} \Pi_2^F = \left(\frac{(1+2\beta)P_1^F - P_2^F}{1-\delta+\beta} - \frac{1+2\beta}{\delta(1+\beta)}P_2^F\right)P_2^F。$$

第一期开发商的利润最大化问题为：

$$\max_{P_1^F} \Pi^F = \left(1 - \frac{(1+2\beta)P_1^F - P_2^{F*}(P_1^F)}{1-\delta+\beta}\right)P_1^F + \Pi_2^F\left(P_2^{F*}(P_1^F)\right)。$$

在情况 3 下，开发商在第二期考虑的定价决策为：

$$\max_{P_2^F} \Pi_2^F = \left(\frac{(1+2\beta)(P_1^F - P_2^F)}{(1-\delta)(1+\beta)} - \frac{1+2\beta}{\delta(1+\beta)}P_2^F\right)P_2^F。$$

第一期开发商的利润最大化问题为：

$$\max_{P_1^F} \Pi^F = \left(1 - \frac{(1+2\beta)\left(P_1^F - P_2^{F*}(P_1^F)\right)}{(1-\delta)(1+\beta)}\right)P_1^F + \Pi_2^F\left(P_2^{F*}(P_1^F)\right)。$$

因此，综合考虑上述结果，得到引理 2。

引理 2：当考虑消费者公平问题时，开发商的最优价格、销售数量和利润为：

$$P_1^{F*} = \begin{cases} \frac{(1+\beta)(2+2\beta-\delta)^2}{2(1+2\beta)(4+8\beta+4\beta^2-3\delta-4\beta\delta)}, & 条件 1 \\ \frac{2(1+\beta-\delta)(1+2\beta^2+3\beta-\beta\delta)}{(1+2\beta)[4-3\delta+2\beta^2(4-\delta)+3\beta(4-3\delta)]}, & 条件 2, \\ \frac{(1+\beta)\delta}{2(1+2\beta-4\beta\delta+4\beta\delta^2)}, & 条件 3 \end{cases}$$

$$P_2^{F*} = \begin{cases} \dfrac{(1+\beta)(2+2\beta-\delta)\delta}{2(4+8\beta+4\beta^2-3\delta-4\beta\delta)}, & \text{条件 1} \\[3mm] \dfrac{\delta(1+\beta-\delta)(1+\beta)}{4-3\delta+2\beta^2(4-\delta)+3\beta(4-3\delta)}, & \text{条件 2}, \\[3mm] \dfrac{(2\delta-1)(1+\beta)\delta}{2(1+2\beta-4\beta\delta+4\beta\delta^2)}, & \text{条件 3} \end{cases}$$

$$D_1^{F*} = \begin{cases} \dfrac{2+4\beta+2\beta^2-2\delta-3\beta\delta}{4+8\beta+4\beta^2-3\delta-4\beta\delta}, & \text{条件 1} \\[3mm] \dfrac{2[1-\delta+\beta^2(2-\delta)+3\beta(1-\delta)]}{4-3\delta+2\beta^2(4-\delta)+3\beta(4-3\delta)}, & \text{条件 2}, \\[3mm] \dfrac{1-\delta+\beta(2-5\delta+4\delta^2)}{1+\beta(2-4\delta+4\delta^2)}, & \text{条件 3} \end{cases}$$

$$D_2^{F*} = \begin{cases} \dfrac{2+2\beta-\delta}{8+8\beta^2+8\beta(2-\delta)-6\delta}, & \text{条件 1} \\[3mm] \dfrac{1+2\beta^2+\beta(3-\delta)}{4-3\delta+2\beta^2(4-\delta)+3\beta(4-3\delta)}, & \text{条件 2}, \\[3mm] \dfrac{1+2\beta-2\beta\delta}{2+\beta(4-8\delta+8\delta^2)}, & \text{条件 3} \end{cases}$$

$$D^{F*} = \begin{cases} \dfrac{6+4\beta^2+\beta(10-6\delta)-5\delta}{8+8\beta^2+8\beta(2-\delta)-6\delta}, & \text{条件 1} \\[3mm] \dfrac{3-2\delta+2\beta^2(3-\delta)+\beta(9-7\delta)}{4-3\delta+2\beta^2(4-\delta)+3\beta(4-3\delta)}, & \text{条件 2}, \\[3mm] \dfrac{3-2\delta+2\beta(3-6\delta+4\delta^2)}{2+\beta(4-8\delta+8\delta^2)}, & \text{条件 3} \end{cases}$$

$$\Pi_1^{F*} = \begin{cases} \dfrac{(1+\beta)(2+2\beta-\delta)^2(2+4\beta+2\beta^2-2\delta-3\beta\delta)}{2(1+2\beta)(4+8\beta+4\beta^2-3\delta-4\beta\delta)^2}, & \text{条件 1} \\[3mm] \dfrac{4(1+\beta-\delta)(1+2\beta^2+3\beta-\beta\delta)[1-\delta+\beta^2(2-\delta)+3\beta(1-\delta)]}{(1+2\beta)[4-3\delta+2\beta^2(4-\delta)+3\beta(4-3\delta)]^2}, & \text{条件 2}, \\[3mm] \dfrac{\delta(1+\beta)[(1-\delta)(1+\beta)+\beta(2\delta-1)^2]}{2[1+\beta(2-4\delta+4\delta^2)]^2}, & \text{条件 3} \end{cases}$$

$$\Pi_2^{F*} = \begin{cases} \dfrac{(1+\beta)\delta(2+2\beta-\delta)^2}{4(4+8\beta+4\beta^2-3\delta-4\beta\delta)^2}, & \text{条件 1} \\[3mm] \dfrac{\delta(1+\beta-\delta)(1+\beta)[1+2\beta^2+\beta(3-\delta)]}{[4-3\delta+2\beta^2(4-\delta)+3\beta(4-3\delta)]^2}, & \text{条件 2}, \\[3mm] \dfrac{\delta(2\delta-1)(1+\beta)(1+2\beta-2\beta\delta)}{4[1+\beta(2-4\delta+4\delta^2)]^2}, & \text{条件 3} \end{cases}$$

$$\Pi^{F*} = \begin{cases} \dfrac{(1+\beta)(2+2\beta-\delta)^2}{4(1+2\beta)(4+8\beta+4\beta^2-3\delta-4\beta\delta)}, & \text{条件 1} \\[3mm] \dfrac{(1+\beta-\delta)[1+2\beta^2+\beta(3-\delta)]}{(1+2\beta)[4-3\delta+2\beta^2(4-\delta)+3\beta(4-3\delta)]}, & \text{条件 2}, \\[3mm] \dfrac{(1+\beta)\delta}{4+8\beta(1-2\delta+2\delta^2)}, & \text{条件 3} \end{cases}$$

其中，条件 1 为：（a）$0 < \beta \leq \beta_1$ 且 $0 < \delta \leq \delta_1(\beta)$ 和（b）$\beta_1 < \beta \leq \dfrac{1}{4}(1+\sqrt{17})$ 且 $0 < \delta \leq \dfrac{4+6\beta-2\beta^2-4\beta^3}{3+3\beta-2\beta^2}$。

条件 2 为：（c）$\beta_1 < \beta \leq \dfrac{1}{4}(1+\sqrt{17})$ 且 $\dfrac{4+6\beta-2\beta^2-4\beta^3}{3+3\beta-2\beta^2} < \delta \leq \dfrac{3+11\beta+6\beta^2}{8\beta} - \dfrac{1}{8}\sqrt{\dfrac{9+34\beta+61\beta^2+68\beta^3+36\beta^4}{\beta^2}}$ 和（d）$\dfrac{1}{4}(1+\sqrt{17}) < \beta$ 且 $< \delta \leq \dfrac{3+11\beta+6\beta^2}{8\beta} - \dfrac{1}{8}\sqrt{\dfrac{9+34\beta+61\beta^2+68\beta^3+36\beta^4}{\beta^2}}$。

条件 3 为：（e）$0 < \beta \leq \beta_1$ 且 $\delta_1(\beta) < \delta \leq 1$ 和（f）$\beta_1 < \beta$ 且 $\dfrac{3+11\beta+6\beta^2}{8\beta} - \dfrac{1}{8}\sqrt{\dfrac{9+34\beta+61\beta^2+68\beta^3+36\beta^4}{\beta^2}} < \delta \leq 1$。

引理 2 提供了考虑消费者公平问题的结果。图 6-4 直观地说明了这些结果。值得注意的是，在这种情况下，均衡结果是分段函数，主要是因为开发商的利润因消费者公平问题的不同程度而有所差异。由此可以直接观察到，无论条件如何，开发商的二期价格总是会随着一期价格的上涨而上涨。这是因为对于战略消费者来说，第一时段内容产品价格的上涨会导致更多消费者选择等到第二时段购买。然而，与第一期相比，第二期价格相对较低，将减少开发商的利润。因此，开发商必须提高二期价格，以吸引更多消费者在一期购买，从而增加利润（见书末彩插）。

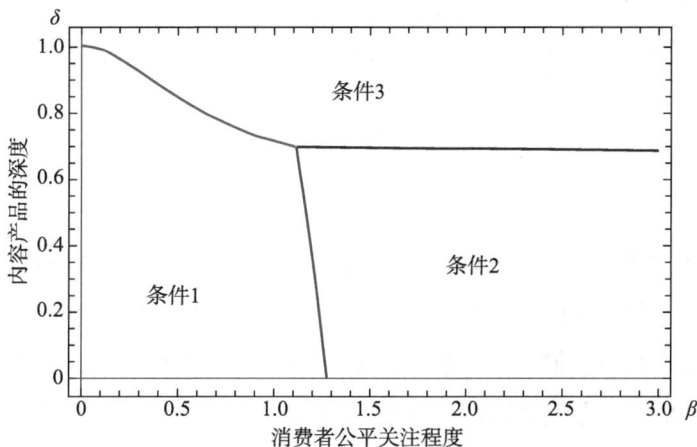

图 6-4　主模型结果

接下来，本节将在以下两个命题中讨论不同参数对均衡结果的影响。本节提供了对比较静态分析结果的详细描述，还在基本模型中计算了消费者剩余。

命题 1：随着内容产品深度比的增加发现：

（1）当 $\beta < \frac{1}{2}$ 时，第一期价格 P_1^{F*} 为 U 形；当 $\beta \geq \frac{1}{4}(3+\sqrt{17})$ 时为单峰，第二期价格 P_2^{F*} 将增加。

（2）当 $\beta < \frac{1}{2}$ 时，第一期需求 D_1^{F*} 会减少；当 $\beta \geq \frac{1}{2}$ 时会呈 U 形，第二期需求 D_2^{F*} 会呈 U 形急剧下降，总需求 D^{F*} 将减少。

（3）当 $\beta < \frac{1}{2}$ 时，第一期利润 Π_1^{F*} 会减少。$\beta \geq \frac{1}{2}$ 时为单峰，当 $\beta < \frac{1}{2}$ 时，第二期利润 Π_2^{F*} 会增加。当 $\beta \geq \frac{1}{2}$ 时为单峰，当 $\beta < \frac{1}{2}$ 时，总利润 Π^{F*} 为 U 形；当 $\beta \geq \frac{1}{4}(3+\sqrt{17})$ 时为单峰。

回想一下，研究使用 δ 表示内容产品的深度。由于研究考虑了消费者公平性问题，因此，分析得出以上结果。研究还观察到产品深度对开发商的定价策略和利润具有重大影响，虽然深度对许多结果的影响是非单调的。研究可以从命题 1 得到以下结论。首先，较高的深度意味着开发商可以在第二阶段向消费者收取更高的价格。主要是因为更高的深度可以为第二时期的消费者提供更大的效用，消费者更愿意为此类产品支付更高的价格。其次，深度越高，意味着内容产品的总销量越低。需要注意的是，总需求由公式 $D^F = 1 - \frac{1+2\beta}{\delta(1+\beta)}P_2^F$ 给出。深度越高，第二期边际消费者的位置向右移动，意味着 $V_2^{F*} = \frac{1+2\beta}{\delta(1+\beta)}P_2^F$ 增加。

命题 1 还提供了一些不太明显的结论，并带来了第一个有趣的分析。具体来说，当消费者对公平性的关注度较高时，δ 的高水平增加会导致第一期需求的增加和第二期需求的减少，进而导致第一期利润增加、第二期利润减少。其基本原理是随着产品深度越高，开发商越倾向于在第二阶段收取更高的价格。当 δ 处于较高水平时，消费者认为产品价值的影响远不如公平担忧的负面影响

148

显著。因此，更多的消费者愿意在第一期购买该产品，从而导致第一期价格和需求增加。这些变化也会导致第二期利润减少。另一个有趣的结果是，当面对公平关注程度较低的消费者群体时，δ 对均衡结果的影响与基础模型分析中观察到的效果类似。影响概括如下：P_1 和 D_1 减少，P_2 和 D_2 增加，以及 D 和利润的减少。这是因为公平担忧对消费者的影响不足以显著改变总体均衡结果。

综上所述，研究观察到，δ 对开发商在第一阶段和第二阶段的决策及两个阶段的利润有着截然不同的影响。具体来说，一方面，当面对公平性关注度较低的消费群体时，开发者更倾向于增加高深度内容产品的深度，同时降低低深度内容产品的深度。另一方面，当面对公平性考量较高的消费群体时，开发商的目标是将 δ 收敛至相对较高的位置，此时，产品深度对开发商利润的影响是单峰的（先增加后减少）。在后面的章节中，将研究分析消费者公平问题对均衡结果的影响。

命题 2：随着消费者公平关注程度的增加，结果发现：

（1）第一期价格 P_1^{F*} 会下降，第二期价格 P_2^{F*} 会下降。

（2）第一期需求 D_1^{F*} 会增加，第二期需求 D_2^{F*} 会减少，总需求 D^{F*} 会减少。

（3）第一期利润 Π_1^{F*} 在 δ 较低时减少，在 δ 较高时增加；而第二期利润 Π_2^{F*} 则减少，总利润 Π^{F*} 会减少。

回想一下，研究使用 β 表示消费者公平关注的程度。对公平性关注程度较高的消费者更倾向于以其认为公平的价格购买内容产品。定价过高会给消费者带来更高的负效用，导致更多消费者退出市场。

从结果来看，命题 2 指出，较高的 β 会导致开发商的利润较低。为了更直观地分析该结果，研究分别对两个时期进行分析。首先，研究直观地分析了 β 对第二周期的影响。具体来说，较高的 β 会导致 P_2^{F*} 和 D_2^{F*} 均减少。P_2^{F*} 下降可以理解为消费者更加注重公平，不公平带来的负效用导致更多消费者退出市场。这个分析的逻辑与本研究之前讨论的类似。D_2^{F*} 下降是开发商扩大第一期需求造成的侵蚀效应大于旨在缓解第二期利润下降的扩张效应。因此，第二期的总需求 D_2^{F*} 减少，第二期的整体利润也随之下降。

其次，可以清楚地观察到 β 对第一周期的影响，其中，P_1^{F*} 减小，D_1^{F*} 增大。其原因在于当消费者存在公平担忧时，就会引入负效用，导致需求减少。

为了保证利润，开发商会采取降价策略扩大需求，以抵消公平性担忧造成的需求下降。结合图 6-3 可以理解更深层次的原因。开发者希望尽量减少受不公平定价影响的用户数量，从而将点 $2P_1$ 和 $\frac{2P_2}{\delta}$ 向左移动。鉴于 β 值越高，负效用越大，开发人员有动力增加间隔 1 中的用户数量并减少间隔 3 中的用户数量。因此，开发人员会减少 P_1^{F*} 和 P_2^{F*}，进而导致 D_1^{F*} 的增加和 D_2^{F*} 的减少，以减轻公平性对开发者整体利润的影响。

此外，当 δ 相对较高时，研究还观察到 β 的增加会导致 Π_1^{F*} 的增加。表明对于深度较高的产品，开发者在第一阶段受益于消费者公平关注。这是因为当 δ 较高时，消费者感知到的内容产品在第一阶段或第二阶段带来的价值差异相对较小。然而，第二期消费者更容易受到公平担忧的影响，与消费者公平担忧相关的负效用超过了 δV 的价值折扣。基于此，更多的消费者有动力在第一阶段进行购买。消费者对公平性的关注程度越高，消费者数量的增长就越显著；与降低产品价格带来的损失相比，开发商的利润就会更高。对于深度较高的产品，β 的增加会导致 δ 较第一期利润更高。

6.4.3 消费者公平关注对动态定价策略的影响

通过比较基本模型中呈现的结果与主模型中呈现的结果，从而分析消费者公平问题对内容产品开发商的均衡策略和消费者福利的影响。本节首先比较两个模型中开发商的利润，并总结命题 3 中的发现。

命题 3：（利润比较）与基本模型相比，研究发现，基于以下条件，消费者公平问题可能对开发商有利。存在阈值 $\tilde{\beta}_{31} \approx 1.12$、$\tilde{\beta}_{32} \approx 1.41$，且存在表达式 $\delta_{31}(\beta)$、$\delta_{32}(\beta)$、$\delta_{33}(\beta)$，当（a）$0 < \beta \leq \tilde{\beta}_{31}$，$\delta_{31}(\beta) < \delta < 1$，（b）$\tilde{\beta}_{31} < \beta \leq \tilde{\beta}_{32}$，$\delta_{32}(\beta) < \delta < 1$ 和（c）$\tilde{\beta}_{32} < \beta$，$\delta_{33}(\beta) < \delta < 1$，消费者公平问题对开发商有利。否则，消费者公平问题将损害开发商的利润。

命题 3 指出，考虑消费者公平问题可能会让开发商受益。这种见解在文献中是较为新颖的。如图 6-5 所示，研究结果证明了消费者公平性关注的积极作用。具体来说，当开发商提供更高深度的产品时，消费者公平性的关注使开发商受益，即 $\Pi^{F*} > \Pi^{N*}$。这是因为在基础模型中，产品深度越高，消费者就越有动力等到第二期才购买，从而导致开发商的利润损失。从公平性角度考虑，待到第二期购买时，由于存在不利的不公平性，会产生额外的负效用。因此，对消费者公平性的担忧鼓励了一些在第一阶段等待恢复购买的消费者。因此，开发商可以向这部分消费者收取更高的价格，从而获得更高的利润。

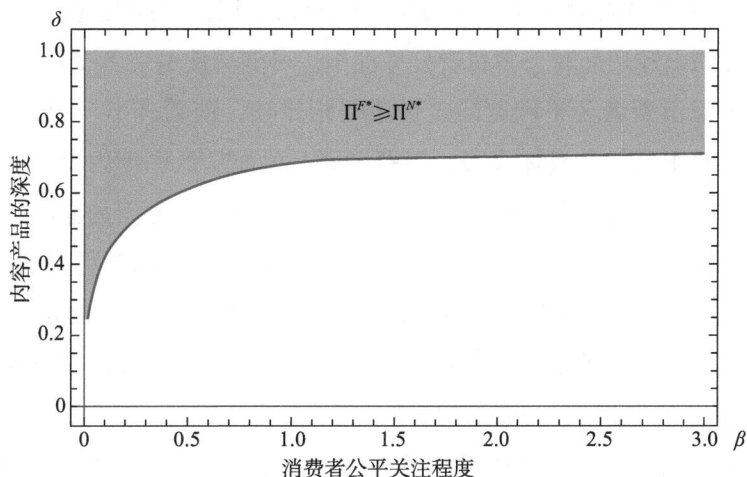

图 6-5　基础模型与主模型盈利对比

　　与上述结果相反，当开发者提供低深度的产品时，公平性关注度低的消费者对开发者有利，公平性关注度高的消费者则对开发者不利。结合命题 2，差异产生的原因是高度的公平性关注不仅导致开发商减少 P_1^{F*} 和 P_2^{F*}，还导致总需求的显著减少，表明更多的消费者选择退出市场。同时，消费者退出所造成的损失超过了出于公平考虑而在第一阶段恢复购买的消费者所获得的收益。

　　在命题 3 中，研究证明，在某些情况下，与基本模型相比较，消费者公平问题可能会导致主模型中开发者利润的增加。该结果挑战了传统预期，并凸显了公平性问题、产品特性和市场动态之间复杂的相互作用。由于研究对消费者公平问题进行建模的方法较为独特，研究的结果也与现有文献的结果不同。现有文献在理解消费者公平问题方面主要分为两类。第一类文献表明，消费者对公平的担忧源于认为自身与同龄人相比受到歧视[210]。第二类表明消费者公平性担忧源于跨期定价的变化[173]。这些研究经常引入外部参考点，而本研究则将该参考点内生化。研究的模型假设消费者自发地形成对产品定价"不公平"

的感知，并捕捉到了不公平的方面。因此，消费者只需评估开发商设定的价格相对其预订价值是否公平即可。该发现为消费者公平问题如何在动态定价环境中影响消费者和开发商的行为提供了新的见解，展示了在传统经济因素之外考虑消费者偏好的重要性。

命题 4：（消费者剩余比较）与基本模型相比较，研究发现，当开发者提供较低深度的内容产品时，消费者公平性担忧可能会使消费者受益。

与不考虑消费者公平问题的定价策略相比较，消费者不一定能从公平导向的定价策略中受益。具体来说，消费者更有可能从低深度内容产品中受益，而无法从高深度内容产品中受益。这一发现可归因于两方面的原因。一方面，在不考虑消费者公平性的基础模型中，开发者总是希望拥有更多消费者在第一期购买是为了最大化利润，从而减少了消费者福利。另一方面，对于深度较低的产品，在考虑消费者公平担忧的主要模型中，开发商倾向于降低价格，以减轻消费者公平担忧对利润的影响。因此，消费者在该情况下受益更多。另一个有趣的观察是，对公平性关注度较高的消费者在面对低深度内容产品时总是受益的。

6.4.4 模式拓展：短视消费者的加入

现实市场中，除了战略消费者外，还存在一部分短视消费者。因此，研究考虑将短视消费者纳入内容产品开发商的动态定价策略的影响。正如第 6.3 节所述，与战略消费者不同，短视消费者仅根据其当前的效用做出购买决策。

在扩展模型中，研究首先为短视消费者提供效用函数。当不考虑消费者公平问题时，近视消费者的效用函数由 $U_1^N = V - P_1$ 和 $U_2^N = \delta V - P_2$ 给出。当考虑消费者公平问题时，短视消费者的效用函数由 $U_1^F = V - P_1 - \beta \max(P_1 - (V - P_1), 0)$ 和 $U_2^F = \delta V - P_2 - \beta \max(P_2 - (\delta V - P_2), 0)$。此外，模型的其他设置保持不变。可以采用前面提到方法解决该模型中的问题。该模型确实提供了复杂的均衡结果。解析中面临一些挑战，首先，研究通过命题 5 给出基础模型的解析平衡比较。其次，采用数值分析研究 β 和 δ 对主模型的影响。关键问题在于，在消费者公平问题存在的情况下，短视消费者的存在是否仍然能让开发商受益。

命题 5：（基础模型比较）与没有短视消费者的基础模型相比较，研究发现，在动态定价下，峰值定价策略对开发商有利，在适度定价策略下纳入近视消费者会给开发商带来损失。

命题 5 中引入的两种新定价策略需要澄清。由于短视消费者的加入，动态定价有效的条件不再是两个时期都必须有战略消费者。其中存在只有短视消费者在第一时期购买，而两种类型的消费者在第二时期购买的情况。在这种情况下，研究将开发商的定价策略称为"峰值定价策略"。对于两类消费者在两个时期都购买的定价策略，称之为"适度定价策略"。换句话说，高峰定价策略导致所有策略消费者都要等到第二个时期才做出决策。

考虑短视消费者的情况，命题 5 给出了相对于没有短视消费者的情况下的利润比较。研究观察发现，在高峰定价策略下，开发商较没有短视消费者的情况下受益更多；在适度定价策略下，开发商总是受到损失。换句话说，当产品深度高时，短视消费者的存在对开发商有利；当产品深度低时，短视消费者的存在会给开发商造成损失；当产品深度适中时，开发商受益于市场上短视消费者的减少；否则，将造成损失。开发者更倾向于向消费者短视的市场推出高深度的内容产品。

观察 1：考虑消费者公平性的问题，当 δ 较高时，开发商倾向于采取峰值定价策略；否则，开发商倾向于实施适度的定价策略。

图 6-6 说明了模型中包含短视消费者时开发商的均衡定价策略。其中，短视消费者仅根据当前时期的效用做出决定。短视消费者的引入必然导致开发商第一期利润提升，第二期利润减少。图 6-6（a）描绘了开发商专门考虑适度定价策略时的均衡结果。适度定价方法的结果与引理 2 中描述的结构大致一致。数值分析表明，包含短视消费者并未从根本上改变基本模型的核心见解。值得注意的是，短视消费者的存在进一步缩小了条件 1 的范围，同时扩大了条件 2 和条件 3 的范围。

图 6-6（b）表示开发商同时考虑适度定价策略和峰值定价策略时的均衡结果。与之前的研究结果相反，研究发现，当 δ 相对较高时，开发商更喜欢峰值定价策略。对于目光短浅的消费者来说，在动态定价框架内实施高峰定价策略变得可行。这意味着开发商在提供深度比较高的产品时，其定价策略旨在确保战略消费者等到第二阶段购买。同时，在第一阶段，开发商的目标是更大程

度地从短视消费者身上榨取剩余（见书末彩插）。

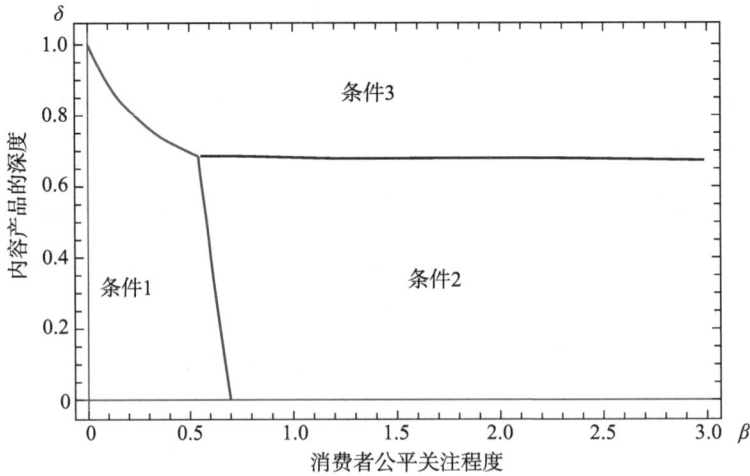

（a）考虑适度定价策略时的结果

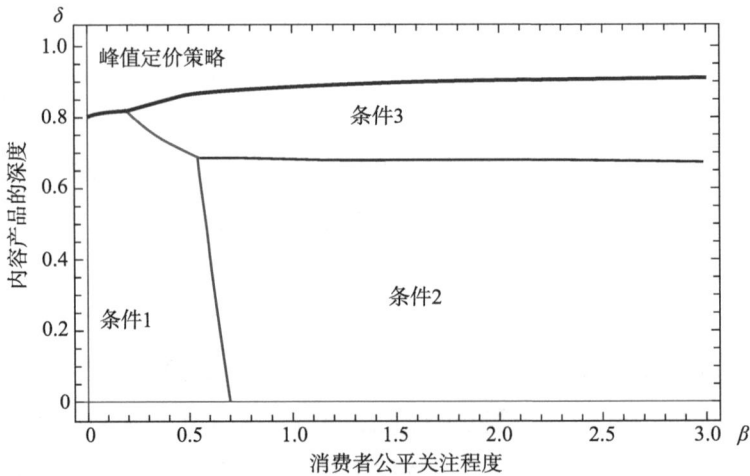

（b）同时考虑峰值定价策略和适度定价策略的结果

图 6-6　同时考虑短视消费者和战略消费者的均衡定价策略

观察 2：与基本模型相比，研究发现，当 $0 < \beta \leqslant \beta'_3$ 且 $\delta'_4(\beta) < \delta < \delta'_5(\beta)$ 时，消费者公平性关的注可能对开发者有利。

研究绘制了图 6-7，可以更直观地说明短视消费者的存在对消费者公平问题对开发商利益的影响。图 6-7（a）说明了存在短视消费者的情况，消费者公平问题对开发者有利。相比较之下，图 6-7（b）描述了只有战略消费者存在时的场景，且消费者公平问题对开发人员有利。

　　首先，从图 6-7（a）可以直观地观察到，只有当 β 相对较小时，消费者公平性的关注才对开发者有利。有趣的是，与之前的分析不同，研究发现短视消费者的存在减少了消费者公平性担忧的范围，这对开发商有利。对于短视消费者来说，消费者公平性的担忧导致其边际消费位置右移，进而导致消费者总数减少。与前几节的分析类似，开发商出于对消费者公平性的考虑，被迫考虑采取降价的方式以减轻侵蚀效应。然而，当存在短视消费者时，高峰定价策略可以减轻消费者公平担忧的负面影响。这种定价策略的扩张效应可能比卖家降价策略带来的扩张效应更为显著。因此，无论内容产品的深度如何，只有当公平关注水平相对较低时，开发商才有可能从消费者公平关注中受益。所有行为会导致开发商的利润下降。总之，在存在短视消费者的情况下，考虑消费者公平性问题会降低开发商受益的可能性。

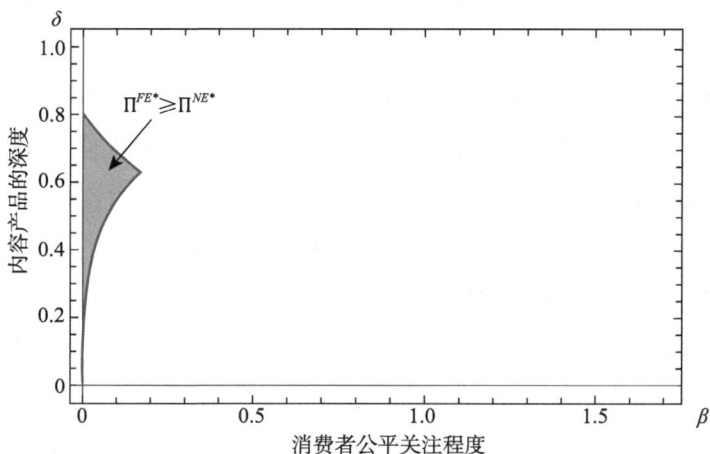

（a）当消费者公平的关注在同时具有短视消费者和战略消费者的市场下开发商受益时

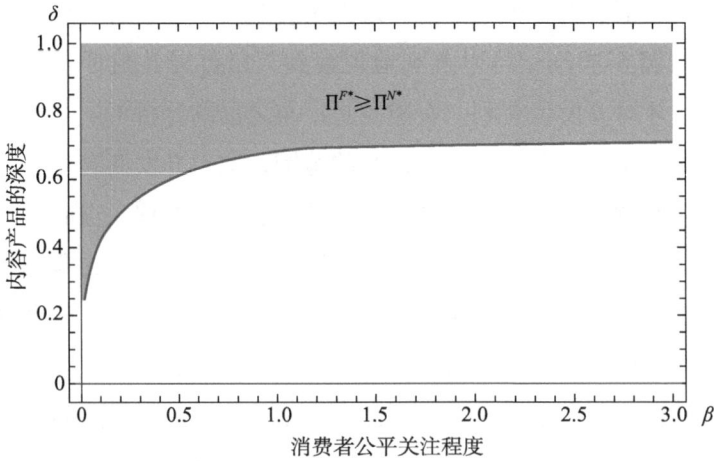

（b）在只有战略消费者的市场下，当消费者公平关注对开发商有利时

图 6-7　消费者近视对消费者公平性对开发商有利条件的影响

观察 3：无论开发商是否考虑消费者公平问题，短视消费者的进入都能增加开发商的利润。

图 6-8 给出了考虑短视消费者和不考虑短视消费者两种场景下，基础模型和主模型的开发商利润对比结果。不考虑消费者公平问题时，对比结果如图6-8（a）所示。短视消费者的进入导致卖家对深度较高的内容产品采取峰值定价策略，对深度较低的内容产品采取适当的定价策略。当市场上只存在战略消费者时，卖方会考虑采取适当的定价策略。高峰定价策略使卖家能够更好地利用短视消费者的第一期利润，从而提高利润。当考虑消费者公平问题时，比较结果如图 6-8（b）所示。尽管短视消费者可能会削弱消费者公平性担忧给开发商带来的好处，但与仅由战略消费者组成的市场相比，存在的总体影响会导致开发商利润增加。这是因为短视的消费者不考虑战略等待，从而让卖家最大化剩余。最重要的是，无论是否存在消费者公平问题，开发商总是会从短视消费者的加入中受益（见书末彩插）。

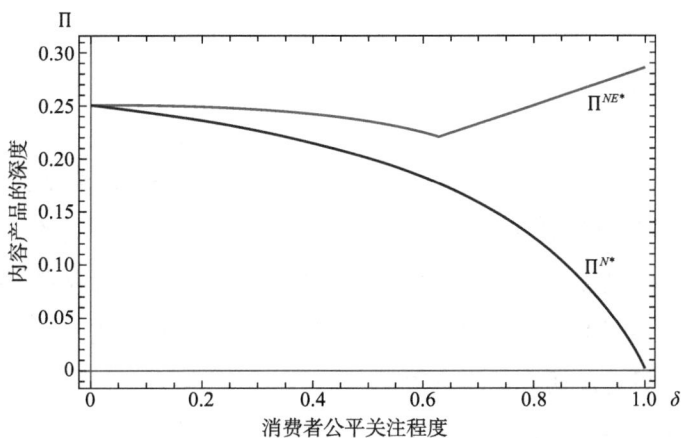

（a）基础模型下有短视消费者与无短视消费者的利润对比

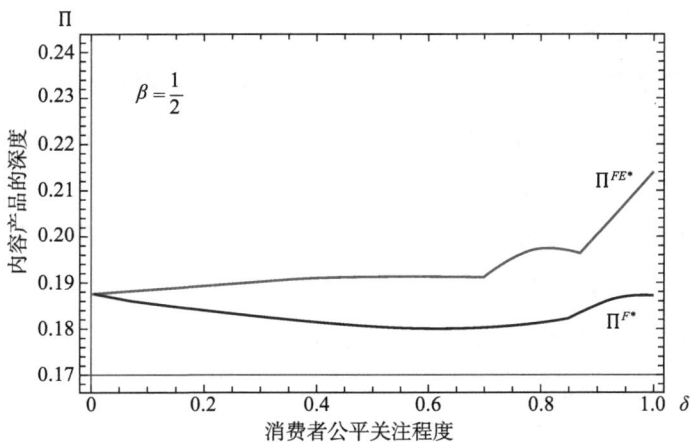

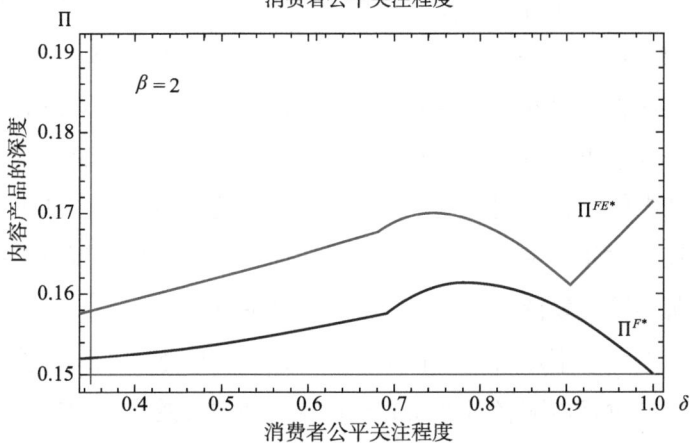

（b）主模型中带短视消费者与不带短视消费者的利润对比

图 6-8　基础模型与主模型利润对比

6.5 本章小结

本章研究了消费者公平问题对内容产品动态定价策略的影响。该研究源于消费者对当前市场上某些边际成本为零的内容产品的高定价不公平性的担忧。随着数字经济的进步，越来越多的开发者愿意投入成本进行内容产品开发。数字时代带来的透明度，让消费者能够直接感知定价的公平性。尽管此类问题长期存在，学术界对此研究仍然有限。

为了解决这一差距，研究构建了一个两阶段分析模型，用以研究消费者公平问题对内容产品动态定价策略的影响。具体来说，研究还考虑了垄断开发商销售内容产品的市场，且该产品的价值在第二阶段打折。鉴于大多数考虑公平的现有文献均关注同伴引起的公平问题，研究的主要贡献在于纳入了消费者对分配公平的考虑，并将消费者作为内容产品分发背景下价值链的端点展开分析。

理论贡献：研究发现了一些重要且有趣的理论发现。首先，研究表明，在某些条件下，消费者公平问题对开发商有利。具体来说，一方面，开发者在提供深度内容产品时会受益于消费者公平性的担忧。另一方面，当开发商提供低深度内容产品时，只能从低水平的消费者公平担忧中受益。其次，研究结果表明，消费者公平问题在特定情况下有利于消费者。与开发者不同的是，研究观察发现，只有当内容产品的深度较低时，消费者公平问题才会有利于消费者。再次，研究还对参数 β 和 δ 进行了敏感性分析，探讨了其对开发商最优定价策略的影响。研究给出一些见解并分析其背后的直觉。最后，研究将分析范围扩大到短视消费者的存在。观察发现，短视消费者的存在始终有利于开发商，采用峰值定价策略往往会带来更高的利润。然而，遗憾的是，研究发现，短视消费者的存在削弱了开发商关注消费者公平问题的好处。

管理洞察力：本书还讨论了有关研究结论的一些管理见解。首先，开发商应考虑通过提高价格以减轻对潜在的消费者公平担忧的影响，还是通过降低价格扩大销售并抵消消费者公平担忧造成的侵蚀效应？研究发现，当消费者具有不同的 β 和内容产品具有不同的 δ 时，开发商应灵活调整其定价策略，以平衡消费者公平性担忧带来的挑战。其次，对于监管者来说，如何平衡公平担忧对消费者和开发商的不同影响？需要注意的是，消费者公平担忧的上升会导致消费者剩余增加，使开发商的利润下降。监管机构应通过多种监管手段消除消费者对公平的担忧，以优化社会福利。最后，虽然研究中主要关注内容产品，其影响可以推广到边际成本可以被认为为零的其他的、更广泛的产品，如纸质版本的文化产品。

参考文献

［1］ STRONG E K. Theories of selling[J]. Journal of applied psychology, 1925, 9(1): 75–86.

［2］ HOWARD J A, SHETH J N. The theory of buyer behavior[J]. New York: John Wiley & Sons, Inc, 1969: 63, 145.

［3］ LI H, MA L. Charting the path to purchase using topic models[J]. Journal of marketing research, 2020, 57(6): 1019–1036.

［4］ TANIGUCHI N. Same search terms, different emotions: Anticipate customer needs throughout the journey[EB/OL]. Think with google (october), https://www.thinkwithgoogle.com/consumerinsights/search–intent–and–customer–needs, 2019.

［5］ ACIMOVIC J, GRAVES S C. Mitigating spillover in online retailing via replenishment[J]. Manufacturing & service operations management, 2017, 19(3): 419–436.

［6］ LEI Y, JASIN S, SINHA A. Joint dynamic pricing and order fulfillment for e–commerce retailers[J]. Manufacturing & service operations management, 2018, 20(2): 269–284.

［7］ DEVALVE L, WEI Y, WU D, et al. Understanding the value of fulfillment flexibility in an online retailing environment[Z]. Available at SSRN 3265838, 2018.

［8］ BAYRAM A, CESARET B. Order fulfillment policies for ship–from–store implementation in omni–channel retailing[J]. european journal of operational research, 2020, 294(3): 987–1002.

［9］ SEIFERT R W, THONEMANN U W, SIEKE M A. Relaxing channel separation: Integrating a virtual store into the supply chain via transshipments[J]. Iie transactions, 2006, 38(11): 917–931.

［10］ CHEN J, CHEN Y, PARLAR M, et al. Optimal inventory and admission policies for drop–shipping retailers serving in–store and online customers[J]. IIE transactions, 2011, 43(5): 332–347.

［11］ MANCHANDA P, DUBÉ J P, GOH K Y, et al. The effect of banner advertising on internet purchasing[J]. Journal of marketing research, 2006, 43(1): 98–108.

［12］ How professionals make decisions[M]. Boca Raton: CRC Press, 2004.

［13］ BERGER J, HUMPHREYS A, LUDWIG S, et al. Uniting the tribes: using text for marketing insight[J]. Journal of marketing, 2020, 84(1): 1–25.

[14] BÜSCHKEN J, ALLENBY G M. Sentence–based text analysis for customer reviews[J]. Marketing science, 2016, 35(6): 953–975.

[15] BÜSCHKEN J, ALLENBY G M. Improving text analysis using sentence conjunctions and punctuation[J]. Marketing science, 2020, 39(4): 727–742.

[16] LEE T Y, BRADLOW E T. Automated marketing research using online customer reviews[J]. Journal of marketing research, 2011, 48(5): 881–894.

[17] NETZER O, FELDMAN R, GOLDENBERG J, et al. Mine your own business: market–structure surveillance through text mining[J]. Marketing science, 2012, 31(3): 521–543.

[18] TIRUNILLAI S, TELLIS G J. Mining marketing meaning from online chatter: strategic brand analysis of big data using latent dirichlet allocation[J]. Journal of marketing research, 2014, 51(4): 463–479.

[19] GONG J, ABHISHEK V, LI B. Examining the impact of keyword ambiguity on search advertising performance: a topic model approach[J]. MIS quarterly, 2018, 42(3): 805.

[20] LIU J, TOUBIA O. A semantic approach for estimating consumer content preferences from online search queries[J]. Marketing science, 2018, 37(6): 930–952.

[21] BOBADILLA J, ORTEGA F, HERNANDO A, et al. Recommender systems survey[J]. Knowledge–based systems, 2013, 46:109–132.

[22] BELLOGIN A, CASTELLS P, CANTADOR I. Neighbor selection and weighting in user–based collaborative filtering: a performance prediction approach[J]. ACM transactions on the web, 2014, 8(2): 1–30.

[23] ZHANG Z P, KUDO Y, MURAI T. Neighbor selection for user–based collaborative filtering using covering–based rough sets[J]. Annals of operations research, 2017, 256: 359–374.

[24] JING J, JIE L, ZHANG G, et al. Scaling–up item–based collaborative filtering recommendation algorithm based on hadoop[C]// Services. IEEE, 2011.

[25] XUE F, HE X, WANG X, et al. Deep Item–based collaborative filtering for top–N recommendation[J]. ACM transactions on information systems (TOIS), 2019, 37(3): 1–25.

[26] ORTEGA F, HERNANDO A, BOBADILLA j, et al. Recommending items to group of users using matrix factorization based collaborative filtering[J]. Information sciences, 2016, 345:

313–324.

[27] HE X, LIAO L, ZHANG H, et al. Neural collaborative filtcring[C]//The 26th international Conference, 2017.

[28] THAKUR S S, SING J K. Online product prediction and recommendation using probability graphical model and collaborative filtering: A new approach[C]//IEEE recent advances in intelligent computational systems，2011:151–156.

[29] YONG H, GUO C, NGAI E, et al. A scalable intelligent non–content–based spam–filtering framework[J]. Expert systems with applications, 2010, 37(12):8557–8565.

[30] PHILIP S, SHOLA P B, OVYE A. Application of content–based approach in research paper recommendation system for a digital library[J]. International journal of advanced computer science & applications, 2014, 5(10): 37–40.

[31] SHAHI T B, YADAV A. Mobile SMS spam filtering for Nepali Text using naïve bayesian and support vector machine[J]. International journal of intelligence science, 2013, 4(1): 24–28.

[32] BURKE R. Hybrid recommender systems: survey and experiments[J]. User modeling and user–adapted interaction, 2002, 12: 331–370.

[33] ANNUNZIATA G, COLACE F, SANTO M D, et al. ApPoggiomarino: A Context Aware App for e–Citizenship[C]// 18th International conference on enterprise information systems (ICEIS), 2016.

[34] PASCALE F, LEMMA S, LOMBARDI M, et al. A context aware approach for promoting tourism events: the case of artist's lights in salerno[C]// 19th international conference on enterprise information systems, 2017.

[35] RICCI F, ROKACH L, SHAPIRA B. Recommender systems handbook ‖ recommender systems: introduction and challenges[M]. Cambridge: Cambridge University Press, 2010.

[36] WU Z, PAN S, CHEN F, et al. A comprehensive survey on graph neural networks[J]. IEEE transactions on neural networks and learning systems, 2020, 32(1): 4–24.

[37] SHAFQAT W, BYUN Y C. Enabling "untact" culture via online product recommendations: an optimized graph–CNN based Approach[J]. Applied sciences, 2020, 10(16): 5445.

[38] HE X, DENG K, WANG X, et al. Lightgcn: simplifying and powering graph convolution network for recommendation[C]//Proceedings of the 43rd international ACM SIGIR

conference on research and development in information retrieval. 2020: 639–648.

［39］LI Z, CUI Z, WU S, et al. Fi–gnn: modeling feature interactions via graph neural networks for ctr prediction[C]//Proceedings of the 28th ACM international conference on information and knowledge management. 2019: 539–548.

［40］CHANG B, JANG G, KIM S, et al. Learning graph–based geographical latent representation for point–of–interest recommendation[C]//Proceedings of the 29th ACM international conference on information & knowledge management. 2020: 135–144.

［41］FENG Y, YOU H, ZHANG Z, et al. Hypergraph neural networks[C]//Proceedings of the AAAI conference on artificial intelligence. 2019, 33(1): 3558–3565.

［42］CHEN X, XIONG K, ZHANG Y, et al. Neural feature–aware recommendation with signed hypergraph convolutional network[J]. ACM transactions on information systems (TOIS), 2020, 39(1): 1–22.

［43］HE L, CHEN H, WANG D, et al. Click–through rate prediction with multi–modal hypergraphs[C]//Proceedings of the 30th ACM international conference on information & knowledge management. 2021: 690–699.

［44］BRYNJOLFSSON E, HU Y, SMITH M D. Consumer surplus in the digital economy: Estimating the value of increased product variety at online booksellers[J]. Management science, 2003, 49(11): 1580–1596.

［45］DUKES A J, GEYLANI T, SRINIVASAN K. Strategic assortment reduction by a dominant retailer[J]. Marketing science, 2009, 28(2): 309–319.

［46］BHATNAGAR A, SYAM S S. Allocating a hybrid retailer's assortment across retail stores: bricks–and–mortar vs online[J]. Journal of business research, 2014, 67(6): 1293–1302.

［47］TALEIZADEH A A, MOSHTAGH M S, MOON I. Pricing, product quality, and collection optimization in a decentralized closed–loop supply chain with different channel structures: Game theoretical approach[J]. Journal of cleaner production, 2018, 189: 406–431.

［48］TALEIZADEH A A, HAGHIGHI F, NIAKI S T A. Modeling and solving a sustainable closed loop supply chain problem with pricing decisions and discounts on returned products[J]. Journal of cleaner production, 2019, 207: 163–181.

［49］TALEIZADEH A A, AKHAVIZADEGAN F, ANSARIFAR J. Pricing and quality level decisions of substitutable products in online and traditional selling channels: game – theoretical approaches[J]. International transactions in operational research, 2019, 26(5): 1718–1751.

[50] TALEIZADEH A A, MOKHTARZADEH M. Pricing and two–dimensional warranty policy of multi–products with online and offline channels using a value–at–risk approach[J]. Computers & industrial engineering, 2020, 148: 106674.

[51] KALANTARI S S, ESMAEILI M, TALEIZADEH A A. Selling by clicks or leasing by bricks? a dynamic game for pricing durable products in a dual–channel supply chain[J]. Journal of industrial and management optimization, 2023, 19(2): 1107–1138.

[52] DE LEEUW S, MINGUELA–RATA B, SABET E, et al. Trade–offs in managing commercial consumer returns for online apparel retail[J]. International journal of operations & production management, 2016, 36(6): 710–731.

[53] MINNEMA A, BIJMOLT T H A, PETERSEN J A, et al. Managing product returns within the customer value framework[J]. Customer engagement marketing, 2018, 30: 95–118.

[54] AMBILKAR P, DOHALE V, GUNASEKARAN A, et al. Product returns management: a comprehensive review and future research agenda[J]. International journal of production research, 2022, 60(12): 3920–3944.

[55] SHANG G, PEKGÜN P, FERGUSON M, et al. How much do online consumers really value free product returns? evidence from eBay[J]. Journal of operations management, 2017, 53: 45–62.

[56] WALSH G, MÖHRING M. Effectiveness of product return–prevention instruments: Empirical evidence[J]. Electronic markets, 2017, 27: 341–350.

[57] NGUYEN D H, DE LEEUW S, DULLAERT W. Consumer behaviour and order fulfilment in online retailing: a systematic review[J]. International journal of management reviews, 2018, 20(2): 255–276.

[58] ABDULLA H, KETZENBERG M, ABBEY J D. Taking stock of consumer returns: a review and classification of the literature[J]. Journal of operations management, 2019, 65(6): 560–605.

[59] BIJMOLT T H A, BROEKHUIS M, DE LEEUW S, et al. Challenges at the marketing – operations interface in omni–channel retail environments[J]. Journal of business research,

2021, 122: 864-874.

［60］AL-ADWAN A S, AL-DEBEI M M, DWIVEDI Y K. E-commerce in high uncertainty avoidance cultures: the driving forces of repurchase and word-of-mouth intentions[J]. Technology in society, 2022, 71: 1-17.

［61］RAO S, RABINOVICH E, RAJU D. The role of physical distribution services as determinants of product returns in Internet retailing[J]. Journal of operations management, 2014, 32(6): 295-312.

［62］ZHANG J, LI H, YAN R, et al. Examining the signaling effect of e-tailers' return policies[J]. Journal of computer information systems, 2017, 57(3): 191-200.

［63］OFEK E, KATONA Z, SARVARY M. "Bricks and clicks": the impact of product returns on the strategies of multichannel retailers[J]. Marketing science, 2011, 30(1): 42-60.

［64］GRIFFIS S E, RAO S, GOLDSBY T J, et al. The customer consequences of returns in online retailing: An empirical analysis[J]. Journal of operations management, 2012, 30(4): 282-294.

［65］FOSCHT T, ERNSTREITER K, MALOLES C, et al. Retaining or returning? some insights for a better understanding of return behaviour[J]. International journal of retail & distribution management, 2013, 41(2): 113-134.

［66］WU R, WANG C L. The asymmetric impact of other-blame regret versus self-blame regret on negative word of mouth: empirical evidence from china[J]. European journal of marketing, 2017, 51(11/12): 1799-1816.

［67］PETERSEN J A, KUMAR V. Are product returns a necessary evil? antecedents and consequences[J]. Journal of marketing, 2009, 73(3): 35-51.

［68］MINNEMA A, BIJMOLT T H A, GENSLER S, et al. To keep or not to keep: Effects of online customer reviews on product returns[J]. Journal of retailing, 2016, 92(3): 253-267.

［69］WOLLENBURG J, HOLZAPFEL A, HÜBNER A, et al. Configuring retail fulfillment processes for omni-channel customer steering[J]. International journal of electronic commerce, 2018, 22(4): 540-575.

［70］GOEDHART J, HAIJEMA R, AKKERMAN R. Modelling the influence of returns for an omni-channel retailer[J]. European journal of operational research, 2023, 306(3): 1248-1263.

［71］SHULMAN J D, CUNHA JR M, SAINT CLAIR J K. Consumer uncertainty and purchase decision reversals: Theory and evidence[J]. Marketing science, 2015, 34(4): 590–605.

[72] BELL D R, GALLINO S, MORENO A. Offline showrooms in omnichannel retail: demand and operational benefits[J]. Management science, 2018, 64(4): 1629–1651.

[73] DAILEY L C, ÜLKÜ M A. Retailers beware: on denied product returns and consumer behavior[J]. Journal of business research, 2018, 86: 202–209.

[74] MAHAR S, WRIGHT P D. In–store pickup and returns for a dual channel retailer[J]. IEEE transactions on engineering management, 2017, 64(4): 491–504.

[75] LETIZIA P, POURAKBAR M, HARRISON T. The impact of consumer returns on the multichannel sales strategies of manufacturers[J]. Production and operations management, 2018, 27(2): 323–349.

[76] SALVIETTI G, ZILIANI C, TELLER C, et al. Omnichannel retailing and post–pandemic recovery: building a research agenda[J]. International journal of retail & distribution management, 2022, 50(8/9): 1156–1181.

[77] MAJUMDER P, GROENEVELT H. Competition in remanufacturing[J]. Production and operations management, 2001, 10(2): 125–141.

[78] FERGUSON M E, TOKTAY L B. The effect of competition on recovery strategies[J]. Production and operations management, 2006, 15(3): 351–368.

[79] SAVASKAN R C, BHATTACHARYA S, VAN WASSENHOVE L N. Closed–loop supply chain models with product remanufacturing[J]. Management science, 2004, 50(2): 239–252.

[80] SAVASKAN R C, VAN WASSENHOVE L N. Reverse channel design: the case of competing retailers[J]. Management science, 2006, 52(1): 1–14.

[81] CACHON G P. Supply chain coordination with contracts[J]. Handbooks in operations research and management science, 2003, 11: 227–339.

[82] GAO F, SU X. Omnichannel retail operations with buy–online–and–pick–up–in–store[J]. Management science, 2017, 63(8): 2478–2492.

[83] JAVADI T, ALIZADEH–BASBAN N, ASIAN S, et al. Pricing policies in a dual–channel supply chain considering flexible return and energy–saving regulations[J]. Computers & industrial engineering, 2019, 135: 655–674.

[84] SAMORANI M, ALPTEKINOĞLU A, MESSINGER P R. Product return episodes in

retailing[J]. Service science, 2019, 11(4): 263–278.

［85］NAGESWARAN L, CHO S H, SCHELLER–WOLF A. Consumer return policies in omnichannel operations[J]. Management science, 2020, 66(12): 5558–5575.

［86］LI Y, XU L, LI D. Examining relationships between the return policy, product quality, and pricing strategy in online direct selling[J]. International journal of production economics, 2013, 144(2): 451–460.

［87］HU X, WAN Z, MURTHY N N. Dynamic pricing of limited inventories with product returns[J]. Manufacturing & service operations management, 2019, 21(3): 501–518.

［88］MA W, ZHAO C, KE H, et al. Retailer's return policy in the presence of P2P secondary market[J]. Electronic commerce research and applications, 2020, 39: 100899.

［89］ALAEI A M, TALEIZADEH A A, RABBANI M. Marketplace, reseller, or web–store channel: the impact of return policy and cross–channel spillover from marketplace to web-store[J]. Journal of retailing and consumer services, 2020(1): 102271.

［90］DABAGHIAN N, TAVAKKOLI–MOGHADDAM R, TALEIZADEH A A, et al. Channel coordination and profit distribution in a three–echelon supply chain considering social responsibility and product returns[J]. Environment, development and sustainability, 2022, 24(3): 3165–3197.

［91］XIE J, GERSTNER E. Service escape: profiting from customer cancellations[J]. Marketing science, 2007, 26(1): 18–30.

［92］GUO L. Service cancellation and competitive refund policy[J]. Marketing science, 2009(5): 901–917.

［93］SAGHIRI S, WILDING R, MENA C, et al. Toward a three–dimensional framework for omni–channel[J]. Journal of business research, 2017, 77: 53–67.

［94］MARCHET G, MELACINI M, PEROTTI S, et al. Business logistics models in omni-channel: a classification framework and empirical analysis[J]. International journal of physical distribution & logistics management, 2018, 48(4): 439–464.

［95］HAGIU A, WRIGHT J. Controlling vs. enabling[J]. Management science, 2019, 65: 1–10.

［96］IANSITI M, LAKHANI K R. The truth about blockchain[J]. Harvard business review, 2017, 95(1): 118–127.

［97］ MONAHAN S, HU M. US e-commerce trends and the impact on logistics[M]. [S.l.]: [s.n.], 2018.

［98］ RANIERI L, DIGIESI S, SILVESTRI B, et al. A review of last mile logistics innovations in an externalities cost reduction vision[J]. Sustainability, 2018, 10(3): 782.

［99］ GALLINO S, MORENO A, STAMATOPOULOS I. Channel integration, sales dispersion, and inventory management[J]. Management science, 2017, 63(9): 2813-2831.

［100］ GAO F, SU X. Online and offline information for omnichannel retailing[J]. Manufacturing & service operations management, 2017, 19(1): 84-98.

［101］ LIM S F W T, JIN X, SRAI J S. Consumer-driven e-commerce: a literature review, design framework, and research agenda on last-mile logistics models[J]. International journal of physical distribution & logistics management, 2018, 48(3): 308-332.

［102］ SONG L, GUAN W, CHERRETT T, et al. Quantifying the greenhouse gas emissions of local collection-and-delivery points for last-mile deliveries[J]. Transportation research record, 2013, 2340(1): 66-73.

［103］ GALLINO S, MORENO A. Integration of online and offline channels in retail: the impact of sharing reliable inventory availability information[J]. Management science, 2014, 60(6): 1434-1451.

［104］ SOLOMON M R, DAHL D W, WHITE K, et al. Consumer behavior: buying, having, and being[M]. London: pearson, 2014.

［105］ DING X, LIU T, DUAN J, et al. Mining user consumption intention from social media using domain adaptive convolutional neural network[C]//Proceedings of the AAAI conference on artificial intelligence. 2015.

［106］ WANG M, WANG W, CHEN W, et al. EEUPL: Towards effective and efficient user profile linkage across multiple social platforms[J]. World wide web, 2021, 24(5): 1731-1748.

［107］ GAO C, HUANG C, YU D, et al. Item recommendation for word-of-mouth scenario in social E-commerce[J]. IEEE transactions on knowledge and data engineering, 2020, 34(6): 2798-2809.

［108］ WIGAND R T, BENJAMIN R I, BIRKLAND J L H. Web 2.0 and beyond: implications for electronic commerce[C]//Proceedings of the 10th international conference on electronic commerce. 2008: 1–5.

［109］TAJVIDI M, WANG Y, HAJLI N, et al. Brand value co–creation in social commerce: The role of interactivity, social support, and relationship quality[J]. Computers in human behavior, 2021, 115: 105238.

［110］ADAM I O, ALHASSAN M D. The role of social media in the diffusion of e–government and e–commerce[J]. Information resources management journal (IRMJ), 2021, 34(2): 63–79.

［111］FIJAŁKOWSKI D, ZATOKA R. An architecture of a Web recommender system using social network user profiles for e–commerce[C]//2011 Federated conference on computer science and information systems (FedCSIS). IEEE, 2011: 287–290.

［112］MA H, ZHOU T C, LYU M R, et al. Improving recommender systems by incorporating social contextual information[J]. ACM transactions on information systems (TOIS), 2011, 29(2): 1–23.

［113］ZHAO W X, LI S, HE Y, et al. Exploring demographic information in social media for product recommendation[J]. Knowledge and information systems, 2016, 49: 61–89.

［114］ZHAO L, PAN S J, YANG Q. A unified framework of active transfer learning for cross–system recommendation[J]. Artificial intelligence, 2017, 245: 38–55.

［115］XIANG D, ZHANG Z. Cross–border e–commerce personalized recommendation based on fuzzy association specifications combined with complex preference model[J]. Mathematical problems in engineering, 2020, 2020: 1–9.

［116］ROSCOE R D, GREBITUS C, O'BRIAN J, et al. Online information search and decision making: effects of web search stance[J]. Computers in human behavior, 2016, 56: 103–118.

［117］KIM D, WOO J R, SHIN J, et al. Can search engine data improve accuracy of demand forecasting for new products? evidence from automotive market[J]. Industrial management & data systems, 2019.

［118］LIU J, TOUBIA O. Search query formation by strategic consumers[J]. Quantitative marketing and economics, 2020, 18(2): 155–194.

［119］CODIGNOLA F, CAPATINA A, LICHY J, et al. Customer information search in the context of e–commerce: a cross–cultural analysis[J]. European journal of international management, 2021(1): 28–59.

［120］ HUANG X, HOU H, SUN M. A novel temporal recommendation method based on user query topic evolution[J]. Knowledge-based systems, 2022, 241: 108239.

［121］ HE D, GÖKER A. Detecting session boundaries from web user logs[C]//Proceedings of the BCS-IRSG 22nd annual colloquium on information retrieval research. 2000: 57-66.

［122］ BLEI D M, NG A Y, JORDAN M I. Latent dirichlet allocation[J]. Journal of machine learning research, 2003, 3: 993-1022.

［123］ CHEN W, WANG J, ZHANG Y, et al. User based aggregation for biterm topic model[C]// Proceedings of the 53rd annual meeting of the association for computational linguistics and the 7th international joint conference on natural language processing (Volume 2: Short Papers). 2015: 489-494.

［124］ LIANG S, YILMAZ E, KANOULAS E. Collaboratively tracking interests for user clustering in streams of short texts[J]. IEEE Transactions on knowledge and data engineering, 2018, 31(2): 257-272.

［125］ SHI L, SONG G, CHENG G, et al. A user-based aggregation topic model for understanding user's preference and intention in social network[J]. Neurocomputing, 2020, 413: 1-13.

［126］ WANG C, BLEI D M. Collaborative topic modeling for recommending scientific articles[C]//Proceedings of the 17th ACM SIGKDD international conference on knowledge discovery and data mining. 2011: 448-456.

［127］ NIKOLENKO S. SVD-LDA: Topic modeling for full-text recommender systems[C]// Mexican international conference on artificial intelligence. springer, cham, 2015: 67-79.

［128］ AL-GHOSSEIN M, MURENA P A, ABDESSALEM T, et al. Adaptive collaborative topic modeling for online recommendation[C]//Proceedings of the 12th ACM conference on recommender systems. 2018: 338-346.

［129］ KANG S Y, KIM J K, CHOI I Y, et al. A topic modeling-based recommender system considering changes in user preferences[J]. Journal of intelligence and information systems, 2020, 26(2): 43-56.

［130］ RAJENDRAN D P D, SUNDARRAJ R P. Using topic models with browsing history in hybrid collaborative filtering recommender system: experiments with user ratings[J].

International journal of information management data insights, 2021, 1(2): 100027.

［131］HUANG X, LIU X. Incorporating a topic model into a hypergraph neural network for searching–scenario oriented recommendations[J]. Applied sciences, 2022, 12(15): 7387.

［132］ANTELMI A, CORDASCO G, POLATO M, et al. A survey on hypergraph representation learning[J]. ACM computing surveys, 2023, 56(1): 1–38.

［133］LÜ L, MEDO M, YEUNG C H, et al. Recommender systems[J]. Physics reports, 2012, 519(1): 1–49.

［134］LERNER A P, SINGER H W. Some notes on duopoly and spatial competition[J]. Journal of political economy, 1937, 45(2): 145–186.

［135］NELSON P. Information and consumer behavior[J]. Journal of political economy, 1970,78(2): 311–329.

［136］SHULMAN J D, COUGHLAN A T, SAVASKAN R C. Managing consumer returns in a competitive environment[J]. Management science, 2011, 57(2): 347–362.

［137］李纲, 陈璟浩. 突发公共事件网络舆情研究综述 [J]. 图书情报知识, 2014(2): 111–119.

［138］曾子明, 万品玉. 基于双层注意力和 Bi-LSTM 的公共安全事件微博情感分析 [J]. 情报科学, 2019,37(6): 23–29.

［139］邓君, 孙绍丹, 王阮, 等. 基于 Word2Vec 和 SVM 的微博舆情情感演化分析 [J]. 情报理论与实践, 2020, 43(8): 112–119.

［140］赖宇斌, 陈燕, 胡小春, 等. 基于提示嵌入的突发公共卫生事件微博文本情感分析 [J]. 数据分析与知识发现, 2023(11): 46–55.

［141］冯博. 全人类共同价值的国际认同：基于海外社交媒体脸书和推特的数据分析 [J]. 社会主义核心价值观研究, 2022(2): 34–46.

［142］ZHENG C, XUE J, SUN Y, et al. Public opinions and concerns regarding the canadian prime minister's daily covid–19 briefing: longitudinal study of youtube comments using machine learning techniques[J]. Journal of medical internet research, 2021, 23(2): e23957.

［143］刘琼, 马文婷, 范一欣. 短视频平台突发公共事件的网络情绪呈现及舆情治理：以 Bilibili 网站 "新冠疫情" 议题为例 [J]. 电子政务, 2021(6): 52–65.

［144］王程伟, 马亮. 政务短视频如何爆发影响力：基于政务抖音号的内容分析 [J]. 电子政务, 2019(7): 31–40.

［145］安宁,安璐.跨平台网络舆情知识图谱构建及对比分析[J].情报科学,2022(3): 159-165.

［146］姜景,王文韬.面向突发公共事件舆情的政务抖音研究:兼与政务微博的比较[J].情报杂志,2020(1): 100-106, 114.

［147］OBAR J A, WILDMAN S. Social media definition and the governance challenge: An introduction to the special issue[J]. Telecommunications policy, 2015, 39(9): 745-750.

［148］AICHNER T, GRÜNFELDER M, MAURER O, et al. Twenty-five years of social media: a review of social media applications and definitions from 1994 to 2019[J]. Cyberpsychology, behavior, and social networking, 2021, 24(4): 215-222.

［149］KAPLAN A M. If you love something, let it go mobile: Mobile marketing and mobile social media 4x4[J]. Business horizons, 2012, 55(2): 129-139.

［150］GHOSH R, SURACHAWALA T, LERMAN K. Entropy-based classification of retweeting activity on twitter[C]// The 4th SNA-KDDWorkshop 11 (SNA-KDD11), August 21, 2011, San Diego CA USA, 2011.

［151］RODRIGO S M, ABRAHAM J G F. Development and implementation of a chat bot in a social network[C]//2012 ninth international conference on information technology-new generations. IEEE, 2012: 751-755.

［152］CHU Z, GIANVECCHIO S, WANG H, et al. Detecting automation of twitter accounts: are you a human, bot, or cyborg? [J]. IEEE transactions on dependable and secure computing, 2012, 9(6): 811-824.

［153］王来华.论网络舆情与舆论的转换及其影响[J].天津社会科学,2008(4): 66-69.

［154］张克生.舆情机制是国家决策的根本机制[J].理论与现代化,2004(4): 71-73.

［155］曾润喜.网络舆情管控工作机制研究[J].图书情报工作,2009, 53(18): 79-82.

［156］刘毅.略论网络舆情的概念、特点、表达与传播[J].理论界,2007(1): 11-12.

［157］姜胜洪.微博时代突发事件网络舆情研究[J].理论与现代化,2012(3): 47-51.

［158］康伟.突发事件舆情传播的社会网络结构测度与分析:基于"11·16校车事故"的实证研究[J].中国软科学,2012(7): 169-178.

［159］张一文,齐佳音,方滨兴,等.非常规突发事件网络舆情热度评价指标体系构建[J].情报杂志,2010, 29(11): 71-75, 117.

［160］张玉强. 网络舆情危机的政府适度反应研究 [D]. 北京：中央民族大学, 2011.

［161］喻国明. 网络舆情热点事件的特征及统计分析 [J]. 人民论坛, 2010(4): 24–26.

［162］徐晓日. 网络舆情事件的应急处理研究 [J]. 华北电力大学学报, 2007(1): 89–93.

［163］COVER T, HART P. Nearest neighbor pattern classification[J]. IEEE transactions on information theory, 1967, 13(1): 21–27.

［164］LI S, PHANG C W, LING H. Self–gratification and self–discrepancy in purchase of digital items[J]. Industrial management & data systems, 2019, 119(8): 1608–1624.

［165］PAPANASTASIOU Y, SAVVA N. Dynamic pricing in the presence of social learning and strategic consumers[J]. Management science, 2017, 63(4): 919–939.

［166］XIE J, LI Z J, YAO Y, et al. Dynamic acquisition pricing policy under uncertain remanufactured–product demand[J]. Industrial management & data systems, 2015, 115(3): 521–540.

［167］WANG Y, ZHANG J, CHENG T C E, et al. Quick response under strategic consumers with risk preference and decreasing valuation[J]. International journal of production research, 2018, 56(1/2): 72–85.

［168］LIU Q, ZHANG D. Dynamic pricing competition with strategic customers under vertical product differentiation[J]. Management science, 2013, 59(1): 84–101.

［169］BAI B, DAI H, ZHANG D J, et al. The impacts of algorithmic work assignment on fairness perceptions and productivity: evidence from field experiments[J]. Manufacturing & service operations management, 2022, 24(6): 3060–3078.

［170］FEHR E, SCHMIDT K M. A theory of fairness, competition, and cooperation[J]. The quarterly journal of economics, 1999, 114(3): 817–868.

［171］LEE S, ILLIA A, LAWSON–BODY A. Perceived price fairness of dynamic pricing[J]. Industrial management & data systems, 2011, 111(4): 531–550.

［172］SELOVE M. Dynamic pricing with fairness concerns and a capacity constraint[J]. Quantitative marketing and economics, 2019, 17(4): 385–413.

［173］DIAO W, HARUTYUNYAN M, JIANG B. Consumer fairness concerns and dynamic pricing in a channel[J]. Marketing science, 2023, 42(3): 569–588.

［174］CHEN Y, CUI T H. The benefit of uniform price for branded variants[J]. Marketing science, 2013, 32(1): 36–50.

[175] TAN Y. Implications of blockchain - powered marketplace of preowned virtual goods[J]. Production and operations management, 2022.

[176] KANNAN P K, POPE B K, JAIN S. Practice prize winner: pricing digital content product lines: a model and application for the national academies press[J]. Marketing science, 2009, 28(4): 620–636.

[177] TAN Y, CARRILLO J E, CHENG H K. The agency model for digital goods[J]. Decision sciences, 2016, 47(4): 628–660.

[178] TAN Y, CARRILLO J E. Strategic analysis of the agency model for digital goods[J]. Production and operations management, 2017, 26(4): 724–741.

[179] LI Y M, LIN C H. Pricing schemes for digital content with DRM mechanisms[J]. Decision support systems, 2009, 47(4): 528–539.

[180] NA H S, HWANG J, HONG J Y J, et al. Efficiency comparison of digital content providers with different pricing strategies[J]. Telematics and Informatics, 2017, 34(2): 657–663.

[181] YU A, HU Y, FAN M. Pricing strategies for tied digital contents and devices[J]. Decision support systems, 2011, 51(3): 405–412.

[182] RAO A. Online content pricing: purchase and rental markets[J]. Marketing science, 2015, 34(3): 430–451.

[183] DOU Y, HU Y J, WU D J. Selling or leasing? pricing information goods with depreciation of consumer valuation[J]. Information systems research, 2017, 28(3): 585–602.

[184] BALASUBRAMANIAN S, BHATTACHARYA S, KRISHNAN V V. Pricing information goods: a strategic analysis of the selling and pay–per–use mechanisms[J]. Marketing science, 2015, 34(2): 218–234.

[185] HOU H, WU F, KONG X. Optimal pricing strategy for content products under competition: pay–as–you–want or fixed–price[J]. Computers & industrial engineering, 2023, 181: 109298.

[186] LI C, CHU M, ZHOU C, et al. Two–period discount pricing strategies for an e–commerce platform with strategic consumers[J]. Computers & industrial engineering, 2020, 147: 106640.

［187］LEVIN Y, MCGILL J, NEDIAK M. Dynamic pricing in the presence of strategic consumers and oligopolistic competition[J]. Management science, 2009, 55(1): 32–46.

［188］LEVIN Y, MCGILL J, NEDIAK M. Optimal dynamic pricing of perishable items by a monopolist facing strategic consumers[J]. Production and operations management, 2010, 19(1): 40–60.

［189］FAMIL ALAMDAR P, SEIFI A. Dynamic pricing of differentiated products under competition with reference price effects using a neural network–based approach[J]. Journal of revenue and pricing management, 2023(1): 1–13.

［190］LIU J, ZHAI X, CHEN L. Optimal pricing strategy under trade–in program in the presence of strategic consumers[J]. Omega, 2019, 84: 1–17.

［191］POPESCU I, WU Y. Dynamic pricing strategies with reference effects[J]. Operations research, 2007, 55(3): 413–429.

［192］YU M, DEBO L, KAPUSCINSKI R. Strategic waiting for consumer–generated quality information: dynamic pricing of new experience goods[J]. Management science, 2016, 62(2): 410–435.

［193］GAN J, TSOUKALAS G, NETESSINE S. Initial coin offerings, speculation, and asset tokenization[J]. Management science, 2021, 67(2): 914–931.

［194］CUI H T, RAJU S J, ZHANG J E. Fairness and channel coordination[J]. Management science, 2007, 53(8): 1303–1314.

［195］HE P, WANG T Y, SHANG Q, et al. Knowledge mapping of e–commerce supply chain management: a bibliometric analysis[DB/OL]. (2022–08–26)[2023–12–25]. https://doi. org/10.1007/s10660–022–09609–w.

［196］GUO L. Inequity aversion and fair selling[J]. Journal of marketing research, 2015, 52(1): 77–89.

［197］GUO X, JIANG B. Signaling through price and quality to consumers with fairness concerns[J]. Journal of marketing research, 2016, 53(6): 988–1000.

［198］KOPALLE P K, PAUWELS K, AKELLA L Y, et al. Dynamic pricing: definition, implications for managers, and future research directions[J]. Journal of retailing, 2023, 99(4): 580–593.

［199］LIN C, GUOFANG N, QIURUI L, et al. How do consumer fairness concerns affect an E-commerce Platform's choice of selling scheme?[J]. Journal of theoretical and applied electronic commerce research, 2022, 17(3): 1075–1106.

［200］YONG W, TIANZE T, WEIYI Z, et al. The achilles tendon of dynamic pricing—the effect of consumers' fairness preferences on platform's dynamic pricing strategies[J]. Journal of internet and digital economics, 2021, 1(1): 15–35.

［201］LI K J. Behavior–based pricing in marketing channels[J]. Marketing science, 2018, 37(2), 310–326.

［202］JIANG Y, JI X, WU J, et al. Behavior–based pricing and consumer fairness concerns with green product design[J]. Annals of operations research, 2023(1): 1–27.

［203］KREMER M, MANTIN B, OVCHINNIKOV A. Dynamic pricing in the presence of myopic and strategic consumers: theory and experiment[J]. Production and operations management, 2017, 26(1): 116–133.

［204］CHARNESS G, RABIN M. Understanding social preferences with simple tests[J]. The quarterly journal of economics, 2002, 117(3): 817–869.

［205］BOLTON G E, OCKENFELS A. ERC: A theory of equity, reciprocity, and competition[J]. American economic review, 2000, 91(1): 166–193.

［206］LOCH C H, WU Y. Social preferences and supply chain performance: an experimental study[J]. Management science, 2008, 54(11): 1835–1849.

［207］SCHEER L K, KUMAR N, STEENKAMP J B E M. Reactions to perceived inequity in US and dutch interorganizational relationships[J]. Academy of management journal, 2003, 46(3): 303–316.

［208］HO T H, SU X. Peer–induced fairness in games[J]. American economic review, 2009, 99(5): 2022–2049.

［209］YOSHIHARA R, MATSUBAYASHI N. Channel coordination between manufacturers and competing retailers with fairness concerns[J]. European journal of operational research, 2021, 290(2): 546–555.

［210］LI K J, JAIN S. Behavior–based pricing: an analysis of the impact of peer–induced fairness[J]. Management science, 2016, 62(9): 2705–2721.

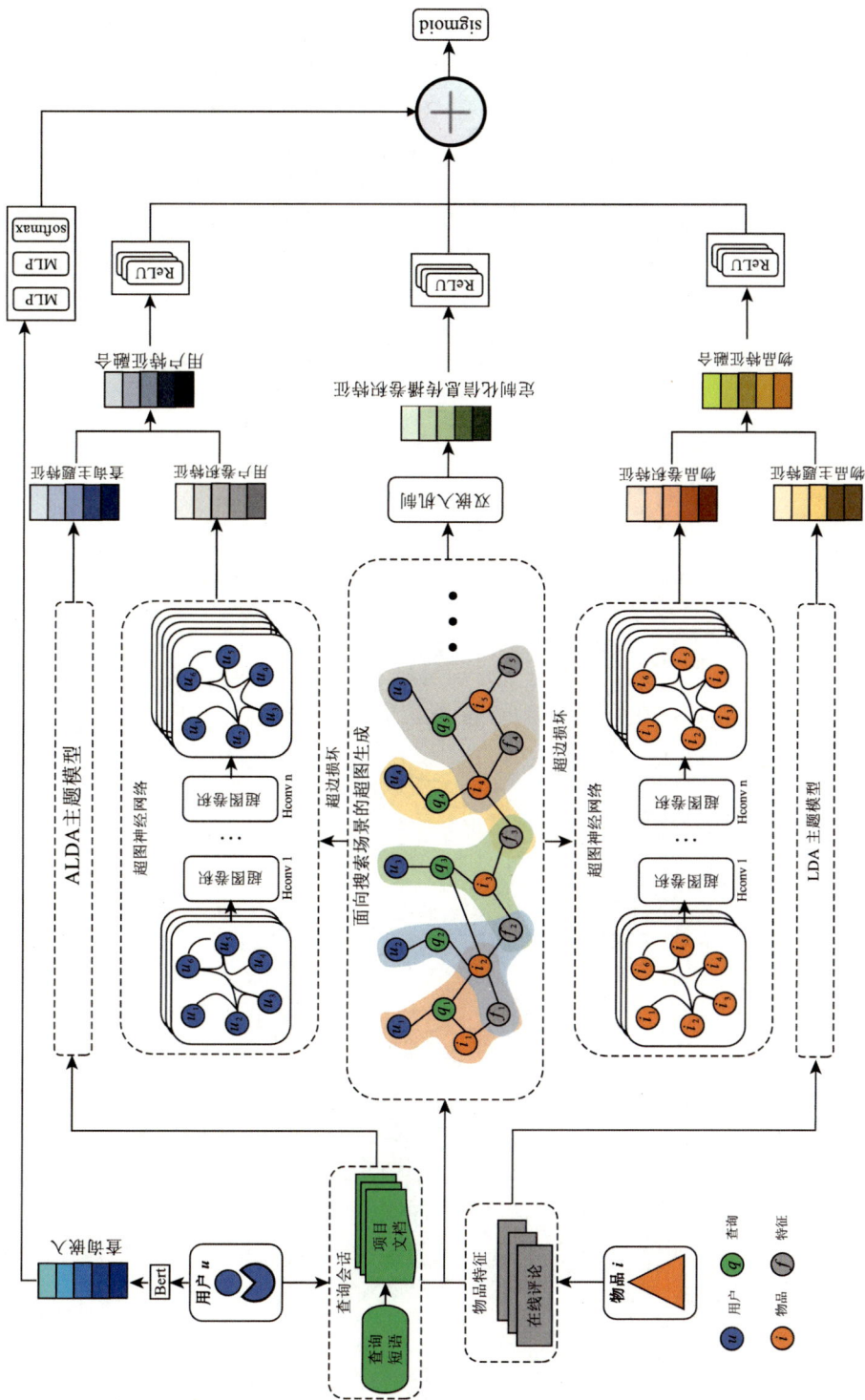

图 3-1　面向搜索场景推荐的主题增强超图神经网络框架

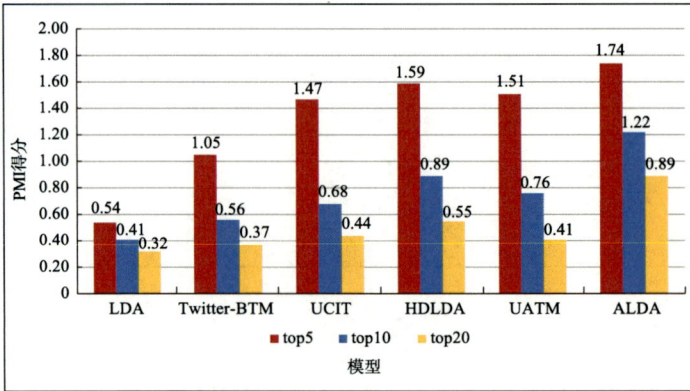

图 3-3 各个模型的 PMI 得分对比

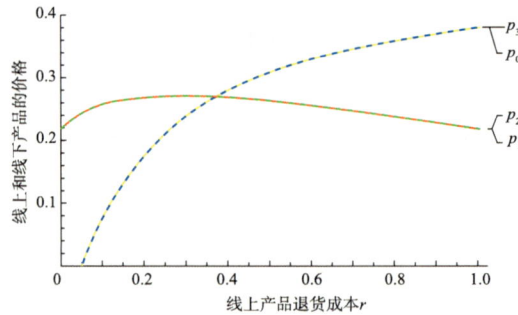

案例（ⅰ）最优价格策略

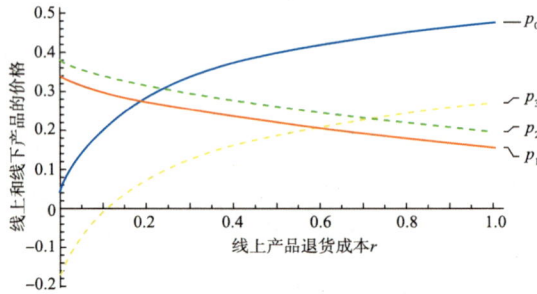

案例（ⅱ）的最优价格策略

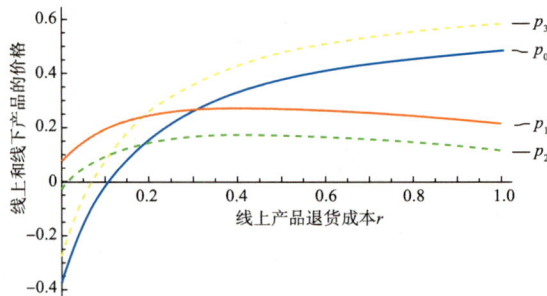

案例（ⅲ）的最优价格策略

图 4-4 各个案例的均衡价格

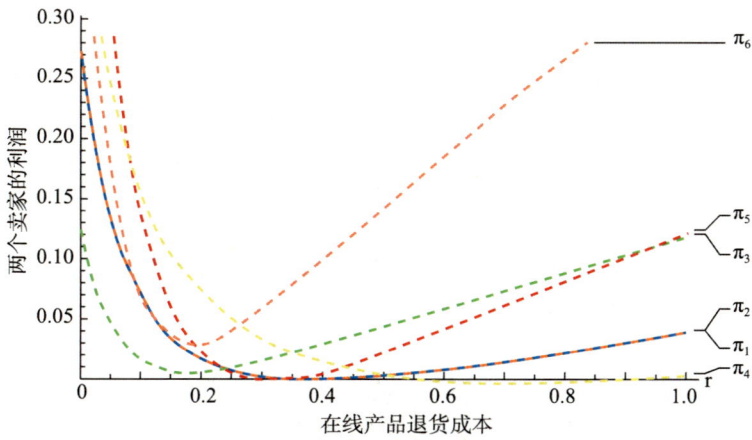

每个案例的最优利润值［利润 1-2 对应案例（i）；利润 3-4 对应案例（ii）；利润 5-6 对应案例（iii）］

图 4-5　各个案例的最优利润

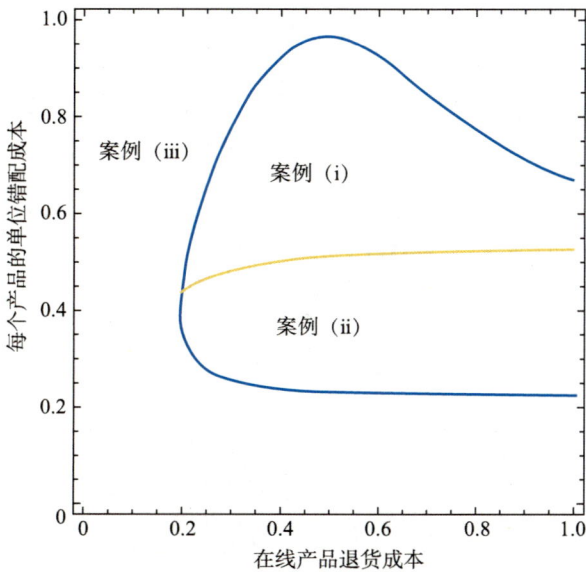

图 4-6　最优产品放置策略

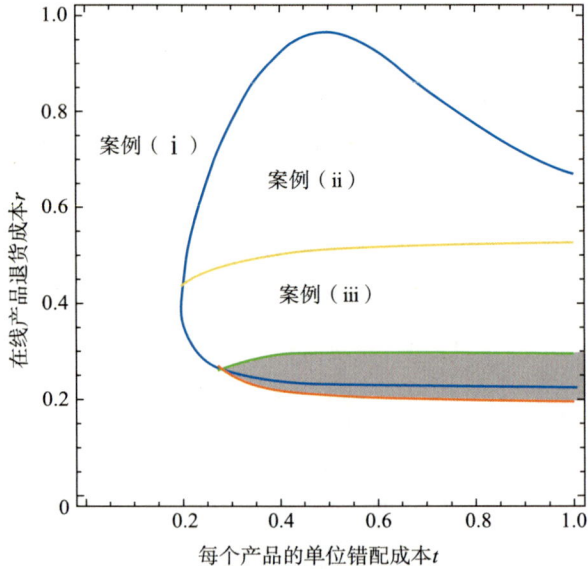

图 4-7　r-t 平面上的最优销售渠道策略

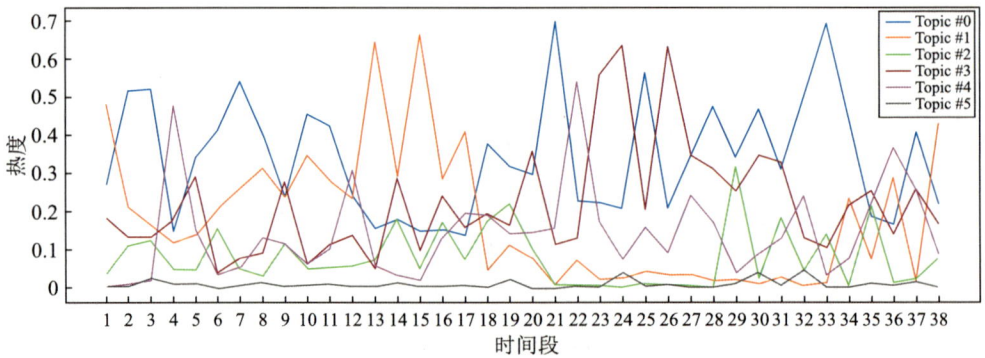

图 5-10　微博主题热度演化折线图

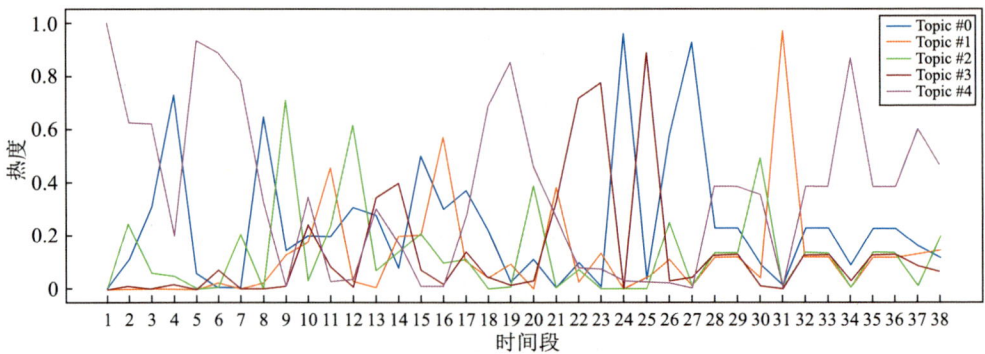

图 5-11　抖音主题热度演化折线图

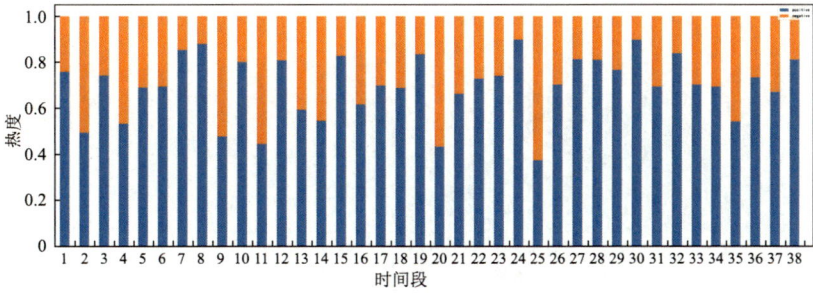

（a）Topic#0

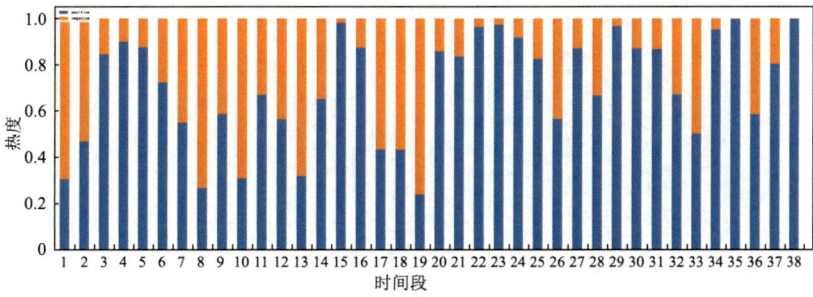

（b）Topic#1

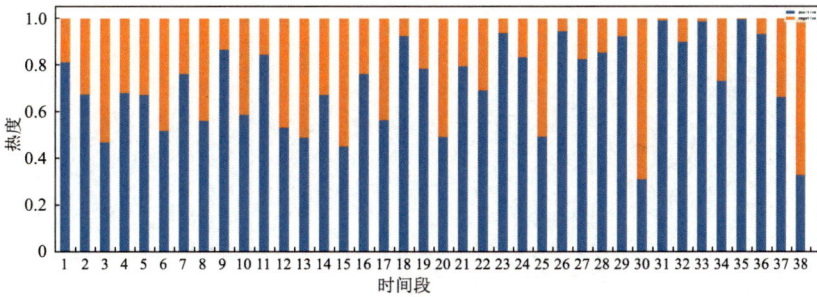

（c）Topic#2

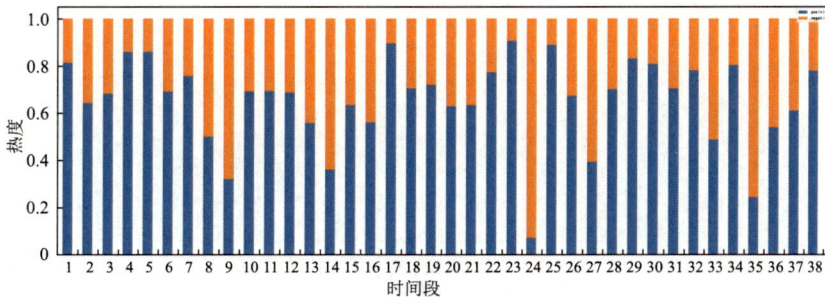

（d）Topic#3

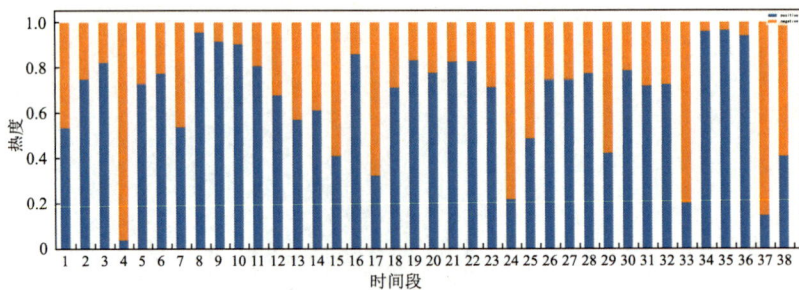
（e）Topic#4

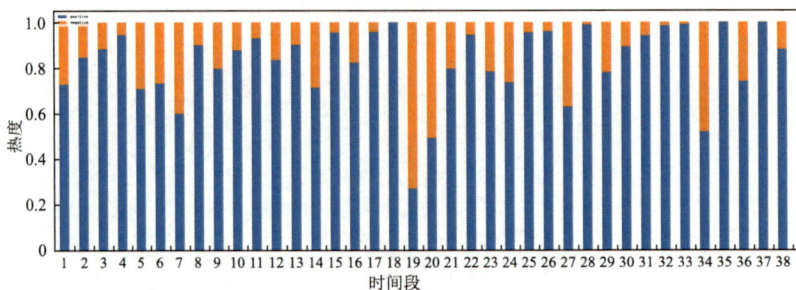
（f）Topic#5

图 5-12　基于各个主题的微博情感态度演化柱状图

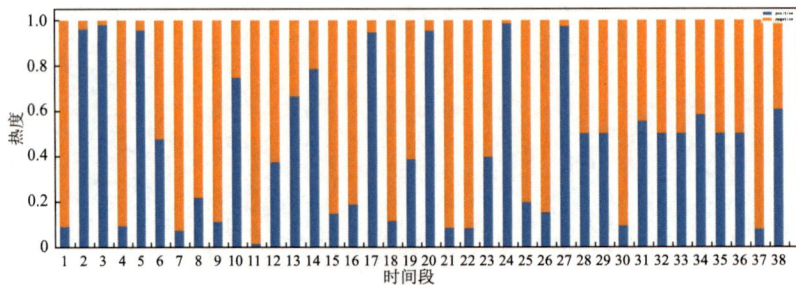
（a）Topic#0

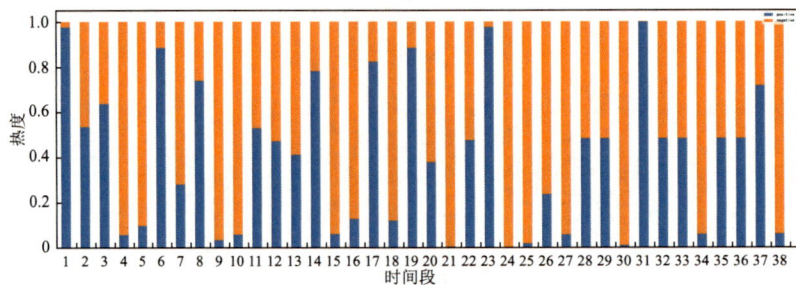
（b）Topic#1

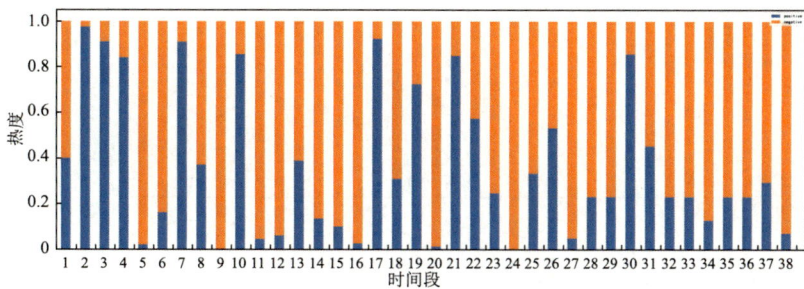

（c）Topic#2

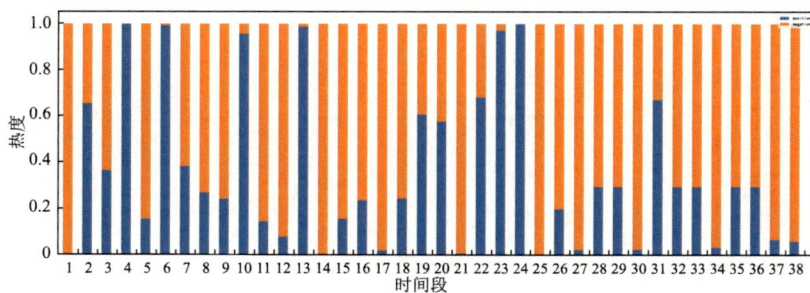

（d）Topic#3

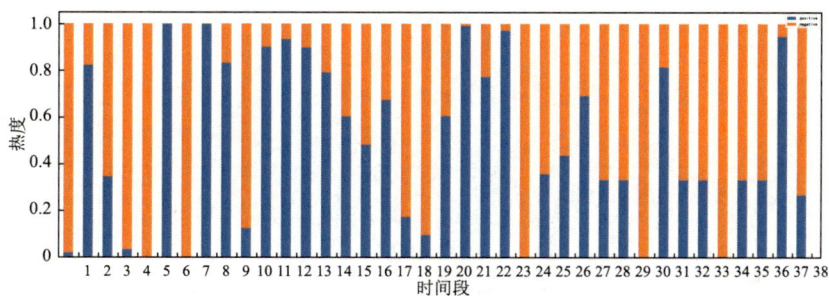

（e）Topic#4

图 5-13　基于各个主题的抖音情感态度演化柱状图

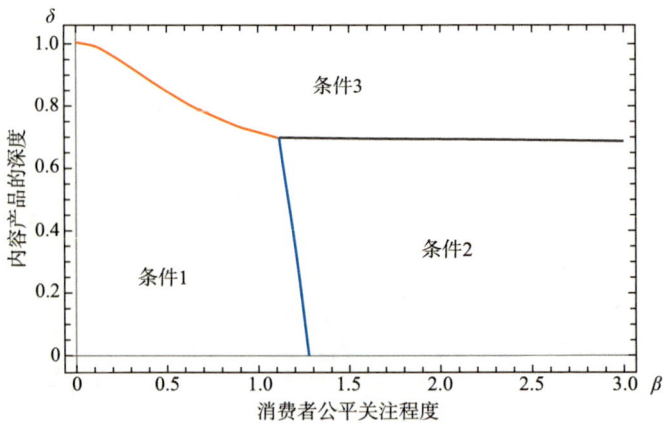

图 6-4　主模型结果

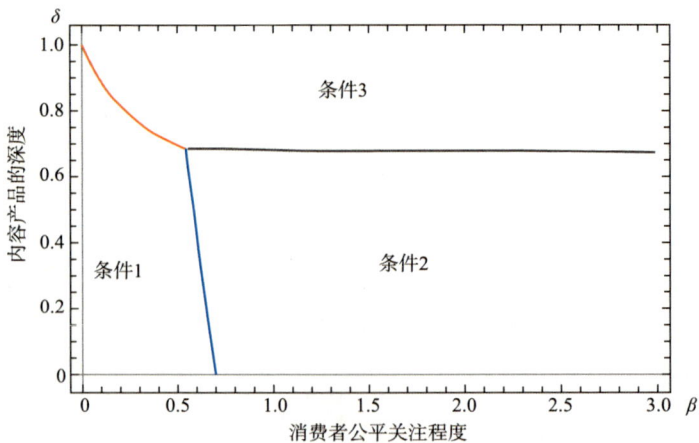

（a）考虑适度定价策略时的结果

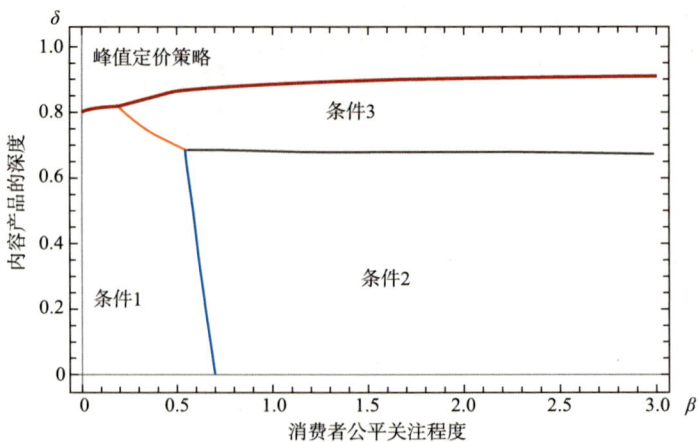

（b）同时考虑峰值定价策略和适度定价策略的结果

图 6-6　同时考虑短视消费者和战略消费者的均衡定价策略

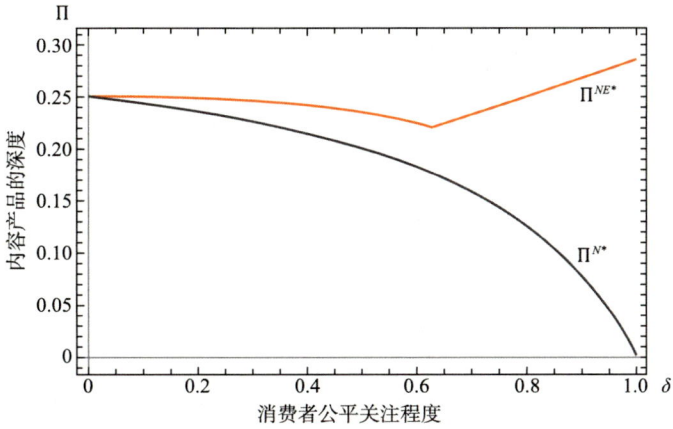

（a）基础模型下有短视消费者与无短视消费者的利润对比

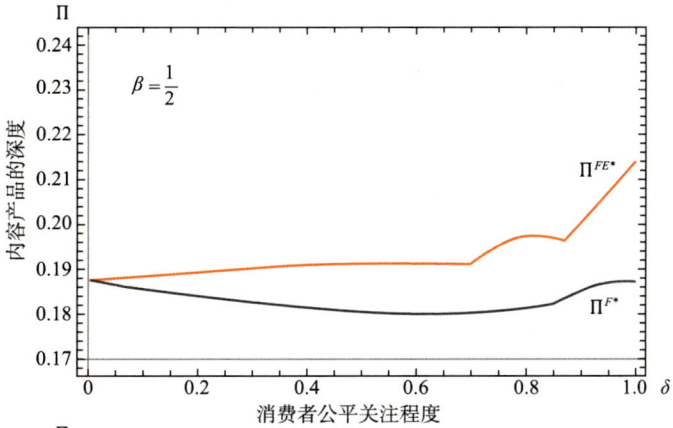

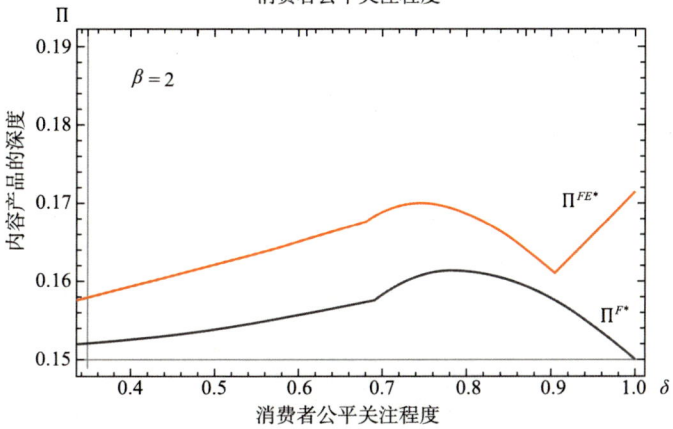

（b）主模型中带短视消费者与不带短视消费者的利润对比

图 6-8　基础模型与主模型利润对比